WOHNELEMENT
FARBE

WOHNELEMENT

FARBE

FARBÄSTHETIK, HISTORISCHE UND REGIONALE FARBPALETTEN, FARBENSPRACHE

JUDITH MILLER
FOTOS VON TIM CLINCH

CHRISTIAN VERLAG

Inhalt

3 Regionale Farbpaletten

4 Die wichtigsten Farben

5 Traditionelle Pigmentgewinnung

Von Verlagsseite wurde alles getan, damit die Farbmuster der Hersteller in diesem Buch möglichst originalgetreu wiedergegeben werden. Farbliche Abweichungen sind aus drucktechnischen Gründen jedoch nicht völlig auszuschließen.

Vorwort

Wenn Sie den Wunsch haben, Ihr Zuhause umzugestalten oder sich völlig neu einzurichten, kommen viele Entscheidungen auf Sie zu. Stoff- und Tapetenmuster müssen ausgesucht, der Stil der Möblierung ebenso bedacht werden wie die Art der Beleuchtung und, zumindest bei größeren baulichen Veränderungen, die der architektonischen Raumvorgaben wie Wände, Decken, Fenster, Türen. Die wichtigste Wahl, die Sie unweigerlich zu treffen haben, bezieht sich jedoch auf das Farbkonzept. In mehr als 20 Jahren Praxis als Restaurateurin und Dekorateurin historischer Gebäude, als Schriftstellerin und Moderatorin von TV-Sendungen über Fragen der Innendekoration habe ich immer wieder festgestellt, wie unendlich lohnend die eingehende Beschäftigung mit Farben ist. Ob Sie in einem schmuckvollen Altbau oder einem eher nüchternen Neubau leben, ob Sie sich antik oder modern einrichten, dieses Buch zeigt Ihnen die vielen Möglichkeiten der Farbgestaltung, erörtert grundlegende Fragen und gibt Anregungen und Hilfestellung bei der Wahl.

Zunächst wollen wir Sie damit vertraut machen, wie die Menschen in der Vergangenheit mit Farben umgingen – beginnend mit unseren steinzeitlichen Vorfahren und ihren Höhlenzeichnungen, über die Altägypter, Griechen und Römer, durch das Mittelalter und die Renaissance, das europäische und amerikanische Zeitalter der klassischen Eleganz, die Viktorianische Epoche bis hin in unsere postmoderne Welt.

Es folgen die verschiedenen Zeit- und Epochenstile unter der besonderen Berücksichtigung ihrer jeweiligen Farbästhetik. Dieser Teil, der Kern dieses Buchs, umfasst die Zeit vom frühen 18. bis zum beginnenden 21. Jahrhundert und ist nach Architektur- und Dekorationsstilen unterteilt. Zu jedem erörterten Stil finden Sie reich illustrierte Beispiele, bei denen es sich teilweise um authentische antike Interieurs, teilweise um raffinierte Stilnachahmungen aus heutiger Zeit handelt. An ihrem Ende steht jeweils eine Doppelseite mit Detailaufnahmen und einer Farbpalette, um die Dekorationsmerkmale des betreffenden Stils und der dazugehörigen Zeit nochmals überschaubar zusammenzufassen. Jedes Farbmuster entspricht einer im Handel erhältlichen Farbe; am Schluss des Buchs haben wir eine ausführliche Liste europäischer und amerikanischer Hersteller für Sie zusammengestellt.

Im Anschluss an die historischen Stilepochen und ihre Farben zeigen wir Ihnen noch einige regionale Varianten – die Toskana, das postmoderne Mexiko, das heutige Marokko und die amerikanischen Shaker –, deren Farbkompositionen in den letzten Jahren auch außerhalb ihrer Landesgrenzen viele Freunde und Nacheiferer gewonnen haben.

Mit einer Erklärung der ästhetischen Beziehung zwischen verschiedenen Farbtönen, Nuancen und Schattierungen geht es weiter, bevor wir Ihnen zeigen, wie die Verwendung der wichtigsten Grundfarben Rot, Gelb, Grün und Blau die Psyche beeinflussen können. Zu guter Letzt erfahren Sie, wie Erd- und Pflanzenfarben gewonnen werden – Farben, wie sie schon unsere Urahnen verwendet haben.

Farbe hat immer eine fundamentale Rolle gespielt, ob es nun darum ging, die architektonische Gestaltung unserer Häuser zu akzentuieren, unsere vier Wände für das eigene Wohlgefühl zu gestalten oder ganz bewusst unserem persönlichen Stil und Geschmack Ausdruck zu geben. Ich bin überzeugt, dass die Lektüre dieses Buches darüber hinaus zeigen wird, dass – wenn ich den großartigen mexikanischen Architekten Luis Barragán in leicht abgewandelter Form zitieren darf – Farbe auch die Ingredienz ist, die Ihrem Zuhause einen Hauch von Magie verleiht.

Judith Miller

JUDITH MILLER, LONDON

1

Farbgeschichte

OBEN Ein Raum im Château de Montvert in der französischen Dordogne, im Stil des Louis-seize möbliert. Strohgelbe Wände, graublaue Wandpaneele und der Naturton der Fichtendielen bilden eine wohltuende Einheit.

LINKS Im Golfklub Malinalco südlich von Mexico City wird der leuchtende orange-terrakottafarbene Anstrich erneuert. Architekt des Klubs ist der Mexikaner José de Yturbe.

GANZ LINKS Die klassizistische Statuengalerie in der Real Casa del Labrador von Aranjuez, Spanien, wurde in den 1790er-Jahren von Jean-Démosthène Dugourc entworfen.

Von der Steinzeit bis heute

Farben helfen uns, die Welt um uns herum zu verstehen, auch wenn Augen und Gehirn bestimmte Farbtöne je nach Licht und Oberflächenstruktur unterschiedlich wahrnehmen und verarbeiten. Andererseits haben wir Menschen schon immer Farben verwendet, um die Welt nach unseren Wünschen zu verändern. Unser Zuhause mit Farben und Mustern zu verschönern und eine unmittelbare Umgebung zu schaffen, die unseren Geschmack und persönlichen Stil sowohl anregt als auch nach außen demonstriert, scheint ein grundlegendes menschliches Bedürfnis zu sein, das sich bis zu den Höhlenzeichnungen unserer urzeitlichen Ahnen zurückverfolgen lässt.

Als der Mensch der Steinzeit, eben erst zum bewussten Teilnehmer des Lebens geworden, sich entschloss, dieses Leben in zweidimensionalen Kunstwerken zu kommentieren, benutzte er nicht nur Linien, sondern auch Farben als Gestaltungselemente. Einige frühe Höhlenmalereien sind erhalten geblieben, zum Beispiel in der 1940 entdeckten Höhle von Lascaux in der französischen Dordogne. Die Szenen, aus Tieren und Symbolen komponiert, scheinen Beobachtungen mit mystischer Fantasie zu vereinen. Mit Erdpigmenten aus dem gelben und rötlich braunen Bereich sowie Schwarz auf der Basis von Kohlenstoff zeigen sie eine unmittelbar verfügbare Farbpalette, die der darzustellenden Umwelt aus Erde, Stein, Fell und Blut exakt entspricht.

OBEN Vor 15 000 Jahren entstand diese Wandmalerei in der Höhle von Lascaux bei Montignac in Frankreich. Der steinzeitliche Künstler arbeitete mit der Farbpalette der Natur – hier vorwiegend Ockergelb und Ockerbraun aus Erdpigmenten und Kohlenschwarz. Als Malmittel benutzte er vermutlich Tierfett.

Stilisierte Bilder und wenige Farben sollten auch zum Kennzeichen der streng formalisierten, erzählenden Grabmalereien der Ägypter aus der Zeit um 3000 v. Chr. werden. Die Farben hatten dabei symbolischen Charakter und die Aufgabe, den grafischen Kompositionen aus flachen menschlichen Silhouetten und Hieroglyphen Leben und Tiefe zu verleihen. Die Hautfarbe der Männer ist meist ockerrot, die der Frauen ockergelb. Die Landschaft des Niltals wird in ähnlicher Weise auf einfache Farbelemente reduziert: Rot/Gelb für Wüste, Grün für Papyrus, Blau für den Nil und ein blasses Blau für den Himmel.

OBEN Die Wandgemälde im „Grab der Weinstöcke" des königlichen Gärtners Sennufer, der in der Nekropole der Noblen von Theben bestattet wurde, zeigen Szenen aus dem täglichen Leben der alten Ägypter. Als Farben dienten roter und gelber Ocker, Auripigment (ein gelbes Arsensulfid), Weiß (aus vermahlenem Gips und Kreide) und Schwarz (aus Ruß) – aufgetragen wurden sie auf einen Putzuntergrund mit dünngelbem Anstrich. Andere Wandmalereien in den Pharaonengräbern sind auf weißem oder blaugrauem Grund ausgeführt. Die ursprünglich kräftigen Farben verblassen zusehends seit der Öffnung der Gräber.

„Das Typische an der Farbgestaltung der Ägypter sind Kombinationen aus drei bis vier Farben mit Rot oder Gelb als Kernfarbe."

(Margaret Walch und Augustine Hope, Maler)

Neben den bekannten roten, gelben und braunen Erdpigmenten, aus Gips und Kreide hergestelltem Weiß und aus Ruß gewonnenem Schwarz verfügten die Ägypter über ein kräftiges Königsgelb, das sie aus Auripigment (ein Arsensulfid) gewannen; Blau lieferten Lapislazuli, zerstoßener Azurit oder ein glasartiges Schmelzprodukt aus Quarzsand, Kupfer und pulverisiertem Kalzium; Grün stellten sie aus Malachit und Chrysokoll (Kupfergrün) beziehungsweise einer Mischung aus den oben genannten Gelb- und Blaupigmenten her – im letzteren Fall erhielt das resultierende Grün einen deutlichen Blaustich. Die Pigmente wurden mit Wasser und einem wasserlöslichen Bindemittel (Knochenleim oder Gummiarabikum) suspendiert und mehrfach dünn aufgetragen. Auf dem verputzten Untergrund trockneten die Farben mattdeckend ab – Eigenschaften, die später, ebenso wie die zusätzliche Umrahmung der Figuren mit schwarzen Linien, als typisch für altägyptische Dekorationen gelten sollten.

Jahrhundertelang stand für die Nachwelt fest, dass die Griechen der Antike Weiß in der Architektur bevorzugten – ein in Anbetracht der bleichen weißen Tempelruinen verständlicher Irrtum, der erst Mitte des 18. Jahrhunderts durch archäologische Ausgrabungen originaler Innenräume korrigiert wurde. In Wirklichkeit

OBEN Das stilisierte „Stierkämpferfresko" aus dem Palast von Knossos auf Kreta zeigt eine Reihe kräftiger Erdtöne – aus eisen- und manganhaltiger Erde – mit Weiß und Schwarz auf hellblau-türkisfarbenem Untergrund.

waren viele griechische Bauten polychrom und mit Farben geschmückt, die schon die alten Ägypter kannten. Mit einigen Neuerungen, darunter vor allem Rot und Weiß auf Bleibasis, Schwarz, harmonischen leder-, tabak- und orangefarbenen Terrakotta- und Rottönen aus eisen- und manganhaltigen Tonerden. Weit verbreitet waren außerdem ein kräftiges Gelb, Blau, Grün und Gold – Farben, die nicht nur an Flächen und Wandgemälden prangten, sondern auch Skulpturen und architektonische Gliederungen schmückten.

Im Gegensatz zu den Griechen bevorzugten die Römer zu-

nächst zart abgestufte Gelb-, Grün-, Mauve- und Blaugrautöne; später teilten sie die griechische Vorliebe für volle, gesättigte Farben – wie Pompeji bewies. Bei den Ausgrabungen dort stieß man auf Räume, die vom Boden bis zur Decke in sattem Rot gestrichen waren; außerdem kamen kunstvolle Scheinarchitekturen und andere illusionistische Wandgemälde in Trompe-l'Œil-Technik sowie Marmorierungen zutage. Die Farben – vorwiegend anorganische Pigmente, gemischt mit Bienenwachs und Harz – wurden mit Marmorwalzen und Tuch bearbeitet, sodass sie in schönstem Glanz erstrahlten.

OBEN Dieser Ausschnitt aus einer römischen Villa bei Pompeji aus dem 1. Jahrhundert n. Chr. lässt den hohen Entwicklungsstand der Innendekoration mit Trompe-l'Œil-Effekten und Marmorierungen erkennen. Die Verwendung kräftiger Farben, vor allem Rot, Dunkelbraun und Schwarz mit Purpurrotfärbung, die aus Erd- und mineralischen Pigmenten gewonnen wurden, ist typisch für die Innengestaltung damaliger römischer Villen.

LINKS Das gotische Schloss Pierrefonds, dessen Bau 1392 begonnen und um 1407 fertig gestellt wurde, wurde Mitte des 19. Jahrhunderts von dem bekannten französischen Architekten Eugène Emmanuel Viollet-le-Duc (1814–1879) restauriert. Der Palette der satten Farben in diesem Saal – leuchtenden Blau-, gesättigten Grün- und erdigen Rottönen sowie Gold – entspricht die Überfülle an Schmuckmotiven aus dem heraldischen Bereich sowie romanischen und gotischen Elementen.

Im Mittelalter – der langen Zeit der europäischen Feudalgeschichte, die mit dem Untergang des Weströmischen Reichs im 5. Jahrhundert begann und bis zum Anbruch der Renaissance im 15. Jahrhundert dauerte – wurde die Pigmentherstellung zum streng gehüteten Geheimnis der Maler- und Färberzünfte, die Gesellen in der Kunst des Pulverisierens und Mischens von Farben für Maler und Stofffärber ausbildeten. Diese Praxis und technische Fortschritte auf dem Gebiet der schönen Künste führten dazu, dass die dekorative Gestaltung mit Farben immer differenzierter und anspruchsvoller wurde. In den Kirchen, Palästen, Schlössern und Residenzen der wohlhabenden herrschenden Klasse tauchte ein reiches, vielfältiges Ornamentrepertoire auf. Es entwickelten sich drei große Ornamentstile: der romanische mit römischen, orientalischen, heidnischen und christlichen Formen und Motiven; der gotische mit vielfach gliedernden Elementen wie Spitzbogen, Fialen und Maßwerk und einer Bauplastik, die menschliche Figuren, Pflanzen und Tiere in den Mittelpunkt stellte; und der heraldische mit Emblemen und Anspielungen auf Rittertum und familiäre Abstammung wie Monogrammen, Wappen und Stammbäumen.

Adlige und Patrizierfamilien ließen repräsentative Räume mit Farben und Mustern schmücken, die oft direkt auf den Untergrund aus Stein, Putz, Vertäfelung und Holz aufgetragen wurden. Den reichsten Schmuck zeigten indes Textilien wie Bettvorhänge, Kissen, importierte Orientteppiche und Wandteppiche. Einen besonders hohen Entwicklungsstand erreichte, vor allem im Spätmittelalter, der Gebrauch von pflanzlichen und mineralischen Farbstoffen in der Herstellung von Wandteppichen. Zu den Kernfarben gehörten Krapprot, Waidblau sowie Waugelb und -braun. Sie wurden mit Gold- und Silberfäden und weiteren Farben kombiniert, für die man Farbstoffe mischte – und/oder verschiedene Metallbeizen verwendete. Zu diesen weiteren Farben gehörten Rubin- und Purpurrot, Nelkenrot, Schwarzblautöne und Grüntöne auf der Basis von Färberreseda, Waid und Kupfer.

OBEN Dieses eindrucksvoll restaurierte Schlafgemach befindet sich im Leeds Castle in der englischen Grafschaft Kent. In weniger reichen Häusern des Hochmittelalters hätten die Wände, die sich hier hinter luxuriösen Seidenbehängen mit Monogrammen verbergen, einen schlichten Anstrich mit Leimfarbe erhalten. Der gleiche Stoff in Orangerot schmückt das Bett. Wie in vielen Prachtbauten jener Zeit hat der Boden einen Belag aus bleiglasierten Fliesen, die aus regional gewonnener Tonerde gebrannt und schachbrettmusterartig verlegt sind.

Die Renaissance, eine bedeutende Umbruchphase für Kunst und Wissenschaft in Europa, die im 15. und 16. Jahrhundert eine lange Blüte erlebte, griff in hohem Maße auf die griechische und insbesondere römische Antike zurück. In Anbetracht der vielen Richtungen, die sich in der Malerei, Architektur und Dekoration entwickelten, ist es kaum möglich, von einem einzigen Stil zu sprechen. Dennoch lagen ihnen allen bestimmte ästhetische Prinzipien zugrunde, unter denen Harmonie und Proportion den höchsten Stellenwert hatten. Der Umgang mit Farben – zu denen nun viele neue Töne, Nuancen und Schattierungen zumeist mineralischen Ursprungs kamen – folgte diesem Grundsatz. Verschiedene Farbkonzepte kamen in Mode – hell und schmeichelnd, dunkel und schwer, saturiert und lebhaft.

LINKS Die an römischen Vorbildern ausgerichtete Villa Barbaro, 1550–1560 in Maser, Italien, erbaut, ist ein Werk des äußerst einflussreichen italienischen Baumeisters Andrea Palladio und beinhaltet alles, was Architektur, Ornamentik und Dekoration der Spätrenaissance ausmacht. Den natürlichen Steinfarben der schmückenden architektonischen Elemente entsprechen die weichen grünen, roten und gelben Farbtöne, die der venezianische Maler Paolo Veronese zur Komposition seiner herrlichen Trompe-l'Œil-Fresken benutzte.

OBEN Die Spiegelgalerie im Schloss von Versailles ist ein Werk der französischen Architekten Charles Le Brun und Jules Hardouin-Mansart. Der Saal, in dem sich Kristall, Gold und bunter Marmor vielfach spiegeln, ist ein Paradebeispiel für die der Antike zugewandte Variante des Barock, die unter Ludwig dem XIV. (1643–1715) in Frankreich äußerst beliebt war.

Einige der wichtigsten Farbkonzepte entwickelte der italienische Baumeister Andrea Palladio (1508–1580). Der architektonischen Harmonie seiner Bauten entsprach eine Palette aus kühlen, edlen Weißtönen, in die er aus zarten Pastelltönen komponierte, kunstvolle Wandmalereien mit zumeist antiken Motiven setzte. Palladios zurückhaltender, eleganter Stil musste im 17. Jahrhundert dem überschwänglichen Barock mit seiner grandiosen Ornamentfülle weichen – stilbildend war der französische Hof Ludwigs XIV. mit seinen verschwenderischen Interieurs aus Gold, Kristall und reichen Braun-, Grün- und Rottönen –, er sollte aber im frühen 18. Jahrhundert, zumindest im Prinzip, wieder auftauchen.

LINKS Das Londoner Stadtpalais des Dritten Earl of Burlington, Chiswick House, wurde in den 1720er-Jahren im Stil des Palladianismus errichtet. Die architektonische Gestaltung des hier abgebildeten Roten Zimmers, die in Anlehnung an die römische Antike und die Spätrenaissance erfolgte, zeigt das Streben nach Harmonie und Ausgewogenheit, die für das frühe 18. Jahrhundert charakteristisch waren. Die tiefrote Stoffbespannung der Wände und die gelben Damastbezüge der Stühle, die die Vergoldung der Stuckdekoration aufgreifen und Ton in Ton fortführen, sind palladianisch in einer Vollendung, die fürstlichen Häusern vorbehalten war.

Die Reaktion auf die – vielfach als solche empfundenen – architektonischen und dekorativen Exzesse des Barock manifestierte sich auf unterschiedliche Weise. Im frühgeorgianischen England (siehe Seite 30–35) ließen sich Architekten wie Colen Campbell (1676–1729) und William Kent (1685–1748) von Palladio inspirieren, statteten hochherrschaftliche palladianische Interieurs im Allgemeinen jedoch mit volleren, saturierten Farben aus, als Palladio selbst es getan hatte. Kräftigere, leuchtendere Farben schmückten vor allem Wandbehänge und Polsterbezüge.

Mit dem Palladianismus verhielt es sich wie mit vielen Architektur- und Dekorationsstilen anderer historischer Epochen. Das

„Der Palladianismus war unter anderem eine Gegenbewegung zum barocken Ornamentstil, den der einflussreiche schottische Architekt Colen Campbell ‚affektiert und ausschweifend' nannte."

(John Wainwright, Schriftsteller)

Bürgertum, das sich die reine Form nicht leisten konnte, stattete seine Häuser mit weniger und schlichterem Bauschmuck und einfacheren Möbeln aus. Vor allem wurden anstelle teurer Papiertapeten oder textiler Wandbehänge häufiger Wandvertäfelungen aus Weichholz angebracht. Die Täfelung – teilweise künstlich maseriert, um edleres Hartholz zu imitieren – bekam in der Regel einen Anstrich mit Ölfarbe; bevorzugte Farben waren verschiedene Steinfarben, Schlammfarben (Braun und Grün) und, von der Mitte des 18. Jahrhunderts an, hellere Töne wie Muschelrot und Erbsengrün.

OBEN Den amerikanischen Kolonialstil kennzeichnen puritanische Strenge und Nüchternheit. Dieser Speisesalon befindet sich im George Wythe House, das in den 1750er-Jahren in Williamsburg im amerikanischen Bundesstaat Virginia erbaut wurde. Die auf zwei Farben – Weiß und Olivgrün – begrenzte Palette zur Gestaltung der verputzten Wände, der Decke und der Holzeinbauten erfreute sich großer Beliebtheit.

Auch auf der anderen Seite des Atlantiks, wo die amerikanischen Kolonien allmählich zu Wohlstand kamen und sich nach Jahren des Pionierdaseins einer luxuriöseren Architektur und Innendekoration zuwandten (siehe Seite 36–53), stand bemaltes Holz hoch im Kurs. Durch Handelsbeziehungen und importierte Musterbücher kam der frühgeorgianische Palladianismus ins Land, aus dem sich, in Anlehnung an die örtlichen Gegebenheiten, der amerikanische Kolonialstil entwickelte. Da es Holz in Hülle und Fülle gab, war die überwiegende Mehrzahl der kolonialen Häuser Holzkonstruktionen mit Holzverkleidungen und Wandvertäfelungen im Innern. Diese Holzoberflächen wurden bemalt – zunächst mit Farben auf Kasein- oder Ölbasis und Erdpigmenten, später mit teureren importierten Pigmenten – und gelten heute als ein herausragendes Stilmerkmal.

Währenddessen löste auf dem europäischen Kontinent das

Rokoko (siehe Seite 54–59) den Barockstil ab. Kennzeichnend für das Rokoko, das sich von Frankreich aus über den größten Teil des europäischen Festlands (und Schweden) verbreitete, waren asymmetrische, geschwungene Formen – wie Muscheln (Rocailles), Voluten und geschweifte Blätter – und chinoise Motive. Diese zierlichen, verschnörkelten Formen wurden in der Regel in Gold, Weiß, Elfenbein und zarte Pastelltöne wie Hellblau, Hellgrün, Rosa und Hellgelb gefasst, wobei es in südlichen Ländern wie Portugal und Spanien auch vollere, kräftigere Farben gab.

Da jede Bewegung eine Gegenbewegung hervorzubringen scheint, trat Mitte des 18. Jahrhunderts ein, was geschehen musste: Das Rokoko wurde zunehmend als frivol empfunden und nach und nach durch den strengeren Klassizismus abgelöst. Der Klassizismus, der durch archäologische Ausgrabungen wesentliche Impulse erhielt, fasste auf beiden Seiten des Atlantiks Fuß. Wie schon während der Renaissance entstanden zahlreiche Stilrichtungen (siehe Seite 60–115), die, wenngleich durch andere Ornamentrepertoires – etwa ägyptische, orientalische und „gotische" im englischen Regency – modifiziert, durch zwei Prinzipien miteinander verbunden waren: die Bevorzugung der architektonischen Symmetrie und Proportion der antiken Architektur und den zunehmend differenzierten Einsatz von Farben. Letzterem kam zugute, dass man inzwischen ein neues Verständnis von der Relation

UNTEN Die Bibliothek von Kenwood House in London gehört zu den schönsten und elegantesten Interieurs, die Robert Adam geschaffen hat. Symmetrie und Ausgewogenheit der architektonischen Elemente und dekorativen Motive aus dem klassischen Formenschatz der Antike werden durch zartes Gold und Blau, Weiß, Rosé und Terrakottarot unterstrichen. Das tiefe Braun der Tür führt die Raumsymmetrie fort, indem es den dunklen Wandregalen mit ihren Lederbuchrücken entspricht.

LINKS Das in den 1740er-Jahren von Georg Wenzeslaus von Knobelsdorff (1699–1753) in Potsdam nach Plänen von Friedrich dem Großen ins Werk gesetzte Schloss Sanssouci ist ein Paradebeispiel der auf Repräsentation bedachten, aufwendigen deutschen Variante des ursprünglich leichten und verspielten französischen Rokoko. Die gelb lackierte Wandvertäfelung dieses Zimmers setzt sich Ton in Ton in Alkovenportieren und Polsterbezügen fort und bildet einen zarten Hintergrund für die bemalten Motive im typischen Rokokostil, zu denen C- und S-Schweifwerk, Blütengirlanden, exotische Tiere, Früchte und Blumen gehören.

verschiedener Farbtöne zueinander und ihrer Wirkung hatte. Zu den bedeutenden Veröffentlichungen auf diesem Gebiet gehörte *The Natural History of Colours* (1766) von Moses Harris, dessen Erkenntnisse es Architekten und Dekorateuren wie Robert Adam (1728–1792), John Nash (1752–1835) und Sir John Soane (1753–1837) in England und Charles Percier (1764–1838) und Pierre Fontaine (1762–1835) in Frankreich gestatteten, Eigenschaften wie Farbintensität und Tonwertverhältnis besser zu verstehen. Damit waren sie in der Lage, nicht nur die Gesamtkomposition der architektonischen Elemente stärker hervorzuheben, sondern auch in jedem Raum den ihm angemessenen Eindruck von Licht und Weitläufigkeit zu schaffen.

OBEN Das Londoner Stadthaus von Sir John Soane entstand zwischen 1792 und 1824. Dekoration und Einrichtung orientieren sich vor allem an klassisch-antiken Vorbildern. Wände und Textilien zeigen kräftige Farben aus der Palette, für die sich die englische Oberschicht des frühen 19. Jahrhunderts begeisterte, und künden gleichzeitig den Einzug der vollen, dunkleren Farben an, die in viktorianischen Interieurs modern wurden. Die Wände dieses Aufgangs mit freitragender Treppe sind mit Platten aus sienafarbenem Marmorimitat verkleidet, die einen schönen Kontrast zur Wandwange aus schwarzgoldenem Kunstmarmor bilden. Der rot geflammte Treppenläufer mit goldenem Blattmuster kommt auf den weißen Stufen ebenfalls kontrastreich zur Geltung.

Das 19. Jahrhundert brachte mit der rasch fortschreitenden Industrialisierung grundlegende wirtschaftliche und soziale Veränderungen. Neben städtischer Armut konnten sich viele mehr leisten als je zuvor. Man zeigte, was man hatte, und das möglichst üppig. Im prosperierenden England mit seinen vielfältigen Kolonien brachte die Zeit unter Königin Viktoria ein ganzes Konglomerat an Architektur- und Dekorationsstilen, die zumeist auf Vorbilder aus der Antike, der Gotik und dem Orient zurückgriffen und großenteils eklektisch waren (siehe Seite 116–129). Auf dem Gebiet der Farben war die wichtigste Entwicklung die

LINKS Der Royal Pavilion im englischen Brighton – ein Werk des englischen Baumeisters Henry Holland, der das Gebäude im indischen Palaststil 1786–1787 für den Prinzen von Wales (und späteren Georg IV.) entwarf – wurde 1815–1822 von John Nash von Grund auf umgestaltet. In der Banqueting Hall vereinen sich griechische, römische, ägyptische und orientalische Formen und Motive. Kristall, Gold, poliertes Hartholz unterstützen die luxuriöse Gestaltung mit vollen Farben, unter denen Etruskischrot eine große Rolle spielt.

Erfindung der Anilinfarben, die Mitte des 19. Jahrhunderts erstmals aus Teer synthetisiert wurden. Die intensiven, lebhaften Farben, die zunächst bei Stoffen, dann Tapeten und schließlich Anstrichen verwendet wurden, führten zu einer Vielzahl „hochviktorianischer" üppiger Farbpaletten, die eine Gegenreaktion geradezu herausforderten.

OBEN Der als Halbrund ausgelegte Essbereich dieses Hauses im Stil der Moderne, von Wänden aus Glasbausteinen und Stahlrahmen-Glastüren begrenzt, strahlt mit seiner weißen Decke, dem einfarbigen Bodenbelag und den Möbeln aus Kunststoff und Stahlrohr industrielle Nüchternheit aus. Das von Edward Durell Stone 1931 entworfene Haus befindet sich in Westchester County im US-Staat New York.

Die Abkehr vom bombastischen Plüschlook, seiner Farbigkeit, seinem Stilmix, der Fülle an Mobiliar und der übermäßigen Dekoration mit Stoffen begann mit der Arts-and-Crafts-Bewegung und dem Aesthetic Movement in der zweiten Hälfte des 19. Jahrhunderts. Die hellere Palette des Aesthetic Movement umfasste Farben wie Elfenbein, Blassgrau und ein warmes Schilfgrün. Sie wurden von der Arts-and-Crafts-Bewegung übernommen, die sie mit gedämpften Farben wie Weinrot, Altrosa und Hyazinthblau kombinierte.

„(Moderne) Einrichtungen wurden nach denselben puristischen, rationalistischen Prinzipien entwickelt wie die Architektur ihrer Häuser."

(Phillipa Lewis und Gillian Darley, Schriftsteller)

Den eigentlichen Bruch mit dem viktorianischen Stil und generell mit allen historischen Vorbildern vollzog die Moderne (siehe Seite 130–135) zu Beginn des 20. Jahrhunderts. In der Tat hätte die berühmte Formel des Industriebarons Henry Ford, der für seine Automobile „jede Farbe, solange es Schwarz ist", akzeptierte, auch für die Vertreter der Moderne gelten können, hätte man das Wort Schwarz durch Weiß ersetzt. Schon 1904 bemerkten die bekannten britischen Dekorateure Cowtan & Sons: „Es scheint, dass wir alles mattweiß oder emailweiß gestaltet haben."

Der extensive Gebrauch von Weiß entsprach der Antwort der Moderne auf die Rationalität des Industriezeitalters, die darin

LINKS Ludwig Mies van der Rohe entwarf den Deutschen Pavillon, der einen Meilenstein der Moderne darstellt, für die Internationale Ausstellung 1929 in Barcelona. Säulen aus verchromtem Stahl tragen ein Flachdach. Dazwischen sind Glaswände und Wandteile aus Onyx und Marmor arrangiert, die das Dach teilweise durchdringen. Die Farbgestaltung beschränkt sich ausschließlich auf die natürlichen Farben der Baumaterialien.

bestand, Bauten von überflüssigem Schmuck zu befreien und die Form zum Gegenstand der ästhetischen Betrachtung zu machen. Die Form ergab sich aus der Funktion, und die Funktion wiederum bedurfte genauso wenig einer Modefarbe, wie sie Schnörkel, Krabben, Schmuckfriese und andere Ornamente nötig hatte. Mit anderen Worten: „Weniger ist mehr."

Tatsächlich war die Welt der Moderne keineswegs von reinem Weiß beherrscht. Dekorateure neigten vielmehr dazu, Oberflächen einen ganz leichten Farbton zu verleihen, solange das Pigment die Form nicht beeinträchtigte oder von ihr ablenkte, und benutzten verschiedene gebrochene Weißtöne und blasse Steinfarben. Auch die Farben natürlicher Materialien – etwa die von Holz und Buntstein wie Marmor – waren akzeptabel. Glas – und damit Licht –,

Sichtbeton und Stahl waren die eigentlichen Gestaltungselemente zahlreicher moderner Häuser, die die Idee einer „Wohnmaschine“ verwirklichen sollten und so nicht von ungefähr an Schiffe, Züge und Flugzeuge, die neuen Ikonen des mobilen Industriezeitalters, erinnerten. Solche Anspielungen waren indes in der Regel unterschwellig und hingen mehr von den suggestiven Eigenschaften von Form und Materialien ab als von etwas so Konkretem wie den Farben des gewählten Vorbilds. Die Palette der Moderne, wenn man sie als solche bezeichnen kann, spiegelte im Prinzip die Farben der industriellen Werkstoffoberflächen wider.

„Die zweite Hälfte des 20. Jahrhunderts brachte die Abkehr von der kompromisslosen Rationalität und minimalistischen Verwendung von Farben und Mustern der Moderne."

(John Wainwright, Schriftsteller)

Nach den strengen Maximen der Moderne, die von einer kleinen Gruppe von Intellektuellen in Europa formuliert worden waren – von denen einige später als Architekten und Designer in den Vereinigten Staaten zu hohem Ansehen kamen –, entstanden Bauten von herausragender, elegant-strenger Schönheit. Ihr Beispiel allerdings regte viele weniger begabte Nachfolger des 20. Jahrhunderts zu Werken an, die Farbe ebenso vermissen ließen wie visionäre Fantasie. Wieder kam es, naturgemäß, zu einer Gegenbewegung.

Der in den 1970er-Jahren geprägte Begriff Postmoderne (siehe Seite 136–157) hat sich als einigermaßen schwammig erwiesen. Er beschreibt lediglich die Abkehr von der schmuck- und farblosen Ideologie der Moderne und die Erkenntnis, dass die heutige Welt visuell und kulturell vielseitiger ist als irgendeine Epoche der Geschichte. 15 000 Jahre nachdem sich Höhlenmaler erstmals mit primitiven Farben in einem Metier ohne Vergangenheit betätigten, steht uns heute ein riesiges Sortiment an natürlichen und synthetischen Pigmenten und Farbmitteln zur Verfügung; wir arbeiten mit optisch erzeugten Farben und zahllosen Dekorations-

OBEN Die Auswirkungen der Moderne auf die mexikanische Architektur riefen eine Bewegung ins Leben, die sich wieder rückhaltlos zur Farbe bekannte. Postmoderne Architekten griffen zu den traditionellen Farben der präkolumbischen mesoamerikanischen Zivilisationen, um Räume und dynamische Kontraste aus Farbtönen, Licht und Schatten zu schaffen.

techniken. Und wir blicken auf eine jahrtausendealte Architektur- und Dekorationsgeschichte zurück – eine historische Galerie, die unsere Sehgewohnheiten unvermeidlich geprägt hat.

All dies, in die Praxis umgesetzt, hat ein breites Spektrum an Stilrichtungen entstehen lassen. Einerseits werden Schmuckelemente und Farbkonzepte historischer Häuser – deren älteste aus dem Mittelalter stammen – liebevoll und stilgetreu restauriert. Andererseits werden frühere Architektur-, Ornament- und Dekorationsstile aufgegriffen und entsprechend den heutigen Wohn- und Lebensbedürfnissen neu interpretiert. Gleichzeitig werden nationale und regionale Unterschiede einer neuen Bewertung unterworfen – Stile und Farbpaletten, die sich dem historischen Mainstream verweigert hatten, etwa die der ländlichen Toskana, Marokkos und der Shaker-Dörfer in den Vereinigten Staaten.

Postmoderne Farbkonzepte und Dekorationsstile haben sich als besonders anpassungsfähig erwiesen. Sie kommen nicht nur zur Anwendung, um die Vergangenheit nostalgisch wieder aufleben zu lassen oder neu zu schaffen, sondern auch, um die unterschiedlichsten Kulturen und ihre Landschaften fernab unserer oft grauen Alltagsumgebung herbeizuzaubern. Damit ist die postmoderne Farbpalette nahezu unerschöpflich und grenzenlos.

2

Stilepochen und ihre Farben

OBEN Das Richard Mandel House in Bedford Hills, New York, wurde in den 1930er-Jahren im Stil der Moderne erbaut. Stuhl und Tisch im offenen Wohnraum sind Entwürfe von Donald Deskey.

LINKS Im Blauen Salon der Villa di Geggiano unweit von Siena (Italien) kann man noch die von Hand gefertigte illusionistische Originaltapete bewundern, die, wie die bemalten Möbel, aus den 70er-Jahren des 18. Jahrhunderts stammt.

GANZ LINKS Das große Empfangszimmer eines französischen Schlösschens aus dem 17. Jahrhundert wurde von Andrew Allfree restauriert.

Der frühgeorgianische Stil

LINKS Die Symmetrie dieser Erdgeschossküche eines Londoner Stadthauses aus dem frühen 18. Jahrhundert, die zugleich als Frühstückszimmer dient, ist exemplarisch für den frühgeorgianischen Stil. Die Kombination der Farben – gebrochene Weißtöne, Rotbraun und Gelbbraun – unterstützt die Harmonie der Formen.

OBEN In sechs über sechs Scheiben unterteilte Schiebefenster kennzeichnen Bauten der frühgeorgianischen Epoche. Rahmen und Sprossen sind hier in demselben matt glänzenden Gelb gestrichen wie die Weichholztäfelung.

Unter den Königen Georg I. (1714–1727) und Georg II. (1727–1760) florierte in England der Palladianismus, der als Gegenreaktion auf den von vielen als unzeitgemäß empfundenen, überladenen Barock des 17. Jahrhunderts aufkam. Es handelte sich um einen Rückgriff auf die Bauwerke, Schriften und Entwürfe des italienischen Baumeisters des 16. Jahrhunderts, Andrea Palladio, und insbesondere dessen 1570 verfasste *Quattro libri dell'architettura*, die 1715 erstmals ins Englische übersetzt wurden. Die palladianische Architektur hatte die römische (weniger die griechische) Antike und die Renaissance zum Vorbild und fand in Architekten wie Colen Campbell und William Kent und einflussreichen Freunden der schönen Künste wie dem Dritten Earl of Burlington ihre Hauptförderer. Die prunkvollsten palladianischen Patrizierbauten glänzten mit tempelartigem Portikus, Rustikamauerwerk, Gewölbedecken und dreigeteilten venezianischen Bogenfenstern; im Innern kamen Wandbespannungen aus Stoff und Papier in satten Farben, vergoldete Wandauflagen und Sitzmöbel dazu, deren Bezüge auf Farbe und Muster der Fenster- und Wanddekoration abgestimmt waren.

Auf bürgerlicher Ebene präsentierte sich der frühgeorgianische Stil – der auch in den amerikanischen Kolonien florierte (siehe Seite 36–53) – in Architektur und Dekoration bescheidener. Statt gewölbter wurden gerade, glatt verputzte Decken eingezogen und mit Profilleisten geschmückt. Statt teurer Seiden- oder Papiertapeten an den Wänden herrschten gestrichene Weichholztäfelungen vor. Vergoldungen an Profilleisten und Mobiliar waren eher selten, und die Räume wurden in der Regel mit wenigen, aber handwerklich soliden georgianischen Möbeln eingerichtet. Dennoch galten auch hier die Hauptforderungen des Stils, nämlich Harmonie von Proportion und Detail in Bezug auf Bauschmuck, Mobiliar und Farbe – aber auch ein stärkeres Bedürfnis nach Wohnlichkeit.

OBEN Raumhohes Tafelwerk aus Weichholz, ob maseriert oder glatt gestrichen wie hier, isolierte frühgeorgianische Bürgerhäuser vor Kälte und war gleichzeitig eine bezahlbare Alternative zu seidenen Wandbekleidungen oder handbedruckten Papiertapeten.

LINKS Die Steinfassaden frühgeorgianischer Stadthäuser waren eher schmucklos und symmetrisch gegliedert. Im Innern setzten meist raumhohe Wandtäfelungen die schlichte symmetrische Gestaltung fort. Dieses Tafelwerk aus Nadelholz ist in einer der matten grauen Steinfarben gestrichen, die in der ersten Hälfte des 18. Jahrhunderts modern waren, und korrespondiert mit dem Steinton in der Ziegelfassade gegenüber.

OBEN Blau gehörte zu den frühgeorgianischen Modefarben, wobei dunklere, satte Töne bevorzugt wurden. Es gab auch seidene Wandbekleidungen und Papiertapeten mit solchen Blautönen.

RECHTS Weichholztafelwerk und Fensterläden des heutigen Arbeitszimmers präsentieren sich in dunklem Graugrün und sattem Rosa. Der Farbkontrast betont die schlichten Rechteckformen der Profilleisten und stellt einen farblich harmonischen Hintergrund für die Gemälde und Radierungen aus dem 18. Jahrhundert dar.

UNTEN Teure Wandbekleidungen aus Papier oder Stoff gab es, wenn überhaupt, nur in den Repräsentationsräumen frühgeorgianischer Häuser. Hier ziert eine Papiertapete die Wände. Ihre beiden gedeckten Gelbtöne kehren an der Zimmerdecke, am Kamin und in den Stoffbezügen wieder. Für Raumausstattungen der Zeit ebenfalls typisch sind der girlandenartig geraffte und mit Fransen geschmückte Fensterbehang und der Orientteppich.

Ein Stadthaus in London

Dieses doppelfassadige Stadthaus im Ostlondoner Stadtteil Spitalfields wurde in den 1720er-Jahren fertig gestellt, einer sehr bauintensiven Zeit, die durch die rasch anwachsende Berufsgruppe der Händler und Kaufleute geprägt war. Auftraggeber war Marmaduke Smith, ein bekannter Bauschreiner, der von 1726 bis 1738 in dem Haus wohnte. Für den Rest des 18. Jahrhunderts diente es Peter Campart, einem hugenottischen Weber, als Heim.

Im ausgehenden 17. Jahrhundert erlebte Spitalfields einen starken Zuzug von Hugenotten, die vor der Verfolgung aus Frankreich flohen, nachdem das Edikt von Nantes, das ihnen (seit 1598) fast ein Jahrhundert lang religiöse und bürgerliche Freiheit garantiert hatte, 1685 aufgehoben worden war. Die meisten der Flüchtlinge waren Weber, die vor allem edle Damast- und Brokatstoffe herstellten und zu Wohlstand gelangten, indem sie die wohlhabenderen Schichten in England und in den amerikanischen Kolonien mit luxuriösen Stoffen für Polsterbezüge, Drapierungen und Wandbespannungen belieferten. Ihre Wohnräume lagen gewöhnlich auf dem mittleren Geschoss, während die Webstühle in hellen Dachkammern untergebracht waren und das Erdgeschoss teilweise als Verkaufsraum genutzt wurde.

Mitte des 19. Jahrhunderts verwahrloste das Haus; Anfang des 20. Jahrhunderts fungierte es als Bananenspeicher und Mietshaus. Nachdem es 1977 vom Spitalfields Historic Buildings Trust gekauft worden war, kam es 1979 in den Besitz des inzwischen verstorbenen Kunsthändlers und

Experten für historische Kirchen, Michael Gillingham, der es zusammen mit seinem Freund, Donald Findlay, und dem Architekten Julian Harrap einfühlsam sanierte. Glücklicherweise war ein Großteil der architektonischen Schmuckelemente noch vorhanden, so etwa der wunderbare Mahagoni-Treppenaufgang, die Sechs-über-sechs-Schiebefenster, Kieferndielenböden, etliche Marmorkamine, die originalen georgianischen Türen und Fensterläden und die raumhohe Täfelung.

Bei der Neugestaltung der Innenräume blieb die architektonische Integrität des Hauses erhalten, was vor allem auf die Verwendung von deckenden, matt glänzenden und typisch georgianischen Farben zurückzuführen ist: leicht gedeckte, gebrochene Weiß-, Grau-, Gelb-, Grün- und Rosatöne. Diese Farben bilden zusammen mit stilechten Stoffen und Tapeten einen angemessenen Hintergrund für edles georgianisches Mobiliar.

GANZE SEITE Zwei deckend aufgetragene Grüntöne und eine ins Rosa spielende Steinfarbe zieren die Holztäfelung eines nachträglich eingebauten Badezimmers (oben) und eines Wohnraums (oben links). Im Treppenhaus (links) bilden Gelb und Weiß einen stärkeren Wandkontrast.

Die frühgeorgianische Farbpalette

Die verputzten oder mit Weichholz getäfelten Innenwände englischer Häuser der ersten Hälfte des 18. Jahrhunderts zierten oft so genannte Steinfarben wie gebrochenes Weiß, Grau und Sand; ergänzt wurden sie durch dunklere gedeckte „Schlammfarben“ (meist Braun- und Grüntöne). Alternativ dazu erfreuten sich lebhaftere Farben wie Erbsengrün, Himmelblau, Bonbonrosa und Ocker großer Beliebtheit. Allerdings waren Farben und Pigmente nicht unbedingt lichtbeständig, sodass sie schnell verblassten und sogar streifig ausbleichten. Farbige Stoffe spielten eine große Rolle: Neben Seide und Samt in sattem Grün, Blau und Gold waren bedruckte Kattunstoffe aus Kalikut an der indischen Südwestküste weit verbreitet, welche die Farbpalette um Purpurrosa, Karmesinrot, Dunkelviolett, Lavendel, Indigoblau, Zitronengelb und Salbeigrün erweiterten.

RECHTS Grün gestrichene Weichholztäfelungen waren in der ersten Hälfte des 18. Jahrhunderts groß in Mode. Der heutige Anstrich weist leicht fleckige Unregelmäßigkeiten auf, die auf die mangelnde Lichtbeständigkeit der empfindlichen Farbpigmente zurückzuführen sind.

OBEN Steinfarben wie Grau waren ein modisches Muss für vertäfelte Wände. Der sparsame Schmuck mit goldgerahmten Bildern ist ebenfalls charakteristisch für die frühe bis mittlere georgianische Stilepoche.

UNTEN Rostbraun und Apricotrosa an den Wänden entsprechen ebenfalls der frühgeorgianischen Mode. Das Cremeweiß der Fensterrahmen und der Glanzputzdecke bildet einen angenehmen Kontrast und macht den Raum heller.

LINKS Das dunkle Strohgelb, in dem Rahmen und Laibung dieses eleganten Schiebefensters gestrichen sind, verleiht dem Raum zusammen mit dem gebrochenen Weiß der Decke eine warme, lebhafte Atmosphäre.

OBEN Kältere oder wärmere Weißabstufungen wurden durch Abtönung mit etwas Schwarz oder Blau beziehungsweise Gelb oder Rot angemischt.

OBEN RECHTS Das matte Rosébraun der Zimmertür steht hier einem satten Gelb gegenüber, in dem Wandtäfelung und die Türen eines Wandschranks gestrichen sind.

RECHTS Polster- und Gardinenstoffe brachten Farbe in frühgeorgianische Interieurs. Zu den bevorzugten Stoffen gehörten Damast und Samt aus Seide, Wolle, Leinen oder, wie hier auf den Garnspulen, Baumwolle.

RECHTS UND GANZ RECHTS Weichholztäfelungen wurden gelegentlich maseriert, um den Eindruck eines edleren, fein gemaserten Hartholzes zu erwecken. In der Regel jedoch erhielten sie einen Anstrich, der einfarbig sein konnte oder zwei Töne einer Farbe, hier zwei Grüntöne (ganz rechts), aufwies, um die plastische Struktur hervorzuheben. Dieser Effekt kann, wie bei den Fensterläden rechts, durch stärkere Farbkontraste noch gesteigert werden; Rahmen und Füllung sind in diesem Fall Rosa und Graugrün.

DULUX COLOUR SELECTOR
Sunburst

DULUX COLOUR SELECTOR
Hot Ginger

BRATS LTD
MEDITERRANEAN PALETTE
Messina · 156

RALPH LAUREN PAINT
SANTA FE COLLECTION
Albuquerque · SF04A

J. W. BOLLOM & CO. LTD
NATURAL COLOR SYSTEM
S 2040 – R80B

PAINT MAGIC/
JOCASTA INNES
Jade

THE CASA PAINT CO.
Olivine

ACE
ILLUMINATIONS
Flint · 178 – C

MARSTON & LANGINGER
Taupe

Amerikanischer Kolonialstil

LINKS Dies offene Treppenhaus im Silas Deane House, das 1766 in Wethersfield, Connecticut, erbaut wurde, hat ein kunstvoll gedrechseltes Mahagonigeländer. Da schön gemasertes und poliertes Hartholz wie Mahagoni wesentlich kostspieliger war als bemaltes Weichholz, blieb es den Häusern der Reichen vorbehalten, deren Wohlstand es zugleich auch symbolisierte. Die Kombination des graugrün gestrichenen Tafelwerks mit weiß verputzten Wänden ist typisch für den amerikanischen Dekorationsstil der Kolonialzeit.

OBEN Vom späten 17. Jahrhundert an hatten die meisten kolonialzeitlichen Häuser getäfelte Türen. Diese Außentür des Isaac Stevens House in Wethersfield hebt sich mit dem blauen Türfeld und der blauschwarzen Umrahmung deutlich von der cremefarbenen Bretterverkleidung ab. Der obere Teil der zweigeteilten Tür kann im Sommer offen gelassen werden.

Die Kolonialzeit in den Vereinigten Staaten hat ein komplexeres, vielschichtigeres Stilerbe hinterlassen, als man manchmal meint. Architektur und Raumschmuck der Kolonisten, denen man oft einen einzigen „Look" zuschreibt, wurden geprägt von kulturellen Gewohnheiten und Vorstellungen der frühen Einwanderer aus ganz Europa, die neben ihrem Hab und Gut auch traditionelle Bauweisen und Farbvorstellungen mitbrachten. Diese wurden modifiziert, und zwar je nach den verfügbaren Materialien (Holz gab es im Überfluss) und den klimatischen Bedingungen in den verschiedenen Teilen des neuen Landes. So entwickelten sich mehrere Einzelstile, auf die der Begriff „Kolonialstil" anwendbar ist. Im Südwesten zum Beispiel hielten mit den Spaniern Elemente der europäischen Renaissance und des Barock Einzug. Die Essenz dessen, was gemeinhin als Kolonialstil bezeichnet wird, entstand indes in Neuengland.

Der Vorläufer dieses Stils war mittelalterlichen Ursprungs und im Wesentlichen eine Wiederentdeckung der bäuerlichen englischen und nordeuropäischen Holzhäuser. Diese erwiesen sich, mit relativ wenigen Modifikationen, als geeignet für das harsche Klima, das die ersten Siedler vorfanden. Ein Gerüst aus Eichenbalken, Verkleidungen aus Brettern, Flechtwerk mit Lehmbewurf zur Isolation und weiß getünchte Innenwände waren die Norm; Ornamentik und Farben spielten eine untergeordnete Rolle in der Bauweise, der man die funktionalen und strukturellen Bedürfnisse, die sie zu erfüllen hatte, offen ansah. Anfang des 18. Jahrhunderts jedoch entstand bei den Kolonisten ein neues Selbstbewusstsein; ihre Architektur wurde komplexer und erhielt Ornamente und schmückende Farben – ein Zeichen des allmählichen Übergangs vom harten Pionierdasein zu einer verfeinerten Lebensart, des Wandels einer Gesellschaft, die statt auf religiöse Hoffnungen auf Selbstvertrauen und wachsenden wirtschaftlichen Erfolg baute.

OBEN Auch die Tür des Silas Deane House in Wethersfield ist farblich abgesetzt. Ihr dunkles Eisenoxidrot bildet einen starken Kontrast zu der weißen Umrahmung. Die Türfüllung selbst ist etwas stärker verziert als die des Isaac Stevens House (links) und lässt auf Wohlstand der Bewohner schließen. Noch deutlicher wird dies an der klassisch inspirierten Türumrahmung mit kannelierten Halbsäulen und Friesschmuck.

LINKS Die Holzverkleidung des Silas Deane House wurde in exakt dem graublauen Ton gestrichen, den sie einer wissenschaftlichen Farbanalyse zufolge ursprünglich hatte. Türumrahmung und die Zwölf-über-zwölf-Schiebefenster heben sich in Weiß ab. Kontrastierende Farben tragen dazu bei, architektonische Gliederungs- und Schmuckelemente in der Fassade zu betonen und die Symmetrie und Proportion der Häuser voll zur Geltung zu bringen.

OBEN Das 1752 in Wethersfield erbaute Webb House trägt heute wieder originalgetreu einen eisenoxidroten Farbanstrich. Anders als beim Silas Deane und Isaac Stevens House wurden die Fenster jedoch nicht farblich abgesetzt. Beachtenswert ist der Eingangsvorbau mit Tempelportikus, ein Schmuckelement repräsentativer Privathäuser der Kolonialzeit.

LINKS Der Salon des George Wythe House, das in den 1750er-Jahren in Williamsburg errichtet wurde, dokumentiert den zunehmenden Reichtum der amerikanischen Kolonien in der zweiten Hälfte des 18. Jahrhunderts. Wer es sich leisten konnte, ließ die Wände nicht streichen oder täfeln, sondern schmückte sie mit exklusiven Tapeten – handbedruckt oder in Samtoptik.

UNTEN Ein exotisches Floralmuster mit Vögeln schmückt den blau-weißen Stoff, aus dem die Bettvorhänge, die Bezüge des Ruhebetts und die Fensterdekoration im Silas Deane House angefertigt sind. Durch chinesisches Porzellan inspirierte Muster waren zu dieser Zeit hochmodern.

UNTEN RECHTS Ein anderes Schlafzimmer im Silas Deane House zeigt eine größere Muster- und Farbenvielfalt, an der die Kolonisten im Verlauf des 18. Jahrhunderts allmählich Geschmack fanden.

Architektonisch entsprach der neuenglische Kolonialstil von etwa 1700 bis zur Unabhängigkeit im Wesentlichen dem georgianischen Stil (siehe Seite 30–35) – eine Entwicklung, die insbesondere durch Musterbücher aus England gefördert wurde. Die anfangs relativ schlichte Bauweise sah einen bretterverkleideten rechteckigen Block mit symmetrisch angeordneten Fenstern und einem Giebeldach vor. Mit der Zeit jedoch wurde der materielle Erfolg der Erbauer und Bewohner der Häuser immer sichtbarer.

Der Wunsch, Wohlstand zu bekunden, schlug sich äußerlich nicht selten durch Anleihen bei der antiken Architektur nieder, zum Beispiel durch Portale mit Säulen und Dreiecksgiebeln, durch Balustraden und Fensterverzierungen. Im Innern tauchten gestrichene Weichholztäfelungen mit rechtlinigen, klassisch inspirierten Profilleisten auf, insbesondere in Mittelhallen und Empfangsräumen. Die Täfelungen, deren ästhetische und isolierende Eigenschaften gleichermaßen geschätzt wurden, konnten raumhoch (vor allem an Kaminwänden) oder bis in Höhe des Lambris angebracht sein. In repräsentativeren Häusern schmückte man sie oft mit klassischen Halbsäulen und elaborierten umlaufenden Deckenfriesen.

LINKS Soweit rekonstruierbar, erstrahlt der Speisesalon des Governor's Palace in Williamsburg wieder in seiner ursprünglichen Pracht. Der Raum ist, wie es sich für die Residenz eines Regierungsbeamten gehört und im Gegensatz zu entsprechenden Salons durchschnittlicher Privathäuser, großzügig proportioniert und reich mit repräsentativen architektonischen Schmuckelementen ausgestattet. Besonders prächtig sind der Kamin aus weißem, geädertem Marmor mit zwei flankierenden Halbsäulen, die raumhohe Täfelung mit umlaufendem Zahnschnittfries. Auch das edle Mahagonimobiliar, der ovale Spiegel im Goldrahmen über dem Serviertisch mit Marmorplatte, funkelnde goldene Trinkbecher und der rautenförmig gemusterte, Marmor imitierende Teppich unter dem Esstisch zeugen von Reichtum. Die Farben, ein kühles Blau, Schwarz und Weiß, haben deutlich formelleren Charakter als die wärmeren Töne, die im Salon des George Wythe House (gegenüber links) vorherrschen.

Nicht nur in der Architektur, sondern auch bei der Einrichtung wurden nun höhere Maßstäbe angelegt. In der zweiten Hälfte des 18. Jahrhunderts kamen edle georgianische Möbel nicht nur aus England, sondern zunehmend auch aus inländischen Werkstätten, vor allem aus Boston, Philadelphia, New York und Charleston. Desgleichen wurden reich gemusterte Stoffe und Tapeten aus England und Frankreich eingeführt; gegen Ende des Jahrhunderts konnte man auch diese aus amerikanischen Städten wie Philadelphia beziehen.

Obwohl Importe aus Europa in der amerikanischen Architektur und Dekoration über die Kolonialzeit hinaus bis in die frühen Jahre der Vereinigten Staaten ein Rolle spielten, trug die gleichzeitige, rasch anwachsende Verbreitung von „heimischen" Erzeugnissen, die von nordamerikanischen Designern entworfen worden waren, dazu bei, den Anspruch und die Hauptforderung der Revolution, die Schaffung einer neuen, eigenständigen Nation mit einer neuen Ordnung, auf ihre Weise zu erfüllen: durch die Entwicklung eines von den ehemaligen Mutterländern weitgehend emanzipierten Architektur- und Dekorationsstils. Erreicht wurde dies insbesondere durch die Farbgestaltung, welche die „kolonialen" Bauten von ihren englischen Vorbildern unterschied. Am augenfälligsten zeigt sich dies in der Dekoration der Innenvertäfelungen und beim Außenanstrich der holzverkleideten Häuser, die eine weit größere Farbenvielfalt aufwiesen, als es bei englischen Ziegelhäusern überhaupt möglich gewesen wäre.

Wie im Folgenden ersichtlich, war es nicht immer einfach, die authentische koloniale Farbpalette zu identifizieren. Bei der Restaurierung kolonialer Bauten kamen Fehler vor – vor allem im frühen 20. Jahrhundert, als man noch keine wissenschaftliche Farbanalyse kannte, mit der sich die Auswirkung von Licht auf empfindliche Pigmente präzise ermitteln lässt. Unzweifelhaft ist dagegen die große Bedeutung der Farbe für die Entwicklung des Kolonialstils in einem Land, für dessen Neubevölkerung das Wagnis der Unabhängigkeit gerade erst begonnen hatte.

DER GOVERNOR'S PALACE, WILLIAMSBURG

Von 1699 bis zum Umzug der Regierung nach Richmond im Jahr 1780 war Williamsburg das politische und kulturelle Zentrum des Bundesstaates Virginia. Danach fiel Williamsburg 150 Jahre lang in den Dornröschenschlaf einer verträumten College-Stadt, bis es 1926 einem örtlichen Geistlichen gelang, den Ölmagnaten John D. Rockefeller jr. für ein Projekt zur Restaurierung und Rekonstruktion von 150 Bauten aus dem 18. Jahrhundert zu gewinnen. Seither ist Williamsburg die wohl bedeutendste Stätte des kolonialzeitlichen Architekturerbes der Vereinigten Staaten.

Das drittgrößte Gebäude des alten Williamsburg war, nach dem Wren Building und dem Capitol, der Governor's Palace; zwischen 1706 und 1722 erbaut, repräsentierte er das Amt des Vertreters der britischen Krone in Englands größter amerikanischer Kolonie. Als solches wurde das Anwesen auch zum Mittelpunkt der feinen Gesellschaft, bis es 1781 abbrannte. 1930 leitete die Colonial Williamsburg Foundation die Rekonstruktion des aus Ziegeln errichteten, dreigeschossigen Governor's Palace auf den Originalfundamenten ein. Von Anfang an setzte sie sich dafür ein, das Haus so stilgerecht wie möglich wieder aufzubauen. Der Innengestaltung lagen optische Farbanalysen der verstorbenen Innendekorateurin Susan Higgins Nash zugrunde, die in mühevoller Kleinarbeit Proben aus noch erhaltenen Kolonialstilhäusern gesichtet hatte. Wissenschaftliche Farbanalysen, die später aufkamen, und eingehende Studien zeitgenössischer Inventare und Gemälde führten zu anschließenden Modifikationen. Nach der Redekoration und Möblierung in den 1990er-Jahren finden Besucher heute die Räume weitgehend wieder so vor wie zu der Zeit von Gouverneur Botetourt im 18. Jahrhundert.

LINKS Die elegante Dekoration und der aufwendige architektonische Raumschmuck im Ballsaal des Gouverneurspalastes unterstreichen die Bedeutung des Raums. Das leuchtende Blau der Wandfelder neben dem Weiß von Zahnschnittfries, Lambris und der klassizistischen Türrahmung (mit Pilastern und einem gesprengten Giebel, der in der Mitte von einem Wappen bekrönt wird) ist, einschließlich der Goldkonturierungen, an große europäische Vorbilder angelehnt. Die Verwendung des kostspieligen Preußischblau als Pigment reflektiert die Exklusivität der Raumdekoration.

RECHTS Ein dunkleres Blau schmückt die raumhohe Täfelung, den Kamin und den Deckenfries in einem Salon des Gouverneurspalastes. Auch hier wurde das teure Preußischblau verwendet, vermutlich gemischt mit Bleiweiß, Calciumcarbonat und Kohlenschwarz. Die Einfassung des Kamins aus buntem Marmor ist farblich auf die Täfelung abgestimmt.

LINKS Das Schlafzimmer über dem rechts abgebildeten Salon ist ebenfalls raumhoch getäfelt und mit einem Zahnschnittfries geschmückt – hier aber in Gelbweiß gestrichen. In der zweiten Hälfte des 18. Jahrhunderts war es üblich, architektonisch identische oder ähnliche Räume durch unterschiedliche Farbschemata individuell zu gestalten.

Das George Wythe House

UNTEN In der zweiten Hälfte des 18. Jahrhunderts ging man von Farbanstrichen und Täfelungen ab und bekleidete Wände immer häufiger mit Papiertapeten oder, wenn das Geld dafür vorhanden war, mit Seidenbespannungen. Von dieser Mode blieben Esszimmer jedoch oft ausgespart, zum einen weil man, wie in England, für diesen Raum eine strengere, maskulinere Ausstattung für angemessen hielt, zum anderen weil Stoff- und Papierwände, insbesondere stoffähnliche Velourstapeten, schnell Gerüche aufnahmen. Der Speisesalon im George Wythe House hat weiß getünchte Wände; die Holzarbeiten in einem ruhigen Olivgrün stellen einen frischen Kontrast hierzu dar.

Das George Wythe House ist nicht minder geschichtsträchtig als der Governor's Palace am gleichen Ort (siehe Seite 40–41). Der ursprüngliche Besitzer, George Wythe, war Rechtsanwalt und der erste Juraprofessor in den Vereinigten Staaten. Als höchster Vertreter seines Staates unterzeichnete er die Unabhängigkeitserklärung. Außerdem diente sein Haus George Washington unmittelbar vor der Belagerung von Yorktown im Jahr 1781 als Hauptquartier. Später beherbergte es den Delegierten der General Assembly, Thomas Jefferson, und dessen Familie.

Das zweigeschossige Wohnhaus mit vier Räumen unten und vier oben wurde in der Mitte der 1750er-Jahre von Wythes Schwiegervater erbaut, einem örtlichen Baumeister und Pflanzer namens Richard Taliaferro. Das wohl schönste Haus von Williamsburg ist ein Ziegelbau und hat symmetrisch angeordnete Schiebefenster, einen Kamin in jedem größeren Raum und weitläufige Gartenanlagen mit mehreren Wirtschaftsgebäuden.

Die Williamsburg Foundation, die das Anwesen 1938 kaufte, sah sich bei der Restaurierung mit etlichen Problemen konfrontiert, da es kaum noch gesicherte Anhaltspunkte für die ursprüngliche Funktion und Gestaltung der einzelnen Räume gab. So zum Beispiel fehlten Täfelungen, die in der Regel einen guten Hinweis auf die Bedeutung eines Raums geben, fast völlig. Aus Unterlagen ging darüber hinaus hervor, dass Richard Taliaferro in den Originalplänen auch keine vorgesehen hatte. Restauratoren kamen deshalb, und auch aufgrund von zeitgenössischen Gemälden und Radierungen, zu dem Schluss, dass in vielen der Haupträume wohl einmal Wandbekleidungen waren, die ab Mitte des 18. Jahrhunderts in reicheren kolonialzeitlichen Häusern in Mode kamen.

Das in den frühen 1990er-Jahren redekorierte und neu eingerichtete Haus zeigt daher eine Reihe von historischen Tapeten mit Mustern und Farben, die zur Zeit von George Wythe modern waren. Sie werden ergänzt durch Dekostoffe, die anhand ähnlicher Quellen reproduziert wurden. Die Farben der Holzeinbauten beruhen auf Farbanalysen der wenigen Originalstücke, die mehr als zwei Jahrhunderte überdauert hatten.

OBEN Die Wände des nach Nordosten ausgerichteten Schlafzimmers im George Wythe House sind mit einer kräftigen Blockstreifentapete bekleidet. Sie wurde nach einem zeitgenössischen handkolorierten Mezzotinto-Kupferstich angefertigt. Das Gelbweiß des helleren Streifens taucht in der Holzrahmung des offenen Kamins wieder auf, während der Farbton des dunkleren Streifens im Chintzstoff der Bettvorhänge und der Sesselbezüge wiederkehrt.

UNTEN Nach der ersten Renovierung wirkten Halle und Treppenhaus im George Wythe House relativ nüchtern und streng. Weiße Wände und einfarbig gestrichene Holzeinbauten orientierten sich an vielen dokumentierten Interieurs der Kolonialzeit und hoben die Funktionalität dieses Hausbereichs hervor. Eingehendere Studien führten jedoch zu der oben rechts abgebildeten Neugestaltung.

OBEN Als Eingangshalle und Treppenhaus im George Wythe House um 1995 erneut renoviert wurden, wählte man eine Reproduktionstapete mit einem aufwendigen blau-weißen Muster aus Vasen, Urnen, Bildkartuschen und Rankwerk. Tapeten wie diese waren zur Kolonialzeit auch in Europa groß in Mode und wurden aus England und Frankreich eingeführt.

LINKS Dieser Blick vom Salon durch die Halle in das Esszimmer zeigt die Vielzahl der im späteren 18. Jahrhundert erhältlichen Tapetenmuster und -farben. Während sich das Tapetenmuster in der Eingangshalle an römischen Vorbildern orientiert, entspricht das großflächige, in Rot und Dunkelrosa gehaltene Blumenmuster im Salon einer europäischen Chinoiserie. Die unterschiedlichen Farben und Muster geben jedem Raum einen bestimmten Charakter und unterteilen das Haus in erkennbare Wohnbereiche.

WETHERSFIELD

OBEN Die holzverkleideten Front- und Seitenfassaden des Webb House wurden wieder in Eisenoxidrot gestrichen.

RECHTS Deckenfries, Lambris, Fensterrahmen und -läden im großen Salon des Webb House sind im typischen Kolonialstil-Grün gestrichen, das wertvolle Grünspan- und Preußischblaupigmente enthält. Preußischblau befindet sich auch in der Farbe der Fußleiste und der Tapetenbordüre. Das Mobiliar entspricht dem Stil des Connecticut Chippendale des ausgehenden 18. Jahrhunderts.

Wethersfield am Connecticut River wurde 1644 gegründet und ist eine der ältesten Kommunen der USA. 150 Jahre lang florierte der Ort als Zentrum des regionalen Handels und als quirlige Binnenhafenstadt, die direkten Handel mit den Westindischen Inseln trieb. Im 19. Jahrhundert jedoch versandete der Fluss, und die Wirtschaft stagnierte. Vom Industriezeitalter übergangen, geriet Wethersfield gewissermaßen in Vergessenheit – eine Entwicklung, der die meisten der während der Blütezeit erbauten Kolonialhäuser ihr Überleben verdanken. Tatsächlich ist Wethersfield heute dank des Bemühens von Institutionen wie der Connecticut Society of Colonial Dames eine der besterhaltenen Städte aus der amerikanischen Kolonialzeit.

Drei der schönsten kolonialzeitlichen Häuser, die in der zweiten Hälfte des 18. Jahrhunderts für wohlhabende Wethersfielder Familien errichtet wurden, bilden heute das Webb-Deane-Stevens-Museum. Das nach seinem Erbauer, einem reichen Kaufmann, benannte Joseph Webb House entstand 1752 als dreigeschossiger Holzbau im klassischen georgianischen Stil: Neben vier Räumen auf jeder Etage, einer großen Eingangshalle unten und einer ebenso großen Etagenhalle oben hat es unter dem Spitzdach ein eineinhalbstöckiges Attikageschoss (für die Sklaven). Es fällt außerdem durch ein klassisches Säulenportal und Zwölf-über-zwölf-Schiebefenster auf. Die Bedeutung des Hauses als Meilenstein des Kolonialstils beruht sicher auch auf der Tatsache, dass sich hier im Mai 1781 George Washington

OBEN Die Wände des Korridors im Obergeschoss des Webb House weisen die klassische Dreiteilung in Deckenfries, Wandfeld und Lambris auf. Fries und Lambris sind im selben Graugrün wie Tür und Fensterrahmen gestrichen. Das Wandfeld dagegen ist weiß abgesetzt (dem ursprünglich zur Abtönung vermutlich etwas Kohlenschwarz beigemischt war).

RECHTS Ab 1720 hielten Rosatöne Einzug in kolonialzeitliche Häuser. Die rötlich rosafarbene Tür und Vertäfelung befinden sich im Washington Bedchamber des Webb House. Die Rokokotapete stammt aus den Jahren 1752–1753. Die braunen Tapetenanteile dürften ursprünglich ebenfalls rötlich gewesen sein, sind mit der Zeit aber nachgedunkelt.

LINKS Ein Wandschrank mit muschelförmigem oberem Abschluss ziert die Kaminwand des nach Norden ausgerichteten Salons. Die Farben in seinem Innern – Blau, Orangerot und Gold – sind typisch für Einbauten dieser Art, die sich in vielen repräsentativen Häusern der späten Kolonialzeit finden.

und der französische Kommandeur Comte de Rochambeau trafen, um die Schlacht gegen die Engländer in Yorktown zu planen, die letzte Schlacht des amerikanischen Unabhängigkeitskrieges. Sein wahrer Wert liegt jedoch in den verschiedenen Veränderungen, die seitdem vorgenommen wurden. Viele der Räume, die Wallace Nutting, der damalige Besitzer, kurz nach dem Ersten Weltkrieg renovieren ließ, wurden irrtümlich im inzwischen so genannten Neokolonialstil (siehe Seite 48–51) gestaltet. Die hier abge-

RECHTS Der große Salon im Isaac Stevens House ist wie im frühen 19. Jahrhundert dekoriert und eingerichtet. Der gegen die weiß verputzten Wände und die Decke abgesetzte zarte Grauton der Täfelung ist eine der vielen Steinfarben, die gegen Ende der Kolonialstil-Ära modern wurden.

UNTEN Wandtäfelung, Deckenfries, Türen sowie Fensterrahmen und -läden des Esszimmers im Isaac Stevens House sind in einem einheitlichen Blassgrün gestrichen. Zu der Einrichtung gehören ländlich bemalte Stühle mit Sitzflächen aus Binsengeflecht, die vermutlich in Connecticut hergestellt wurden. Sie sind Teil der Originalausstattung und typisch für Häuser der Mittelschicht jener Zeit. Das blau-weiße Service ist englisch.

bildeten Räume dagegen wurden Ende des 20. Jahrhunderts entsprechend der authentischen kolonialen Palette umdekoriert und möbliert.

Das 1766 fertig gestellte Silas Deane House ist über seinen ursprünglichen Besitzer eng mit der Geschichte des amerikanischen Unabhängigkeitskriegs verbunden. Der Anwalt Silas Deane, der Joseph Webbs Witwe geheiratet hatte, war Wethersfields Abgeordneter in der General Assembly of Connecticut. 1774 in den Continental Congress in Philadelphia gewählt, baute er die US-Marine auf und sicherte die Unterstützung der Franzosen im Krieg gegen die Engländer. Später bezichtigte man ihn der Veruntreuung von Mitteln, die die Franzosen für Munition zur Verfügung gestellt hatten; er starb 1787 im Exil in Paris. Rund 60 Jahre später wurde er von einem Komitee des Kongresses rehabilitiert und seine Familie entschädigt.

Das zweigeschossige Holzhaus gehört zu Wethersfields elegantesten Bauten. Der Stil ist im Wesentlichen georgianisch, auch wenn die asymmetrisch platzierte Tür und die extrem große Eingangshalle Vorbildern in London und Paris nachempfunden sind und in Neuengland nicht ihresgleichen haben. Das edle chinesische Porzellan des Hauses und importierte französische und englische Stoffe bezeugen den wachsenden Reichtum und die zunehmende Kultiviertheit der Oberschicht in den letzten Jahren vor der Unabhängigkeit.

Das Isaac Stevens House wurde 1798 von einem erfolgreichen Sattler und Färber gebaut. Das zweigeschossige Haus ist typisch Connecticut-georgianisch, aber kleiner und einfacher als seine repräsentativen Nachbarn. Lediglich die Front- und Seitenfassaden sind mit den typischen überlappenden Holzbrettern (Clapboards) verkleidet. Für die Rückseite wählte man billigere, nur auf Stoß genagelte Bretter. Auch die Einrichtung, zu 80 Prozent noch original vorhanden, ist einfacher. Das Isaac Stevens House darf somit als repräsentativ für ein spätkoloniales Privathaus der Mittelschicht gelten. Die Farbpalette ist überaus interessant, da die blasseren Grautöne des Holzanstrichs in einigen Räumen die Farben vorwegnehmen, die mit dem Federal Style modern werden sollten.

LINKS Die Wandtäfelung im rückwärtigen Salon des Silas Deane House ist salbeigrün gestrichen. Dieses Grün war ursprünglich wohl dunkler und ist im Lauf der Zeit verblichen. Der Mahagonitisch aus der Mitte des 18. Jahrhunderts ist mit Connecticut-Stühlen im Queen-Anne-Stil kombiniert, die ebenfalls aus Mahagoni sind. Der gelbe Vorhangstoff am Fenster ist aus Wolle. Seine Farbe taucht in den Sitzpolsterbezügen wieder auf.

LINKS Im Kolonialstil der zweiten Hälfte des 18. Jahrhunderts erfreuten sich groß gemusterte Stoffe mit kräftigen Farben zunehmender modischer Beliebtheit und gaben in der dekorativen Palette den Ton an. Dieser gepolsterte Armlehnstuhl in einer Ecke des nach Norden ausgerichteten Schlafzimmers im Isaac Stevens House hat ein großflächiges florales Muster mit Vögeln, das den chinesischen Einfluss nicht verleugnen kann. Der Mahagonitisch aus dem 18. Jahrhundert ist ein englisches Stück.

OBEN Die Küchenkammer des Silas Deane House hat in gebrochenem Weiß gestrichene Wände; die Holzeinbauten dagegen sind blaugrau abgesetzt. Anders als sonst im Haus ist hier die Einrichtung einfach und praktisch – ein Hinweis darauf, dass dies das Reich der Haussklaven war. In Neuengland nächtigten diese mit ihrer Herrschaft unter einem Dach, daher die Schlafstätte in der Ecke.

EIN NEOKOLONIALER STIL

RECHTS Als die Connecticut Society of Colonial Dames 1919 das George Webb House von seinem damaligen Eigentümer, Wallace Nutting, erwarb, hatte dieser in Küche und Esszimmer einen Tearoom eingerichtet, um Geld für das spätere Museum einzunehmen. Die Redekorierung der Räume erfolgte nicht im echten Kolonialstil. Das hier verwendete Mittelblau gehört zu den typischen Farben des Neokolonialstils aus dem frühen 20. Jahrhundert – zu denen auch Blassgrau, Blassgrün, Weiß und alle gebrochenen Weißtöne zählen.

OBEN Das Mittelblau aus der Zeit des Neokolonialstils im George Webb House ist leuchtender als die Mittelblautöne im 18. Jahrhundert. Letztere waren entweder dunkler (durch die Beimischung von Kohlenschwarz zu Preußischblau) oder hatten einen deutlichen Stich ins Grüne (durch Zugabe von etwas gelbem Ocker).

Die erste Weltausstellung auf amerikanischem Boden, die Philadelphia Centennial Exposition von 1876, lockte rund zehn Millionen Besucher in den Fairmount Park der Stadt. Während die größte Attraktion, die Machinery Hall mit ihren eindrucksvollen Symbolen des bevorstehenden Aufstiegs der USA zur Industriemacht, in die Zukunft wies, führte die Ausstellung einiger ausgesuchter historischer Bauten zu einem neuen, breiteren Interesse an der architektonischen Vergangenheit des Landes. Die so ausgelöste Epoche des heute Colonial Revival oder neokolonial genannten Stils, die den Wiederaufbau und die Restaurierung zahlreicher kolonialzeitlicher Bauten in Städten wie Williamsburg und Wethersfield mit sich brachte, hält bis zum heutigen Tag an. Bei der Wiederherstellung stilgerechter Interieurs war die Bewegung allerdings von Anfang an mit zwei grundlegenden Problemen konfrontiert.

Zum einen gab es noch keine mikrochemischen Farbanalysen, sodass selbst die gewissenhaftesten Forscher Originalfarben und Anstriche lediglich durch optischen Abgleich identifizieren konnten – ein Verfahren, das sich nicht immer als zuverlässig erwies. Zum anderen standen, wenn es um die Umwandlung von Kolonialstilhäusern in Museen ging, dem Wunsch nach Originaltreue in einigen Fällen die Vorstellungen oder persönlichen Ziele derer entgegen, die mit der Restaurierung befasst waren.

Einer der maßgeblichen Restauratoren und Kuratoren des frühen 20. Jahrhunderts war Reverend Dr. Wallace Nutting, Fotograf, Antiquitätenhändler, Unternehmer und Geistlicher in einer Person und von 1916 bis 1919 Eigentümer des Joseph Webb House in Wethersfield. Der Bau, ein dreigeschossiges Haus mit je vier Räumen im Erd- und ersten Obergeschoss, war architektonisch gut dokumentiert und in vielen Einzelheiten noch original erhalten, als Nutting es kaufte, der in der Folgezeit jedoch einige wesentliche Veränderungen vornahm. So ließ er vor allem zwei Fenster im ersten Obergeschoss entfernen, ebenso einen Vorsprung in Höhe des Dachgeschosses und eine Innentreppe; dafür installierte er einen neuen Kamin und Wandtäfelungen, die aus anderen alten Kolonialstilhäusern stammten. Von der Richtigkeit seines Handelns überzeugt, meinte Nutting: „Es ist legitim, alte Täfelungen zu kaufen und sie in Räume einzubauen, die möglicherweise nie welche hatten. Wenn die Wohnsubstanz gut erhalten ist, ist das Bemühen, ihr ein schönes altes Kleid zu geben, doch nur lobenswert."

Kein Wunder, dass Farbauthentizität nicht gerade die Hauptsorge eines Bausch-und-Bogen-Erneuerers wie Nutting war. Er machte sich vielmehr dadurch einen Namen, dass er einen der Salons, der ursprünglich entweder einen deckenden Anstrich oder eine Tapetenbekleidung hatte, mit patriotischen Wandgemälden ausstatten ließ, die an die Zusammenkunft zwischen George Washington und dem französischen Kommandeur, Comte de Rochambeau, 1781 unmittelbar vor der Schlacht von Yorktown erinnerten.

Derartige Verschönerungen zogen Besucher an und förderten den Verkauf fotografischer Vignetten von den Innenräumen, den der geschäftstüchtige Nutting betrieb. Gleichzeitig trugen sie, gemeinsam mit den von ihm gewählten Farben, die deutlich blasser waren als die im 18. Jahrhundert üblichen, dazu bei, historisch falsche Vorstellungen über kolonialzeitliche Raumausstattungen zu verbreiten – und zwar so nachhaltig, dass viele Menschen noch heute den Kolonialstil mit Nuttings und anderen Restaurierungen aus dem frühen 20. Jahrhundert verbinden.

Nichtsdestoweniger sollte man mit Nutting nicht zu streng ins Gericht gehen. Er rettete das Webb House, als es für die Nachwelt verloren zu gehen drohte. Dazu kommt, dass die Veränderungen, die er vornahm und die von den derzeitigen Kuratoren korrigiert werden, heute als repräsentativ für viele neokoloniale Bewegungen des frühen 20. Jahrhunderts gelten, die man inzwischen einem eigenständigen historischen Stil zurechnet.

UNTEN Der „Yorktown Parlour" des Webb House in dem Zustand, in den ihn Wallace Nutting 1916–1919 versetzen ließ, mit weiß lackiertem neokolonialem Tafelwerk und einem der drei Wandgemälde, die er zum Gedenken an die Verbindung des Hauses mit der Schlacht von Yorktown und dem Ende des Unabhängigkeitskriegs anfertigen ließ. Wissenschaftliche Farbanalysen haben inzwischen ergeben, dass die Wände ursprünglich grün waren.

„Wallace Nutting ... der Mann, der in die Vergangenheit blickte und die Zukunft sah ..."

(Edie Clark, Autor)

LINKS Das Südost-Schlafzimmer des Joseph Webb House wurde in den 1960er-Jahren im Stil des Colonial Revival restauriert, den Wallace Nutting Anfang des 20. Jahrhunderts eingeführt hatte. Das mittlere bis dunkle Preußischblau der Holzeinbauten entspricht den dunklen Pflanzenmotiven der Tapete, bei der es sich um eine handbedruckte Reproduktion einer Originaltapete aus dem 18. Jahrhundert handelt. Es taucht ferner in den Bettvorhängen auf, die nach einem Stoffrest neu angefertigt wurden, der im benachbarten Isaac Stevens House die Zeit überdauert hatte.

Die koloniale Farbpalette

Bei den ersten kolonialzeitlichen Häusern ist augenfällig, dass die meisten Flächen entweder aus Naturholz waren oder einfach weiß getüncht. Doch kaum hatten die Kolonisten die Pionierzeit überwunden, so erwiesen sie sich als deutlich farbenfreudiger. In Neuengland orientierte sich die Innendekoration weitgehend am frühgeorgianischen Geschmack in England (siehe Seite 30–35). Reichere Haushalte leisteten sich teure (oft importierte) Pigmente wie Preußischblau, Zinnoberrot und Grünspan. In weniger wohlhabenden Häusern und auf dem Lande, wo man Importpigmente nicht unbedingt bekam, herrschten warme, gedecktere Farbtöne vor, die aus örtlichen Erden, Pflanzen und tierischen Substanzen (beispielsweise Tierblut) gewonnen wurden. Verbreitet waren gelber Ocker, Strohgelb, Rosarot und Salbeigrün.

OBEN UND RECHTS Der Bankettsaal im wieder erbauten Governor's Palace, Colonial Williamsburg, vor der Renovierung (oben) und heute nach der Restaurierung im Stil der Lord Botetourt'schen Residenz des 18. Jahrhunderts. Der einfarbige breite Fries über der Zahnschnittkranzleiste am Wandübergang zur Decke ist in einem der erdigen rotbraunen Farbtöne gestrichen, die während der ganzen Kolonialzeit populär waren. Die blasseren Grau-, Beige- und Weißtöne der Tapete mit Floralmuster sind repräsentativ für die blasseren Farben, die gegen Ende der Kolonialzeit immer moderner wurden.

OBEN, LINKS UND UNTEN Verschiedene Blautöne entstanden durch Mischung von Bleiweiß und/oder Kohlenschwarz mit Indigo oder Preußischblau. Aus Bleiweiß mit Eisenoxidrot oder Zinnoberrot entstanden zahlreiche Rosatöne.

UNTEN Rosafarbene Anstriche auf der Basis von Zinnoberrot und Eisenoxidrot wurden mit Kohlenschwarz, gelbem Ocker und/oder Umbra natur abgetönt.

RECHTS Hellere Grüntöne und gedecktes Salbeigrün entstanden aus Preußischblau und Ocker, Schwarz und Ocker oder Grünspan und Bleiweiß.

LINKS UND OBEN Blasse Gelbtöne wurden vornehmlich aus gelbem Ocker und Bleiweiß angemischt. Mittlere Brauntöne enthielten in der Regel Eisenoxidrot, gelben Ocker, Siena natur, Umbra natur, Calciumcarbonat und Bleiweiß.

UNTEN Die rot- und gelbbraunen Farben der Hartholzmöbel waren ein wesentlicher Bestandteil der Farbpalette in kolonialzeitlichen Häusern. Neben Mahagoni waren Walnuss- und Rosenholz zu dieser Zeit besonders beliebt.

LINKS UND UNTEN Modische Holzfassaden erstrahlten in Eisenoxidrot. Teure Pigmente wie Preußischblau kamen bei vielen kolonialzeitlichen Häusern nur an den Frontfassaden zur Anwendung.

CROWN EXPRESSIONS
Imperial Cream · IMC–1

DULUX COLOUR SELECTOR
Natural Wheat

FIRED EARTH/PAINT PORTFOLIO
Pompeian Red

WILLIAMSBURG
Weatherburn's Pale Blue

PAINT LIBRARY
Blue Blood

SANDERSON SPECTRUM
Fleet Blue · 55–6U

WILLIAMSBURG
Raleigh Tavern Green Medium

WILLIAMSBURG
Raleigh Tavern Green

WILLIAMSBURG
Purdie House Gray

Das Rokoko

LINKS Die Ausschmückung der großen Orgel in der Wieskirche unweit vom oberbayerischen Pfronten ist ein Meisterbeispiel des deutschen Rokoko. Der überwältigende, in Weiß und Blattgold gehaltene Schmuck aus Gitterwerk, S- und C-Schwüngen, zartem geschweiftem und gerolltem Blattwerk und Muschelmotiven (Rocailles) ist aus Stein und Stuck geformt, könnte aber genauso gut aus der Werkstatt eines Zuckerbäckers stammen.

OBEN Das Muschelwerk, französisch *rocaille*, ist das Leitmotiv des Rokoko. Die dynamischen, geschwungenen Formen – hier ein Beispiel aus dem Herrenhaus Regnaholm bei Örebro in Schweden – wirkten wie gerolltes Blattwerk und eigneten sich gut für einen asymmetrischen Ornamentstil.

Das Rokoko kam im frühen 18. Jahrhundert in Frankreich auf. Es stellte eine Abkehr von dem überladenen, steifen Barockstil dar, der mit Ludwig XIV. und dem Hof von Versailles stil- und geschmacksbildend für die Architektur und Innendekoration seiner gesamten Regentschaft (1643–1715) gewesen war. Die Bezeichnung Rokoko basiert auf dem französischen Begriff *rocaille* für das schmückende Muschelwerk, mit dem man die Wände künstlicher Grotten ausgestaltete. Diese lebendigen, asymmetrischen Motive (vor allem Muschelmotive) sollten zusammen mit S- und C-förmigen Verzierungen, naturgetreuen Blütenzweigen und üppig rankendem Blattwerk zum kennzeichnenden Dekorationsmotiv des Rokoko werden. Oft mit exotischen Motiven, besonders Chinoiserien, und allegorischen Themenbezügen wie den Elementen und den vier Jahreszeiten kombiniert, schwelgte das französische Rokoko in zarten Farben – wie Gold, Weiß, Elfenbein und Creme – sowie Pastelltönen von Blau über Grün und Rosa bis Gelb und versprühte in der Tat eine Leichtigkeit, die dem Barock fremd gewesen war. Umso mehr, als Rokoko-Ausschmückungen gerne durch unzählige Wandspiegel vervielfältigt wurden – eine Modeerscheinung, die von Versailles ausging und wesentlich zu der allgemeinen Fröhlichkeit und Verspieltheit des Stils beitrug.

Zahlreiche europäische Staaten, von Schweden im Norden bis Portugal im Süden, übernahmen das Rokoko und integrierten es in ihre traditionellen Bauweisen. In den 1730er-Jahren erreichte das Rokoko die katholischen deutschsprachigen Länder, wo die französische Eleganz eine anmutige Verbindung mit einer bereits hochgradig theatralischen Architektur einging. Die Wieskirche in Bayern, 1745–1754 von Dominikus Zimmermann erbaut und von seinem älteren Bruder Johann Baptist ausgeschmückt, repräsentiert das deutsche Rokoko in seiner wohl reichsten und bezauberndsten Form. Auch das

OBEN Dieser Bettalkoven im Herrenhaus Regnaholm, das in den frühen 1760er-Jahren bei Örebro erbaut wurde, zeigt die zurückhaltendere, kühlere Art, in der die Schweden das überschwängliche französische Rokoko interpretierten. Die typischen geschwungenen Linien und Motive präsentieren sich in der gedeckteren schwedischen Farbpalette.

LINKS UNTEN In Regnaholm sind die meisten Rokoko-Schmuckelemente aus dem 18. Jahrhundert erhalten geblieben. Dies ist vor allem der Tatsache zuzuschreiben, dass das Haus seit dem Ersten Weltkrieg fast durchgehend leer stand. Die Wände des Salons (links) sind mit Leinwand bespannt; das Feld darauf ist goldfarben mit C-förmigen Schweif- und Blattranken bemalt. Ähnliche Wanddekorationen befinden sich hinter dem Alkoven im Schlafgemach (gegenüber) und im Chinesischen Kabinett (unten).

LINKS Die Bibliothek von Schloss Sanssouci in Potsdam. Das vergoldete Schweifwerk auf pastellfarbenem Stuck ist reinstes Rokoko, genau wie das fein gemaserte Hartholzfurnier des Täfelwerks, welches die Wandfelder schmückt. Ebenfalls stiltypisch sind die großen Wandspiegel.

UNTEN Die Fassade des Château de Morsan zeigt die für das Rokoko charakteristischen geschwungenen Linien. Das von Ludwig XV. als Sommer- und Jagdhaus genutzte Schlösschen in der Normandie wurde um 1736 erbaut und befindet sich heute im Besitz von Lillian Williams.

RECHTS Die Boiserien im großen Salon des Château de Morsan sind graublau gestrichen, die Profilleisten darauf in Gold gefasst. Diese zarte, elegante Farbkombination ist typisch für das französische Rokoko. Dasselbe gilt für die Spiegelfüllungen in den oberen Türfeldern.

von Georg Wenzeslaus von Knobelsdorff 1745–1748 nach Plänen Friedrichs des Großen erbaute Schloss Sanssouci in Potsdam gehört zu den Hauptwerken des deutschen Rokoko und vereint typische Rokoko- und Barockornamente.

Besonders in den Außenfassaden lebte das schmuckvolle Barock des 17. Jahrhunderts in der Üppigkeit der Farben und der Ornamentdichte des deutschen Rokoko fort, zumal das Rokoko mehr ein Dekorations- als ein Architekturstil war. Die zierlich verspielten Schmuckmotive ließen sich besonders leicht auf Einrichtungsgegenstände aller Art übertragen. Seine Einführung und Verbreitung in ganz Frankreich war Baumeistern und Ornamentstechern wie Jean Bérain, Germain Boffrand, Gilles-Marie Oppenord, Juste-Aurèle Meissonier und Nicolas Pineau zu verdanken – die Räume des Pariser Stadtpalais Hôtel de Soubise, die von Boffrand gestaltet wurden, legen ein großartiges Zeugnis davon ab. Das Erscheinen zahlreicher Kupferstiche, die Ornamentvorlagen zeigten, trug zur Verbreitung des Rokoko innerhalb und außerhalb Frankreichs bei.

In Frankreich hielt sich das Rokoko teilweise bis in die späten 1780er-Jahre. In anderen Ländern dagegen kam von 1750 an zunehmend Kritik an dem Stil auf – insbesondere in England, wo das Rokoko, genau wie in Nordamerika, nie richtig Fuß fassen konnte. Was man zunächst als leicht und spielerisch begrüßt hatte, empfand man nun schlicht als frivol und kapriziös, und wie einst das Barock dem Rokoko, wich nun das Rokoko dem Klassizismus (siehe Seite 60–115). Nichtsdestoweniger sollten sich die heitere, zarte Ornamentik und die Palette aus Pastelltönen und Gold als attraktiv, ja unwiderstehlich für spätere Generationen erweisen.

OBEN Chinoise Muster und Motive spielten im Rokoko eine große Rolle und wurden oft mit naturgetreu wiedergegebenen Blüten- und Blattpflanzen aus Europa kombiniert. Als Vorlage für die Chinoiserien des Bettbaldachins, auf Mobiliar und Wänden in diesem Schlafgemach des Château de Morsan diente blau-weißes Delfter Porzellan aus dem 17. und 18. Jahrhundert.

Die Farbpalette des Rokoko

Gold führt die Farbpalette des Rokoko an. Unverzichtbar und allgegenwärtig, ziert es Schweif- und Muschelwerke sowie all die anderen schwungvollen Ornamente, die als Holzschnitzerei und Stuckdekoration das Erscheinungsbild des Stils bestimmen. Wenn Blattgold zu teuer oder nicht verfügbar war, konnte es auch durch goldgelbe Farbe ersetzt werden. Die bevorzugten Farben des Rokoko sind blaue, grüne, rosafarbene und gelbe Pastelltöne; dazu kommen Elfenbein, Creme und Weiß sowie die glänzenden Brauntöne fein gemaserter Harthölzer. Zu den gesättigteren Farben gehören Ultramarinblau, Verditergrün und Pompadourrosa.

LINKS Im Wiener Schloss Schönbrunn befindet sich das (wegen der Unsummen, die seine Ausstattung gekostet hat, so genannte) Millionenzimmer, ein exklusives Beispiel für die österreichische Interpretation des französischen Rokoko. Zur Decke, die mit zarten pastellfarbenen Blütenzweigen und Rautenmuster verziert ist, passt das edle Täfelwerk aus chinesischem Rosenholz mit intarsierten Miniaturen aus der Mogulzeit und überreich vergoldetem S- und C-förmigem Schweifwerk.

OBEN UND RECHTS Goldene Schmuckprofile (oben) heben sich bei diesen Salontüren von einem pastelligen graublauen Grund ab, einer der klassischen französischen Rokokofarben. Im Gegensatz dazu leuchten die geschnitzten Motive der Kirchenorgel (rechts) auf weißem Grund – typisch für das deutsche Rokoko. Gold, das A und O des Rokoko, diente vor allem dazu, die stilbestimmenden gerollten, geschweiften und gewellten Ornamente hervorzuheben.

OBEN UND LINKS Textilien mit floralen und Blattmustern spielten eine große Rolle in Rokoko-Interieurs, insbesondere in Schlafräumen. Das französische Rokoko liebte zudem die blauen und grünen Pastelltöne, die diese Baumwollstoffe zeigen. Als Quelle der Inspiration dienten vor allem die exotischen fernöstlichen Kompositionen auf chinesischen Lackarbeiten. Ebenso populär waren europäische Pflanzen, die in der Regel als Zweige oder leicht gebogene Blütenstiele abgebildet wurden.

OBEN Das königliche Schlafgemach im portugiesischen Schloss Queluz wurde 1760 ausgestaltet und ist ein schönes Beispiel für das dortige Rokoko.

RECHTS Kaiserin Maria Theresia ließ ein Empfangs- und Arbeitszimmer von Schloss Schönbrunn um 1770 zu Ehren ihres verstorbenen Gemahls neu dekorieren. In die Walnussvertäfelung wurden altasiatische Lackarbeiten eingesetzt. Die dunklen Farben, die so sehr im Gegensatz stehen zu den Pastelltönen des frühen Rokoko, werden durch die reichlichen Goldverzierungen optisch etwas aufgehellt.

LINKS In der Bibliothek von Schloss Sanssouci bilden pastelliges Blau und Rosa den Hintergrund für aufwendiges Rokokodekor. Dennoch geben die Goldbrauntöne des Hartholzfurniers und vor allem das lebhafte, glänzende Gold den Ton an.

DULUX HERITAGE COLOURS
White

JOHN OLIVER
Imperial Yellow

CROWN EXPRESSIONS
Mustard Spice · MS–9

SANDERSON SPECTRUM
Bronze Brown · 57–6U

RALPH LAUREN PAINT
SOUTHPORT COLLECTION
Oar Lock · SO02C

FARROW & BALL
Suffield Green · U/C32

LAWRENCE T. BRIDGEMAN
Village Tavern Blue

J. W. BOLLOM & CO. LTD
NATURAL COLOR SYSTEM
S 3030–R70B

DULUX HERITAGE COLOURS
GEORGIAN (1714–1837)
Georgian 26

Der Klassizismus

LINKS Das im frühen 19. Jahrhundert errichtete Boscobel Mansion in New York ist ein Beispiel für die Architektur des Federal Style, der sich durch zurückhaltenden Fassadenschmuck auszeichnete. Wie andere zeitgenössische Federal-Style-Häuser ist es eine Holzrahmenkonstruktion. Die Bretterverschalung (so genannte Clapboards) ist sandgelb gestrichen; alle anderen Holzarbeiten sind in Weiß abgesetzt.

OBEN Die Stylistin und gebürtige Schwedin Lena Proudlock hat sich bei der Innengestaltung ihres englischen Cottage in Gloucestershire, das aus dem späten 18. Jahrhundert stammt, am klaren, reduzierten Stil der Gustavianischen Ära orientiert. Die kühlen, matten Farben vertragen sich gut mit den vergoldeten klassizistischen Schmuckleisten.

Teils aus Überdruss an der Verspieltheit des Rokoko, teils aufgrund einer Woge des wieder aufgeflammten Interesses an der Architektur, Ornamentik und Innendekoration der Antike entwickelte sich Mitte des 18. Jahrhunderts der Klassizismus, der in verschiedenen Ausprägungen bis in die Mitte des 19. Jahrhunderts Bestand hatte. Im Verlauf dieser Zeit sollte er nicht nur zu einer ganz Europa erfassenden Bewegung werden – von Skandinavien im Norden bis zur Iberischen Halbinsel im Süden –, sondern auch zur Hauptquelle der Inspiration für die Architektur und Innendekoration in den inzwischen unabhängigen Vereinigten Staaten jenseits des Atlantiks.

Hintergrund für die Verbreitung des Klassizismus waren Ausgrabungen an etlichen neu entdeckten Fundstätten aus der griechischen und römischen Antike in Italien, Griechenland und Kleinasien. Dazu gehörten vor allem Pompeji und Herculaneum, wo 1738 beziehungsweise 1755 die ersten Grabungen vorgenommen wurden. Die umfangreichen neuen Erkenntnisse über Architektur, Ornamentik, Mobiliar und Dekoration der Griechen und Römer, die an diesen Stätten gewonnen wurden, bildeten das historische Referenzmaterial der Klassizisten. Die weite Verbreitung dieses Materials beruhte auf einer Reihe sich ergänzender Faktoren. Erstens und vor allem unternahmen viele Architekten, Baumeister, Kunstkenner und wohlhabende Privatleute Reisen zu den Ausgrabungsstätten (gewöhnlich im Rahmen einer Bildungsreise durch die Kulturhauptstädte Europas wie Rom, Florenz und Athen); zum anderen stellten unzählige Publikationen – Berichte, Architekturvorlagenbücher, Gemälde, Drucke und Stiche – eine fast ebenso reiche Quelle für alle dar, die die Altertümer nicht aus erster Hand besichtigen konnten. Besonders einflussreich waren die Schriften und Radierungen des italienischen Baumeisters, Archäologen, Kunsthändlers und Kupferstechers Giovanni Battista Piranesi (1720–1778),

OBEN Architektur und heutige Dekoration des Treppenaufgangs eines Londoner Hauses entsprechen dem Regency, der bevorzugten Stilrichtung der oberen britischen Mittelschicht im frühen 19. Jahrhundert. Typisch dafür ist der starke Farbkontrast zwischen dem kräftigen, deckenden Rot und dem Weiß der Geländerbaluster und der Decke.

LINKS Der schottische Baumeister Robert Adam entwarf sowohl Innendekoration wie Mobiliar des Speisesalons von Osterley Park, England. Die starke Anlehnung an die Antike zeigt sich im Detail, zum Beispiel der griechischen Urne auf kanneliertem Säulenschaft, im Lyramotiv des Stuhlrückens und im weißen Zierstuck der Wandfelder mit Blattranken, Rosetten und Greifen.

OBEN Büste, Basrelief, Rustikamauerwerk und Marmorwandgestaltungen veranschaulichen die Vorliebe für den Klassizismus des späten 18. Jahrhunderts in Frankreich. Das Château du Champ de Bataille gehört heute Jacques Garcia.

der nicht nur griechische und römische Bauten im Detail darstellte, sondern auch etruskische und altägyptische. Ein weiteres wichtiges Ereignis für die Verbreitung des Klassizismus im ausgehenden 18. und frühen 19. Jahrhundert waren die napoleonischen Kriege, da mit den militärischen Erfolgen Napoleons ein klassizistischer Epochenstil – das so genannte Empire (siehe unten) – über die Grenzen Frankreichs hinausdrang.

Angesichts des ungeheuer reichen und vielseitigen Formenschatzes der griechisch-römischen Architektur, Innendekoration und Ornamentik gab es bei der Übertragung auf die Gegenwart unterschiedliche Interpretationen und Präferenzen, die wiederum einige verwandte, aber gegeneinander abgegrenzte klassizistische Stilrichtungen hervorbrachten. Das französische Louis-seize zum Beispiel, der *goût antique* (siehe Seite 64–69), war im Wesentlichen durch die Entwürfe von Piranesi und die Arbeit von Robert Adam (siehe unten) beeinflusst. Die Epoche dauerte von den frühen 1770er-Jahren bis zu Ludwigs Tod auf der Guillotine im Jahr 1793 und bildete die Grundlage des zeitgenössischen gustavianischen Stils in Schweden (siehe Seite 106–115). Ihm folgte in den letzten fünf Jahren des 18. Jahrhunderts der strengere Directoirestil, der sich mehr auf griechische als auf römische Vorlagen stützte. Unter der Herrschaft Napoleons wiederum wurde dieser vom majestätischen, farbenfreudigen Empirestil verdrängt, der kaiserlich-römische Bildwerke und Dekorationen mit altägyptischen und militärischen Motiven kombinierte.

Die zweite Hälfte des 18. Jahrhunderts in England beherrschte der Adamstil (siehe Seite 70–77), dem die Arbeiten des schottischen Baumeisters Robert Adam zugrunde lagen. Der Adamstil, der auf Bauformen der römischen Antike und der italienischen Renaissance zurückgriff und sie einfühlsam mit altgriechischen und etruskischen Schmuckelementen verband, war nicht nur eine Inspirationsquelle für das Louis-seize, sondern übte auch in Italien und auf die frühe klassizistische Bewegung in Nordamerika großen Einfluss aus (siehe Seite 82–85).

OBEN Dies ist eins der Prunkschlafgemächer des südlich von Madrid gelegenen Palacio Real de Aranjuez, der bis zum frühen 20. Jahrhundert die Frühjahrsresidenz der spanischen Königsfamilie war. Das kräftige Gelb der Draperien und ihre streng angeordneten, auf die Antike zurückgehenden floralen Motive spiegeln den Zeitgeschmack des Empire wider. In der spanischen klassizistischen Epoche allerdings behielten die Möbelproportionen und Verzierungen eine barocke Extravaganz und Üppigkeit bei.

Führend in der Entwicklung und Verbreitung klassizistischer Stile dürften französische und britische Baumeister – und nicht zu vergessen die eine italienische Ausnahme, Piranesi – gewesen sein. So zum Beispiel wurde das französische Empire im frühen 19. Jahrhundert auch in Spanien hochmodern (siehe Seite 86–93). Nichtsdestoweniger waren es wohl die Vereinigten Staaten von Amerika, die den Klassizismus zu ihrem ureigensten Stil erklärten. Zweifellos trugen die unverkennbaren historischen Parallelen zwischen der nunmehr unabhängigen demokratischen Republik und dem antiken Griechenland (der Wiege der Demokratie) sowie der Römischen Republik dazu bei (siehe Seite 94–105).

OBEN Die gelben Wände eines anderen Wohnzimmers, von Bernd Goeckler ebenfalls zum großen Teil mit Empiremöbeln ausgestattet, sind sparsam mit Drucken und Radierungen dekoriert, die im frühen 19. Jahrhundert zu vielen Einrichtungen gehörten. Die Themen der Kunstwerke: Ruinenlandschaften, Architekturbilder archäologischer Ausgrabungsstätten und die Sphinx von Giseh – Letztere auch eine Anspielung auf den Ägyptenfeldzug Napoleons.

OBEN UND RECHTS Ende der 1990er-Jahre gestaltete der Antiquitätenhändler Bernd Goeckler sein New Yorker Apartment vorwiegend im französischen Empirestil. Der cremegelbe Wandanstrich im Wohnzimmer und angrenzenden Schlafraum harmoniert in edler Weise mit der Türgestaltung in Gold und Weiß. Die Motive, geflügelte Pferde, Urnen, Rosetten, stammen alle aus dem klassizistischen Ornamentrepertoire.

Ein Schloss in der Normandie

RECHTS Der rot-weiß karierte Stoff, der in diesem Schlafzimmer im ersten Obergeschoss des Château de Morsan dominiert, ist eine stilgetreue Reproduktion eines französischen Modestoffes aus den letzten Jahren des 18. Jahrhunderts. Lillian Williams wählte ihn *en suite* als Bezugsstoff für die Armlehnstühle und zur Dekoration der Fenster, Wände und des Bettes. Die Leichtigkeit dieses einfachen Farbschemas, wie es in Schlafzimmern des ausgehenden 18. Jahrhunderts bevorzugt wurde, wird durch das Weiß an Zimmerdecke, Fensterwerk und Bettgestell ebenso unterstützt wie durch das naturbelassene Kiefernholz, aus dem ein Teil der Möbel und der Parkettboden sind.

UNTEN Mit dem Klassizismus kamen gestreifte Stoffe in Mode. Der grün-weiße Stoff, aus dem Drapierung, Überwurf und Polster des Louis-seize-Betts angefertigt wurden, ist nach einem Originalstoff aus dem späten 18. Jahrhundert entstanden.

Das Château de Morsan in der Normandie, als *maison de plaisance* oder Sommerhaus geplant und auch überwiegend so genutzt, wurde um 1765 während der Herrschaft Ludwigs XV. (1715–1774) erbaut. Die heutige Besitzerin ist Lillian Williams, eine internationale Expertin für französische Stiltextilien und Innendekorationen. Sie hat das Haus, das zeitweilig auch als Jagdschloss diente, restaurieren und neu einrichten lassen.

Das Schloss ist insofern besonders interessant, als es den Wandel der Architektur- und Dekorationsstile im Frankreich des ausgehenden 18. Jahrhunderts widerspiegelt. Vor allem dokumentiert es den allmählichen Übergang von dem schwungvollen, oft überladenen Rokokostil, der den größten Teil der Regierungszeit Ludwigs XV. dominierte, zum zurückhaltenderen, rechtlinigen klassizistischen Stil (auch *goût antique* genannt), der unter Ludwig XVI. (1774–1792) aufkam.

An der Außenfassade überwiegen die typischen Linien des Rokoko. Innen setzen sie sich in den vergoldeten Schmuckleisten der Türen in der Eingangshalle fort. Im Gegensatz dazu haben die Boiserien vieler Räume vergoldete oder farbig gefasste Leisten, die mit ihrem schlichten Profil und der rechtlinigen Anordnung typisch klassizistisch sind.

Die Gegensätze sind vor allem im Mobiliar des Schlosses sichtbar. Die meisten Betten etwa sind kunstvolle *lits à la polonaise*, die ihren Namen zu Ehren der polnischen Gemahlin Ludwigs XV., Maria Karolina Leszczynska, erhielten. Die Betten mit Kuppelbaldachinen, die mit stoffbezogenem Rundgestänge an den Bettpfosten befestigt sind, hielten Mitte des 18. Jahrhunderts in französische Rokokoschlafzimmer Einzug und blieben auch in frühen klassizistischen Interieurs beliebt. Den Geschmack des Rokoko zeigen außerdem etliche Louis-quinze-Tische, Schreibtische und Stühle mit ihren extravagant einwärts geschwungenen Beinen, die für den Stil charakteristisch sind. Im Gegensatz dazu gehören viele andere Stühle und Sessel, einige Ruhebetten und zahlreiche Säulenschäfte mit Skulpturen der

LINKS Königin Marie Antoinette brachte zarte Blumenmuster in Mode, wie sie hier Fenstervolant, Vorhänge und das Ruhebett zieren. Das Gelb des Stoffs kehrt an den Wänden und in der gerafften Untergardine wieder.

RECHTS Kräftigere Farben sind Repräsentationsräumen vorbehalten. In der Eingangshalle bildet ein dunkles Grün die Grundfarbe der Wandtäfelung; goldgefasste Schmuckleisten hellen die dunklen Flächen optisch auf.

UNTEN Weiß und Puderrosa sind die Farben dieses Schlafzimmers. Dass die gestreiften Stoffe und floralen Muster auf der Täfelung eine harmonische Einheit bilden, ist auf die Verwendung verwandter Grüntöne zurückzuführen.

Zeit Ludwigs XVI. an und erweisen sich mit geraderen, strengeren Konturen als typisch klassizistisch.

Die von Lillian Williams mit Bedacht ausgewählten Stoffe spiegeln ebenfalls die wechselnden Stile der zweiten Hälfte des 18. Jahrhunderts wider, einer Zeit, in der die exotischen, oft großflächigen floralen Muster des Rokoko kleineren Blütenmustern europäischen Ursprungs und geometrischen Streifen- und Karomustern wichen. Auch bei den Farben achtete sie auf Stiltreue. Zu den kräftigeren, gesättigteren und oft mit Gold abgesetzten Farben gehören dunkles Grün, Malvenblau, Rostrot und leuchtendes Gelb. Das vor allem den Schlafzimmern vorbehaltene hellere Farbschema schließt Blassgrün und Cremegelb ein, Farben, die fast immer mit Weiß abgesetzt sind.

LINKS Der Marmorsaal des Château du Champ de Bataille präsentiert ein reiches Spektrum an architektonischen Gliederungselementen aus echtem und falschem Marmor. Als Erstes fällt der geometrisch gemusterte Fußboden auf, dann der Kaminaufbau, die Pilaster und Säulenschäfte und schließlich erst der massige Marmortisch in der Raummitte. Klassizistische Motive in Bronze, Messing und Gold zeigen die Vorliebe des Louis-seize für metallische Farbtöne. Das Karmesinrot der Vorhänge kehrt in den Wandbespannungen wieder (und greift das Rostrot der Marmorierung auf).

UNTEN Das Louis-seize brachte auch die Kombination kühler Farben in Mode, wie sie hier am Beispiel eines in blassen Grautönen und einem hellen Blau gehaltenen Badezimmers zu sehen sind.

Château du Champ de Bataille

RECHTS Auch in diesem Schlafzimmer gibt ein blasses Blaugrau den Ton an. Allerdings wird es durch wärmere Rot- und Rosétöne belebt, die in den Bett- und Fenstervorhängen, den Polsterbezügen und im orientalischen Teppichmuster auftauchen. Die Muster der Textilien sind typisch für die zarten, naturgetreuen floralen Ornamente, die Marie Antoinette, die Gemahlin Ludwigs XVI., im letzten Quartal des 18. Jahrhunderts populär machte. Sie waren besonders in den Boudoirs der Damen beliebt.

Nicht weit von Le Neubourg in der Normandie liegt das Château du Champ de Bataille, das Ende des 17. Jahrhunderts, einer Zeit des florierenden Barock, erbaut wurde. Bekannt ist das Schloss jedoch wegen seines klassizistischen Interieurs, das es einer Umgestaltung im späten 18. Jahrhundert verdankt. Der derzeitige Besitzer, Jacques Garcia, hat diese Interieurs in ihrer ursprünglichen Pracht wieder hergestellt, ein Bemühen, das Schloss und Parkanlagen die rühmende Bezeichnung eines „normannischen Versailles“ eingetragen hat.

Die architektonischen Gliederungselemente im Schlossinneren lehnen sich in charakteristischer Louis-seize-Manier stark an die griechisch-römische Formensprache an und zeigen reichlich Marmor und Marmorierungen. Die Textilien und das außergewöhnlich edle Mobiliar entsprechen ebenfalls der Blütezeit des Louis-seize. Dasselbe gilt für die Farbkombinationen in den beiden Varianten, die im Frankreich des späten 18. Jahrhunderts modern waren: blass und kühl die eine Palette, reich und dunkel die andere.

RECHTS Zu den Schätzen des Château du Champ de Bataille gehört eine Porzellansammlung, die in der Porzellangalerie einen passenden Rahmen gefunden hat. Es handelt sich um japanisches Imari- und blau-weißes chinesisches Porzellan, ein beliebtes Importgut im Frankreich des späten 18. Jahrhunderts. Die Farben der Boiserien – Dunkelrot, Dunkelblau, Schwarz und Gold – sind dem Imari-Porzellan angepasst, erinnern aber auch an altrömische Dekorationen. Zugleich nehmen sie die patriotische (in der Regel durch Weiß ergänzte) Rot-Blau-Kombination des Directoirestils vorweg, der in den späten 1790er-Jahren aufkam.

GANZ RECHTS Auftraggeber, die keine Kosten scheuten, gestatteten es Architekten des klassizistischen Frankreichs, in den Farben bunten Marmors und Porphyrs geradezu zu schwelgen. Eine weitere Quelle kräftiger, gesättigter Farben waren Kunstobjekte aus Stein nach dem Vorbild der griechischen und römischen Antike.

RECHTS UND GANZ RECHTS Grauweiß und Graublau sind die Grundfarben der Boiserien in diesen Badegemächern. Das Grauweiß des linken Zimmers setzt sich im Anstrich des Stuhls fort und klingt in der Zinkverkleidung der Badewanne wieder an. Ein Gegengewicht dazu schaffen das wärmere Rot und Gelb von Wannenvorhang, Wandbekleidung und Bodenmatte, ebenso das Terrakottarot der marmorierten Wannenwand. Auch das kühle Grau der Badezimmerwände (rechts) ist bis zu einem gewissen Grad wieder aufgehoben, und zwar durch die wärmeren Brauntöne der Kupferbadewanne und Hartholzmöbel, des Parkettbodens und das zarte Rosa im Blumenmuster der Fenstervorhänge.

Die Farbpalette des französischen Klassizismus

Hauptsächlich in den Boudoirs der Damen kamen die blassen Farben des französischen Klassizismus zur Anwendung. Im Louis-seize herrschten blasse Grün- und milchige Gelbtöne vor, die neben Weiß oder Hellgrau gesetzt wurden. Das Empire brachte zarte Pastellkombinationen, Graublau, Violett, Cremeweiß und Apricot. Bei den kräftigeren Farben des Louis-seize dominierten Dunkelgrün, Mauve, Rostrot und Gelb in allen Schattierungen, oft mit Gold aufgefrischt. Im Directoire kamen die patriotischen Farben Rot, Weiß und Blau auf, die mit Grün, Violett, Weiß, Elfenbein und Gold kombiniert wurden. Zu den dunkleren, kontrastreicheren Farben des Empire gehörten Purpur, Zitronengelb und ein intensives Apfelgrün; diese kombinierte man mit kräftigen Rosa- und Rottönen und setzte sie auf weißem Grund mit Goldverzierungen ab.

RECHTS Im französischen Louis-seize waren karierte Stoffe sehr beliebt. In Rot und Weiß schmücken sie hier einen ganzen Raum von den Gardinen bis zum Bettbaldachin, der mit einem rot-weißen Blumenmusterstoff gefüttert ist.

OBEN Die Strenge, die der geradlinige klassizistische Raumschmuck in französischen Salons oft verbreitete, konnte durch Stoffe gemildert werden. Ein Gegengewicht bilden hier Fenster- und Wandbehänge sowie Polsterbezüge in Scharlachrot und Rosa aus bedrucktem Baumwollchintz, floral gemustertem Seidendamast und einfarbigem Satin.

UNTEN Orientalische Stilelemente und dunklere Dekorationsfarben gelangten mit Napoleons Ägyptenfeldzug nach Frankreich. Diese prunkvolle Schwimmhalle schwelgt in Grün, Purpur und Pompejanischrot.

LINKS Im Louis-seize, Directoire und Empire waren dunkelgrüne Töne als Dekorationsfarben gleichermaßen modern. Abstufungen erzeugte man mit Pigmenten wie Malachit, Grünspan, *terra verde* (Grünerde) und (ab 1809) Chromoxid sowie Zusätzen wie Lampenschwarz, Zinnoberrot und Bleiweiß.

LINKS Echter und falscher Marmor schmückt diese Eingangshalle, in der sich der Einfluss der klassischen römischen Architektur widerspiegelt. Die rot-gelb gestreiften Raffrollos greifen Grundfarben des Raums auf: das Pompejanischrot der Türflügel, das Goldgelb der Türleisten und der gelb marmorierten Wandteile.

RECHTS Im französischen Klassizismus kamen architektonische Schmuckelemente aus buntem Marmor beziehungsweise Porphyr in der Innenarchitektur von Prunkräumen zu neuen Ehren, insbesondere während der Regierungszeit Ludwigs XVI.

OBEN Einen frischen Kontrast zu den Steinfarben der Skulpturen und Deckenbemalung in der Ägyptischen Bibliothek des Château du Champ de Bataille bilden Grün und verschiedene Rottöne: Rosa im Teppich und auf den Stuhlpolstern, Terrakottarot mit Gold bei den Bücherschränken.

RECHTS Mit dem Louis-seize kamen Marmorierungen groß in Mode. Die künstlichen Marmorwände dieses Speisesalons im ersten Obergeschoss des Château du Champ de Bataille täuschen einen dunkleren grauen Marmor und einen helleren gelben Sienamarmor vor.

LINKS Altrömische Dekorationen und die Farben des japanischen Imari-Porzellans spiegeln sich in diesen Boiserien wider: Dunkelrot, Blau, Schwarz und Gold.

RECHTS Eine freundlich lichte Atmosphäre bekamen Schlafzimmer durch Farbschemata aus Ockergelb, Chromgelb und Weiß.

DULUX COLOUR SELECTOR
Marshmallow

CROWN EXPRESSIONS
Soleil SO–10

CROWN EXPRESSIONS
Mustard Spice MS–9

CROWN COLOUR PLANNER
Orchestral Red

OLD VILLAGE PAINT
WILLIAMSBURG
2–2 Child's Rocker
Bright Red

SANDERSON SPECTRUM
Northern Pine · 56–1U

RALPH LAUREN PAINT
SOUTHPORT COLLECTION
Greens Farms · SO03B

DULUX HERITAGE
COLOURS
Oxford Blue

JOHN OLIVER
Betty II Blue

Osterley Park

Wesentliche Impulse für die Entwicklung des Klassizismus in England und weit über die Grenzen des Landes hinaus gingen von Robert Adam (1728–1792) aus. Sein typischer und Epoche machender Stil äußerte sich allerdings vornehmlich in der Umgestaltung bereits bestehender Häuser, da die Bautätigkeit in England in der zweiten Hälfte des 18. Jahrhunderts nicht besonders florierte.

Eins der schönsten noch erhaltenen Beispiele ist das in den 1750er-Jahren errichtete Anwesen Osterley Park in Middlesex, dessen Besitzer, Francis Child, Adam den Auftrag zur Verkleinerung und allgemeinen „Modernisierung" erteilte. Der Umbau dauerte fast 20 Jahre, und das Ergebnis legt beredtes Zeugnis für die Art und Weise ab, wie Adam auf Architektur und Ornamentik der klassischen Antike zurückgriff und sie in seine Zeit übertrug.

Motive und Darstellungen aus griechischen, etruskischen, römischen und italienisch-renaissancezeitlichen Quellen sind innerhalb des Hauses vielfältig verteilt. Sie heben sich, oft in Weiß, gegen die dekorative Farbpalette Adams ab. Diese setzte sich aus blassen Blau- und Grün-, Lila-, Apricot- und opalfarbenen Tönen zusammen, die durch kräftigeres, gesättigteres Blau, Grün und Terrakotta ergänzt und mit Gold akzentuiert wurde. Das Ergebnis ist grandios, aber auch leicht und elegant.

OBEN UND GANZ LINKS Die Wand- und Türornamente im Etruskischen Zimmer wurden zunächst auf Papier gemalt, dann ausgeschnitten und aufgeklebt. Auf dem blassgrünen beziehungsweise blassblauen Grund kommt diese arabeske Pracht besonders schön zur Geltung.

LINKS Die geradlinigen Wandtafeln und kreisrunden Deckenmedaillons im Esszimmer sind mit Blattranken, Trophäen-, Greifendarstellungen und anderen klassischen Motiven in flacher weißer Stuckarbeit geschmückt.

RECHTS Die Halle, die auch als Raum für Empfänge diente, erstrahlt nach einer Renovierung wieder in ihren ursprünglichen Farben, die man aus einer zeitgenössischen Beschreibung kennt: Weiß und Grünlichgrau.

„Adam schuf exquisite Interieurs, die gleichermaßen heiter, elegant und voller Einfallsreichtum waren."

(James Stevens Curl, Architekturhistoriker)

LINKS Bei der Umgestaltung und Einrichtung der Galerie von Osterley Park ging es Robert Adam darum, der umfangreichen Sammlung goldgerahmter Gemälde seines Auftraggebers Francis Child einen angemessenen Rahmen zu geben. Der 40 Meter lange Saal wurde Ende der 1990er-Jahre nach Adams Originalangaben renoviert, die für die tapezierten Wände oberhalb des Lambris einen erbsengrünen, für die Decke und den Deckenkranz einen weißen und für den Lambris unterhalb der weißen Leiste einen fliederfarbenen Anstrich vorsahen.

EIN SPÄTGEORGIANISCHES STADTHAUS

Eigentümer dieses fünfstöckigen spätgeorgianischen Stadthauses aus Ziegelstein in Nordlondon ist Leslie Geddes-Brown, Gartenautor und Herausgeber der Zeitschrift „Country Life". Es steht an einem Platz im Stadtteil Canonbury, wo es um 1800 von dem Immobilienunternehmer Henry Leroux als das erste von insgesamt fünf Häusern erbaut wurde. Seit den 1960er-Jahren in nahezu baufälligem Zustand, wurde es Anfang der Siebzigerjahre von Grund auf saniert. Bei einer erneuten Innenrenovierung in jüngerer Zeit wurde der ursprüngliche georgianische Raumschmuck wieder hergestellt und einfühlsam mit Farben dekoriert, die im England des ausgehenden 18. und frühen 19. Jahrhunderts modern waren.

Im Vergleich mit den Interieurs hochherrschaftlicher Häuser derselben Zeit wirken Architektur und Innendekoration deutlich zurückhaltender oder bescheidener – ein Charakteristikum englischer Stadthäuser aus dem späten 18. Jahrhundert allgemein, auch wenn sie so stattlich wie dieses waren. Die Profile der Hebefenster, Kassettentüren, Fuß- und Schrankleisten beispielsweise sind relativ schlicht. Ähnlich schlicht sind die Wände, von denen einige zwar mit stilechten Tapeten geschmückt, die meisten aber glatt verputzt und gestrichen sind; kunstvolle Stuckornamente, kostbare Seidenbehänge oder handgemalte klassische Motive und Darstellungen fehlen. Dennoch zeichnet sich die Innengestaltung durch die klaren Linien und die Symmetrie der Proportionen aus, die für den spätgeorgianischen Stil bestimmend sind – Eigenschaften, die durch die Farbgestaltung und Stilmöbel hervorgehoben werden.

Bei den Anstrichfarben wurde generell den kühleren Modefarben der spätgeorgianischen Zeit der Vorzug gegeben, insbesondere Creme-, Grau- und Blautönen, in denen Wände und die originalen Wandschränke, Küchen- und Bücherregale gehalten sind. Derart elegante Farbkombinationen lenken nicht von der Schönheit der georgianischen Tische, Schreibtische und Einzelstühle aus edel gemasertem Hartholz ab. Typisch georgianisch ist auch die Art und Weise, wie in vielen Zimmern die blauen Farbtöne der Wände weitergeführt sind und in genauer Abstimmung an gepolsterten Armlehnstühlen, Sofas und in Teppichen mit floralem Muster wieder auftauchen. Letztere liegen, wie es damals üblich war, auf bloßen, auf Stoß verlegten Dielenbrettern.

OBEN UND LINKS Ein eingebauter Wandschrank (oben) und eine raumhohe Anrichte (links), beide original, säumen die Wände des Gartenzimmers. Die kassettierten Mittelfelder der Türen sind cremegelb gestrichen, die übrigen Teile dagegen grau – eine Farbkombination, welche die schmucklose, geradlinige Gestaltung der spätgeorgianischen Profilauflagen hervorhebt.

GANZ LINKS Die Küche erhält ihre Ausstrahlung durch ein zartes Nebeneinander von Weiß (der verputzten Decke), Blassblau (der verputzten Wände) und Grau (der Anrichte). Diese Farbkombination ist perfekt abgestimmt auf das Porzellan und Steingut mit blauweißem Dekor aus dem 19. Jahrhundert. Ausgesprochen klassizistisch sind die Eckenrosetten und kannelierten Seitenteile des Fensterrahmens. Der Tisch im Vordergrund ist unverkennbar modern, aber sein Buchenholz harmoniert farblich mit den Originalkieferndielen.

OBEN UND OBEN RECHTS Wände und eingebaute Bücherregale im großen Empfangszimmer des *piano nobile* (ersten Obergeschosses) sind in einem einheitlichen blassen, blaugrauen Ton gestrichen. Dazu passen nicht nur der blaue Bezugsstoff des Sessels und das Blau der Perserteppiche, sondern auch die blaugrauen Anteile der Kaminumrandung aus buntem Marmor. Eine ähnliche Abstimmung herrscht bei den Rotbrauntönen, die bei den georgianischen Mahagonimöbeln, dem Dielenboden, zwei Regency-Obelisken neben dem Kamin und als Grundfarbe der Perserteppiche wiederkehren.

RECHTS Die Tapete im Arbeitszimmer hat Blockstreifen in zwei Blautönen. Tapeten und Stoffe mit Streifenmuster, die um die Wende des 18. Jahrhunderts modern wurden, sollten sich im Regency zu einem Kernstück der Innendekoration entwickeln (siehe Seite 78–81).

OBEN Die vornehme Eleganz spätgeorgianischer Stadthäuser beruht auf ihrer architektonischen Symmetrie und der Durchgängigkeit der Dekoration. Beides zeigt das große Empfangszimmer in vorbildlicher Weise. Der Eindruck von Licht und Geräumigkeit gehört ebenfalls zu den typischen Merkmalen. Er beruht zum Teil auf dem blassen blaugrauen Anstrich der Wände und der Decke, aber auch auf dem sparsamen Architekturschmuck, der Höhe des Raums und vor allem den großzügigen Fensterflächen über beinahe die gesamte Raumbreite mit bodentiefen Hebescheiben.

Die Farbpalette der spätgeorgianischen Zeit

Bestimmend für die spätgeorgianische Palette ist die Kombination von blassen und kräftigen Farben – sieht man einmal von einigen Interieurs (so genannter „etruskischer Zimmer“) mit klassizistischen Motiven und Wandauflagen im satten, rötlichen Terrakottaton und Schwarz frühgriechischer Vasen ab. Robert Adam (siehe Seite 70–73) bevorzugte blasse bis mittlere Grüntöne, lila-, rosa-, apricot-, opal- und graufarbene Töne sowie das ganze Spektrum der kräftigeren, satteren Grün- und Blautöne. Einen besonders guten Einblick in das Farbschema vermitteln Adams Originalentwürfe im British Museum, aber auch die Keramiken von Josiah Wedgwood – vor allem seine Jasperware mit kühlen, blassen Farben, die an antike Kameen erinnern.

LINKS In Osterley Park entschied sich Robert Adam für lebhaftes Erbsengrün als Bildhintergrund und zartes Lila für den Lambris. Damit wurde der Blick nicht nach unten von den Bildern abgelenkt. An Polstermöbeln davor taucht das Grün wieder auf. Die genaue Farbwertabstimmung unterstreicht die architektonische Geschlossenheit des Raums.

RECHTS In einem anderen Raum von Osterley Park schmücken handgemalte etruskische Darstellungen ein blassgrünes Wandfeld mit hellblauem Lambris. Wie in dem links abgebildeten Raum sind Grün und Blau dem Farbwert nach präzise aufeinander abgestimmt.

LINKS Kaminumrandungen aus Marmor findet man in vielen spätgeorgianischen Adelshäusern. Dieses Prachtstück in Osterley Park ist in das Farbschema des Raums integriert, indem angrenzende Schmuckleisten in einem ähnlichen Weißton gestrichen sind.

RECHTS In der Halle von Osterley Park verwendete Adam einen hellen Grauton als Hintergrund für die weißen Stuckauflagen. Die dunkleren Graubrauntöne der Kaminumrandung und des Basreliefs kehren im Marmormosaikboden wieder.

UNTEN Innendekorateure der späten georgianischen Epoche verwendeten ein breites Spektrum von Blautönen und -schattierungen.

Diese Tapete zeigt zwei der kräftigeren, gesättigteren Blautöne, die im Regency modern wurden (siehe Seite 78–81).

OBEN UND UNTEN Einbauten wie Vorratsschränke und Küchenanrichten gehörten zur Ausstattung spätgeorgianischer Häuser; sie waren in der Regel aus Weichholz und hatten einen Farbanstrich. Dieser konnte unifarben sein – dann ging zwar etwas von der Wirkung der Schmuckleisten verloren, doch der Raum wirkte größer. Häufiger verwendete man jedoch zwei Farben oder zwei Töne einer Farbe und konnte so die Schmuckleisten betonen, die im spätgeorgianischen Stil immer elegant und geradlinig nach den Idealvorstellungen des klassischen Formenkanons gestaltet waren.

LINKS Nach griechisch-römischen Vorlagen angefertigte Keramikurnen waren eine beliebte Zierde spätgeorgianischer Interieurs.

UNTEN UND RECHTS Blaugrau ist eine edle Möbel- und Hintergrundfarbe.

PAINT MAGIC/ JOCASTA INNES
Lavender Grey

SANDERSON SPECTRUM
Maltese Grey · 45–11M

PAINT LIBRARY
Lavenham Blue

DULUX HERITAGE COLOURS GEORGIAN (1714–1837)
Georgian 30

MARSTON & LANGINGER
Leaf Green

COLOURMAN
No. 120

FARROW & BALL
Dauphin · U/C18

DULUX HERITAGE COLOURS GEORGIAN (1714–1837)
Georgian 17

ACE ILLUMINATIONS
Calaveras · 174–E

REGENCY-INTERIEURS

LINKS Im Geffrye Museum in Shoreditch, London, ist dieses Regency-Zimmer zu besichtigen, das viele grundlegende Elemente des Stils zeigt: die verputzte, weiß gestrichene Decke; eine Tapete mit Streifen aus Blattwerk in stark kontrastierenden Farben; einen Marmorkamin mit kannelierten Seiten, Medaillons in den Ecken und einem schmalen Sims und einen mehrfarbigen Teppich mit Blumenmuster.

RECHTS Ein Salon im Apsley House – das frühere Domizil des Duke of Wellington und einst London Number One – zeigt prunkvollstes Regency. Zu den besonderen Ausstattungselementen gehören die Wandbekleidung und der gleichfarbige Fensterbehang in einem tiefen Gelb, vergoldete Wandauflagen, ein riesiger Kristallkronleuchter und ein Teppich mit gelb-rotem Rosettenmuster.

Als Regency bezeichnet man in der englischen Geschichte die Jahre von 1811 bis 1820, in denen Georg Prinz von Wales die Staatsgeschäfte für seinen erkrankten Vater Georg III. führte. Der Regency-Stil dagegen, der weniger ein Architektur- als ein Innendekorations- und Ornamentstil war, kam schon in den späten 1780er-Jahren auf und überdauerte das Ende der Regentschaft des vormaligen Prinzen Georg und anschließenden Königs Georg IV. im Jahr 1830 um ein weiteres Jahrzehnt. Der frühe Regency-Stil spiegelte den prunkvollen klassizistischen Stil wider, der während der Herrschaft Ludwigs XVI. in Frankreich von 1774 bis 1792 florierte (siehe Seite 60–69). Ein Meister des typischen, symmetrischen Arrangements hochwertiger französischer Möbel, Stoffe, Tapeten, Spiegel und Kerzenleuchter – und zwar vor dem Hintergrund griechisch-römischer Säulen, Pilaster, Friese und anderer klassischer Wandauflagen – in England war der Architekt Henry Holland, der sich vor allem mit den prunkvollen, raffinierten Interieurs einen Namen machte, die er für das Stadtpalais des Prinzen, Carlton House, in London schuf.

Ende der 1790er-Jahre hatte sich der Regency-Stil allerdings weiterentwickelt und einen „englischeren" Charakter angenommen. Frankreich blieb stilbestimmend, vor allem mit dem Empirestil, dem Napoleon Bonaparte und Kaiserin Josephine starke Impulse vermittelten und der im frühen 19. Jahrhundert in weiten Teilen Europas und den USA Fuß fasste; Dekorations- und Ornamentvorgaben aus dem kaiserlichen Rom spielten darin eine wesentliche Rolle und wurden mit etruskischen, altägyptischen und militärischen Motiven und Darstellungen kombiniert. Allerdings beschränkten sich englische Entwürfe nicht darauf, französische Vorlagen zu kopieren. Vielmehr wurden „gotisierende" Elemente wie Spitzbögen und Fenstermaßwerke in den Stil integriert. Dasselbe geschah mit Chinoiserien.

Ein weiterer Unterschied bestand darin, dass das Empire vermögenden französischen Häusern vorbehalten blieb, während sich den Regency-Stil auch weniger reiche englische Haushalte leisten konnten, wenngleich in einer bescheideneren Version. Zu dieser Demokratisierung der Innendekoration trugen Zeitschriften bei, die kolorierte Stiche enthielten, die nicht nur die vornehmsten Regency-Interieurs zeigten, sondern auch Vorschläge für praktischere Einrichtungen machten. Sie zeigten, wie sich die fundamentale Symmetrie und Geschlossenheit des Regency-Stils mit erschwinglichen deckenden Farbanstrichen anstelle von teuren Stoffen und Tapeten verwirklichen ließen.

OBEN Das bevorzugte Hartholz für Regency-Möbel war rötlich braunes, fein gemasertes Mahagoni, aus dem diese Herrenkommode aus dem frühen 19. Jahrhundert gearbeitet ist. Weitere begehrte Hölzer, die zumeist zu Furnier verarbeitet wurden, waren Ahorn, Rosenholz und Hasenholz.

OBEN Kürzlich neu dekoriert, zeigt dieser Raum, wie Farben, ganz im Sinne des Regency, die architektonische Geschlossenheit betonen können. Die flächige, im Farbwert genau aufeinander abgestimmte Kombination von Grüngelb und Graublau ist außerordentlich subtil und bildet einen harmonischen Hintergrund für Kunstobjekte und Gemälde.

OBEN In demselben Südlondoner Regency-Haus wie oben befindet sich dieser Treppenaufgang, der ähnlich kontrastreich dekoriert ist. Dem Rot der Wände, mit dem der Mahagonihandlauf des Geländers korrespondiert, steht das Weiß der Decke und der Baluster gegenüber.

Die Farbpalette des Regency

Die typischen Farben des Regency waren, von Weiß und einigen blassen Farben wie Creme und Hellgrau abgesehen, kräftig und lebhaft; vor allem das Spektrum der Stoff- und Wandfarben reicht von Lila und Türkis über satte Rosatöne, Kirschrot, Karmesinrot und Pompejanischrot bis hin zu Smaragdgrün, Safran- und Schwefelgelb. Vergoldungen spielen ebenfalls eine Rolle, vor allem zur Hervorhebung von Schmuckleisten; in Herrenhäusern haben sie einen besonders großen Stellenwert. Die Farben werden deckend aufgetragen – transparente Techniken wie der Auftrag mit Lappen oder Schwamm sind stilfremde, moderne Auswüchse.

LINKS Zu den Gelbtönen des Regency gehörten auch blassere, gedecktere Farben – im Polsterstoff des Sofas tauchen sie neben Rosa, Grün und einem gebrochenen Weiß auf. Weitere typische Regency-Farben sind hier die überwiegenden Grau- und Schwarztöne des säulenförmigen Marmorpiedestals und die glänzenden Brauntöne des Mahagonisekretärs.

UNTEN Bücherregale in Blaugrau und weiße Türzargen bilden einen subtilen Kontrast zu den leuchtend roten Wänden.

OBEN Ins Auge fallende Farbgegensätze sind typisch für das Regency. Hier stehen noch einmal kräftige, satte Rottöne an Wänden dem Weiß an Türrahmen gegenüber. Der Fußboden aus naturbelassenen, gewachsten Kiefernbrettern, der sich vom Treppenhaus in die angrenzenden Räume erstreckt, trägt mit seinen Holzfarben dazu bei, die unprätentiöse Eleganz der Architektur und Innendekoration zu betonen.

RECHTS Tapeten und Polsterstoffe mit polychromem Streifenmuster waren Favoriten des englischen Regency. Hier wechseln sich schmalere blassgelbe, rosa und breitere petrolblaue Streifen mit schwarzen Streifen ab, welche die Geradlinigkeit des Musters noch betonen.

GANZ RECHTS Leuchtende, satte Gelbtöne, dunkles Rot, gegen weiße Flächen mit vergoldeten Profilen abgesetzt, waren in hochherrschaftlichen Regency-Interieurs fast ein Muss.

RECHTS Streifen aus stilisiertem Blattwerk heben sich bei dieser Wohnraumtapete in Weiß von dem lavendelfarbenen Grund ab. Der konvexe Spiegelleuchter ist ein typischer Wandschmuck der Regency-Zeit.

UNTEN LINKS, MITTE UND RECHTS Für stilgerechte Nachahmungen flächiger Anstriche im Regency-Look eignen sich intensive, satte Farben besonders, zum Beispiel ein gelbliches Grün, eine Sandsteinfarbe und ein rötliches Orange.

LINKS Großflächig aufgetragene Farben kontrastierten oft mit in Weiß oder einem gebrochenen Weiß gestrichenen Holzleisten oder Sockelgestaltungen. Doch es gab auch kühnere Farbkombinationen wie bei dieser modernen Stilinterpretation. Hier sind es gelbe Wände und lavendelfarbene Türen und Türumrandungen. Dass die beiden Farben harmonieren, liegt daran, dass sie den gleichen Farbwert haben – sie absorbieren und reflektieren Licht in gleich starkem Maße.

LIZ INDUNI TRADITIONAL PAINTS
Stone

THE CASA PAINT CO.
Tropics

SANDERSON SPECTRUM
Tahitian Gold · 7–24D

PAINT LIBRARY
Habana Gold

CROWN EXPRESSIONS
Etruscan Orange · EO–1

PAINT LIBRARY
Galway Blazer

RALPH LAUREN PAINT SOUTHPORT COLLECTION
Black Rock Harbor · SO01D

BRATS LTD MEDITERRANEAN PALETTE
Putnam Blue

ACE ILLUMINATIONS
Rock of Ages · 179–C

VILLA DI GEGGIANO

RECHTS Der klassizistisch strenge Kamin im Grünen Salon wurde zu Beginn des 20. Jahrhunderts von dem Großvater des heutigen Besitzers eingebaut, als nach einem Erdbeben der ganze Raum erneuert werden musste. Fries und Seitenteile aus gelbem Sienamarmor setzen sich im Marmorimitat am oberen Lambrisrand fort. Das Wandgemälde darüber zeigt Szenen aus dem italienischen Landleben und ist typisch für die Schäferidyllen, die sich im Europa des ausgehenden 18. Jahrhunderts großer Beliebtheit erfreuten.

LINKS Alfieris Schlafgemach trägt seinen Namen zu Ehren des italienischen Dichters Vittorio Graf Alfieri (1749–1803), der ein häufiger Besucher der Villa di Geggiano war. Mobiliar, Marmorboden, Kranzgesims und Tapete stammen aus der Zeit des Umbaus in den 1780er-Jahren.

Italien mit seinem reichen Schatz an altrömischen Ruinen war zwar – zusammen mit dem Griechenland der Antike – die Hauptinspirationsquelle des Klassizismus in Europa, aber nicht sein Ursprungsland. Denkbar ist, dass die Nähe zur Antike und das Leben in einem Land voller kulturhistorischer Denkmäler stilverändernde Innovationen behindert. Jedenfalls waren italienische Architekten gemeinhin eher Schüler klassizistischer Bewegungen als ihre Initiatoren. In dieser Hinsicht stellt die Villa di Geggiano bei Siena, ein Bau aus dem 16. Jahrhundert, ein schönes Beispiel für ein gemächliches Fortschreiten in der Geschichte dar.

Die seit 1527 im Besitz der Familie Bandinelli befindliche Villa ist im Wesentlichen unverändert geblieben, seit sie um 1780 anlässlich einer Hochzeit klassizistisch umgebaut wurde. Die strenge, symmetrische Fassade fällt in der toskanischen Umgebung mit ihrer typischen Landhausarchitektur (siehe Seite 160–171) als ungewöhnlich förmlich auf. Die herrlich gestalteten Interieurs indessen bezeugen das intensive Bemühen jüngerer Bandinelli-Generationen, Dekor und Farbpalette des klassizistischen 18. Jahrhunderts zu erhalten. Der Vater des derzeitigen Eigentümers nahm erhebliche Schwierigkeiten in Kauf, um Möbelstücke, Gemälde und Textilien zurückzuholen, die im Lauf der Jahre in alle Winde zerstreut worden waren. Mithilfe eines alten Inventars gelang es ihm, viele Stücke wieder an ihren angestammten Platz zu stellen, von denen die meisten ihre Reisen bemerkenswert unversehrt überstanden hatten. Während des Zweiten Weltkriegs rettete derselbe Bandinelli die Villa vor der Zerstörung durch die Nazis, indem er behauptete, Johann Wolfgang von Goethe habe sich einst in dem Haus aufgehalten. Hatte er nicht, aber diese Geschichte machte aus der Villa ein unantastbares arisches Heiligtum.

Ungeachtet einiger Rokoko-Zitate vermittelt die Villa di Geggiano die noble Strenge und den Geschmack der klassizistischen Ära. Mit ihren eleganten Wandmalereien, herrlichen illusionistischen Tapeten und wunderschönen Möbeln legt sie Zeugnis ab von einer sehr italienischen Auffassung von familiärer Kontinuität und kultureller Verpflichtung.

RECHTS Die lange Vorhalle auf der Gartenseite ist mit Wandmalereien des Tiroler Wandermalers Ignazio Moder geschmückt. Sie zeigen Szenen aus dem ländlichen Leben in stilisiert-klassizistischer Manier und die vier Jahreszeiten. Die Bemalungen wurden nach Kupferstichen des Florentiner Künstlers Francesco Bartolozzi (1727–1815) ausgeführt.

GANZ RECHTS Im *Ciarlatorio*, dem „Klatsch-und-Tratsch-Zimmer“, konnten weibliche Gäste der Villa di Geggiano von der Bank aus die auf und ab gehenden männlichen Gäste begutachten (die dabei ihrerseits verstohlen die Damen beobachteten). Das klassizistische Dekor und vor allem die bemalten Felder an den Wänden und der Decke sind von größter Zartheit.

OBEN Die handbedruckte Tapete *(papier peint)* in der *Saletta* oder dem Blauen Salon der Villa di Geggiano wurde 1770 in dem Pariser Geschäft Le Grand Balcon gekauft. Das monochromatische Muster zeigt illusionistisch klassische Arkaden. Die Blautöne der Tapete kehren wieder, und zwar in der Konturierung der Türfüllungen (die Türumrandung ist marmoriert) und in der Bemalung der Möbel (durch einen örtlichen Künstler).

Die Farbpalette des italienischen Klassizismus

Insgesamt gesehen ist die Farbpalette des italienischen Klassizismus weicher als die zeitgenössischen Paletten in Frankreich, England und den Vereinigten Staaten, wo die Innendekorateure häufiger zu gesättigteren, leuchtenderen Tönen griffen. Die pastelligen Blau-, Rosa-, Gelb- und Grautöne der italienischen Palette entsprachen mehr den blasseren Farben des französischen Rokoko (siehe Seite 54–59). Ein Grund dafür ist die Vorliebe der Italiener für Grisaillen. Diese Art der Ton-in-Ton-Malerei, auf Stuck, Papier oder Leinwand ausgeführt, wurde häufig benutzt, um architektonische Elemente oder Pflanzen täuschend echt darzustellen.

LINKS Farben und Muster verbinden Mobiliar und Innendekoration im italienischen Klassizismus zu einer harmonischen Einheit. In der *Saletta* der Villa di Geggiano greifen die Motive auf Tischen und Stühlen Muster und Farbtöne der handbedruckten Tapete auf.

UNTEN Gelbgrüne Wände bringen eine klassizistische Flügeltür zur Geltung, die von einem marmorierten Rahmen umgeben ist. Die Schmuckleisten der Tür sind gelbgold mit pastellblauen Konturen gefasst.

OBEN Der italienische Klassizismus ging sparsam mit kräftigen Farben um. Diese Kassettentür ist mit einer filigranen Blattranke in Rostrot und Olivgrün geschmückt, in deren Mitte sich ein facettiertes Rautenmotiv befindet.

RECHTS Echter und falscher Marmor waren Dekorationsfavoriten des italienischen Klassizismus. Der gelbe Sienamarmor, der diesen offenen Kamin schmückt, und eine gemalte Imitation desselben Marmors am Lambris sind stiltypisch.

LINKS Gelb, Gelbgrün und Rotbraun bilden einen aparten Kontrast zur weißen Stuckbemalung und den marmorierten grauen Fußleisten. Die Originaltapete ziert ein wiederkehrendes florales Motiv zwischen zu Streifen angeordnetem Blattwerk – ebenfalls ein zeittypisches Muster.

OBEN Die Grenzen zwischen Kunst und Dekoration waren im italienischen Klassizismus oftmals fließend. Diese Tür, von Möbeln flankiert, die mit Grün und Gold bemalt sind, zeigt zwei ländliche Szenen.

OBEN RECHTS Zwischen einer marmorierten Wandtäfelung befindet sich eine in Illusionsmalerei angefertigte Nische mit steinernem Bogen, auf deren Balustrade eine antike römische Urnenvase steht. Die Illusion leidet etwas unter der unvollkommenen perspektivischen Darstellungskunst des Malers.

OBEN Dieses Fresko in der Villa di Geggiano zeigt die weichen Grau- und Brauntöne in Verbindung mit pastelligen Grün- und Rosatönen, um die sich die italienische Farbpalette aufbaut und die in der Gesamtgestaltung des Raums immer wieder auftauchen.

LINKS Schabracken mit Quasten und in Falten drapierte Vorhänge aus goldgelbem Stoff greifen auf Portale im römischen Stil zurück.

CY-PRÈS
Julia

CROWN EXPRESSIONS
Snowdrift · SD–8

PAINT MAGIC/
JOCASTA INNES
Dusk Mauve

FIRED EARTH/
PAINT PORTFOLIO
Ceiling Blue

JOHN OLIVER
Village Green

PAINT LIBRARY
Tarlatan

SANDERSON SPECTRUM
Pilgrim Brown · 47–23M

J. W. BOLLOM & CO. LTD
NATURAL COLOR SYSTEM
S 2030–Y20R

RALPH LAUREN PAINT
NEW ZEALAND COLLECTION
Timber Brown · NZ01D

UNTEN Überall im Palacio Real de Aranjuez wurde Marmor verarbeitet. Hier schmückt unterschiedlich bunter Marmor den Lambris und die Türeinfassung, den geometrisch gemusterten Boden und die Fußleisten.

Palacio Real de Aranjuez

Der Palacio Real de Aranjuez mit seinen herrlichen Gärten wurde Mitte des 16. Jahrhunderts als Frühlingsresidenz der spanischen Könige inmitten der trockenen Ebenen südlich von Madrid geplant. Der Bau begann um das Jahr 1563, wurde aber mehrfach unterbrochen und zog sich insgesamt über zwei Jahrhunderte hin – der letzte Flügel wurde 1778 fertig gestellt. Aufgrund der langen Bauzeit vereint er logischerweise mehrere Architekturstile.

Die ausladende, überaus prunkvolle Kaisertreppe aus Kalkstein und Marmor zum Beispiel, die zwischen 1743 und 1746 von dem Architekten Giacomo Bonavia errichtet wurde, ist typisch für das späte norditalienische Barock, ihre herrliche Balustrade aus Schmiedeeisen und vergoldeter Bronze, ein Entwurf von Francisco Barranco, dagegen ist ein Prachtstück des Rokoko. Dennoch lenken diese und weitere stilistische Besonderheiten im Allgemeinen nicht von der architektonischen Homogenität des Palastes ab. Vielmehr entspricht das fertige Bauwerk im Wesentlichen sowohl in Bezug auf den Stil als auch die Atmosphäre dem Konzept des ursprünglichen Baumeisters, Juan Bautista de Toledo. Er ist und bleibt ein von der antiken Baukunst inspirierter Palast – mit einem Hauptgebäude, das um einen zentralen Patio gebaut ist, mit klassisch gegliederten Fassaden, flankiert von zwei großen Arkadenflügeln, die einen französischen Ehrenhof umschließen –, der den formlosen Charakter einer renaissancezeitlichen *villa regia* aufweist, da er sich zu den umgebenden Gärten öffnet.

Viele Räume des Schlosses wurden im Lauf der Jahrhunderte umgebaut und neu dekoriert. Ganz im Rokokostil zum Beispiel ist das Porzellanzimmer gehalten, das 1763 fertig gestellt wurde und mit Platten aus der Porzellanmanufaktur Capodimonte geschmückt ist, die Chinoiserien zeigen. Das gleichermaßen exotische Arabische Zimmer dagegen, das 1848 – 1850 ausgestaltet wurde, präsentiert den „spanisch-viktorianischen" maurischen Stil. Dennoch verhält es sich bei den Innenräumen wie bei der Außenarchitektur des Schlosses: Stilabweichungen treten hinter das allgemeine Bekenntnis zum ornamentalen und dekorativen

OBEN Obwohl der Thronsaal Mitte des 19. Jahrhunderts neu dekoriert und teilweise neu möbliert wurde, sind noch einige klassizistische Elemente aus der Regierungszeit Karls IV. (1788 – 1808) erhalten – einer Zeit, in der der Raum als Speisesalon diente. Besonders auffällig sind die zwei vergoldeten Louis-seize-Fauteuils auf dem Thronpodest, die mit tiefrotem Samt bezogen und mit goldenen Kränzen bestickt sind. Die Kombination von Rot – der Polstersamt, die Wandfelder und der mit Quasten geschmückte Himmel –, „Marmorgrün" – der Sockel – und schmückendem Gold ist typisch für den Zeitgeschmack des spanischen Empire.

OBEN Die dem spanischen Empire eigene Vorliebe für kräftige Farben zeigt dieser Raum mit seinem ausgewogenen Verhältnis von warmen Rottönen der Sesselpolster und der Wandbekleidung und den kühlen Farben Graublau, Schwarz und Weiß des Lambris, der Fußleiste und des Bodens.

UNTEN Das kräftige Grün, Gelb, Rosa, Braun und Blau der Wandbekleidung und der Dekorationstextilien werden durch verschwenderische Goldornamente aufgewertet. Das strahlende Weiß der gewölbten Decke und der Lambristäfelung nehmen ihnen jegliche Schwere.

OBEN In diesem Salon gibt es eine Fülle von klassischen Motiven, allen voran die Sitzgruppe mit elaborierten Rückenlehnen und das Rundtischchen mit Klauenfüßen. Obwohl der Teppich intensive, gesättigte Farben aufweist, wirkt die farbliche Gestaltung – mit überwiegenden blassen Blau- und Sepiatönen sowie Perlweiß – leichter als in den Räumen links oben und unten.

Formenschatz der Antike zurück. Dieses Bekenntnis veranschaulichen nicht nur Profile und Arrangements des architektonischen Raumschmucks und die geometrischen Muster der Marmorböden, sondern auch die klassischen Motive, die Textilien, Mobiliar und dekorative Gegenstände schmücken. Dazu kommen zahlreiche Gemälde mit Darstellungen aus der griechisch-römischen Mythologie.

Doch nicht nur das Hauptgebäude zeigt den ganzen Reichtum der durch die Antike inspirierten Architektur, Ornamentik und Innendekoration. Zum Palacio Real de Aranjuez gehört die Casa del Labrador, ein 1791–1803 erbautes Lustschlösschen, das in einem der Gärten steht und von vielen für das klassizistische Juwel in der königlichen Krone angesehen wird (siehe Seite 88–91).

Real Casa del Labrador

LINKS Die Arbeiten am Platinkabinett dauerten etwa von 1801 bis 1808; herausgekommen ist ein schönes Beispiel für den luxuriösen Empirestil. Die edel gemaserten Mahagoni-Boiserien sind mit gemalten Grotesken und klassisch-antiken Motiven aus Goldbronze und Platin überreich geschmückt. Klassische Motive weisen außerdem der geometrisch gemusterte Marmorboden und der Stuhl auf (der Jacob-Desmalter zugeschrieben wird).

Die Real Casa del Labrador ist als Lustschlösschen der Königsfamilie auf dem Terrain des Palacio Real de Aranjuez konzipiert.

Der Ursprungsplan sah einen rechteckigen Grundriss für den Bau mit einem Ober- und einem Attikageschoss vor. Die schlichte Fassade sollte eine Verkleidung aus Ziegelmauerwerk und Stein erhalten. Von 1799 an baute man zwei Flügel mit Portalen an, die einen Hof säumen, und entschied sich für klassizistischen Fassadenschmuck, unter anderem Nischen (mit Standbildern), Blütengirlanden und Putti. Dabei übersah man allerdings, dass die schmückenden Beigaben gewissermaßen wie Fremdkörper an dem ursprünglichen Bauwerk wirkten. Schlecht ausgeführt und nachlässig instand gehalten, mussten sie im 20. Jahrhundert umfassend renoviert werden. Dagegen haben die meisten Interieurs der zweiten Phase die Zeit unbeschadet überstanden und sind von überragender Qualität.

Alle Interieurs sind klassizistisch und zum größten Teil das Werk des französischen Innendekorateurs Jean-Démosthène Dugourc. Jedes der 19 Zimmer des Hauses hat, bei mitunter erheblichen Stilunterschieden, einen eigenen Charakter. Die Statuengalerie mit römischen Figuren zum Beispiel ist im Louis-seize-Stil des ausgehenden 18. Jahrhunderts dekoriert.

Im Gegensatz dazu ist das Platinkabinett, für das Napoleons Innendekorateure Charles Percier und Pierre Fontaine verantwortlich zeichnen, mit Motiven aus dem etruskischen, römischen, altägyptischen und renaissancezeitlichen Ornamentschatz geschmückt – ein schönes Beispiel für den eklektischen französischen Empirestil des frühen 19. Jahrhunderts. Dass solche Spielarten des Klassizismus nahezu nahtlos unter einem Dach vereint werden konnten und dass Innendekorationen und Ausstattungen von solcher Pracht die relativ kleinen Räume nicht überfordern, spricht für ein sicheres Gespür für gestalterische Geschlossenheit, das den Baumeistern der Casa del Labrador vielleicht gefehlt hat, mit dem die Innendekorateure jedoch in reichem Maß gesegnet waren.

RECHTS Das Toilettenzimmer wurde von dem Architekten Isidro González Velázquez nach Entwürfen des französischen Dekorateurs Jean-Démosthène Dugourc gestaltet. Wichtigstes Einrichtungsstück und dennoch sehr diskret verpackt ist ein Thron im Stil eines altrömischen Vorbilds aus Marmor. Er steht in einer Nische, die mit klassizistischen Ornamenten aus Goldbronze und Paneelen aus leuchtend blauem, zart gemustertem spanischem Marmor geschmückt ist.

OBEN Nischen und korinthische Pilaster aus Stuckmarmor schmücken die Wände der unverkennbar klassizistischen Statuengalerie. Bei den Figuren und Büsten handelt es sich zumeist um römische Kopien griechischer Originale.

OBEN Im Salon der Maria Luisa von Parma (siehe Seite 90–91) sind die Wände mit kostbaren Seidentapeten des Hofstickers Juan López Robredo bekleidet. Davor steht ein Konsoltisch von Dugourc. Die Uhr aus vergoldeter Bronze aus dem frühen 19. Jahrhundert steht zwischen zwei Kandelabern mit geflügelten Figuren, ebenfalls ein Antikemotiv.

„Dugourc war einer der größten Designer der Übergangszeit vom Louis-seize zum Empire ...“

(José Luis Sancho Gaspar, Schriftsteller)

RECHTS Die bestickten Tapeten aus sepiafarbener Lyonseide, mit denen der Salon der Maria Luisa ausgekleidet ist, enthalten 93 Ansichten von spanischen und italienischen Landschaften. Ein pompejanisches Formenrepertoire fügt die einzelnen Bilder in ein Gesamtmuster mit wenigen Farbnuancen und wird durch etwas Blau und Pompejanischrot (im Kaminparavent und Teppich) belebt. Die Empirestühle und Konsoltische, die den Raum säumen, wurden von Jean-Démosthène Dugourc entworfen.

Die Farbpalette des spanischen Klassizismus

Französische Innenarchitekten wie Dugourc, Percier und Fontaine übten in Spanien großen Einfluss aus, sodass es eine große Übereinstimmung der Farben im spanischen und französischen (siehe Seite 68–69) Klassizismus gibt. Zu den blasseren Farben, die der spanische Klassizismus für Decken, Wände und Holzarbeiten bevorzugte, gehören Weiß, Sepia sowie helle Grau- und Rosatöne. Kräftigere Farben wie Pompejanischrot oder Butterblumengelb kommen vor allem in Wandbekleidungen und Textilien vor. Eine wesentliche Rolle spielen zudem die glänzenden Brauntöne der Möbel und das Gold an Schmuckleisten und Artefakten.

LINKS Im ausgehenden 18. und frühen bis mittleren 19. Jahrhundert war es in spanischen Palästen und Adelshäusern üblich, die Wände von Repräsentationsräumen mit Seidendamast beziehungsweise Tapeten mit entsprechendem Dekor zu bekleiden. Zu den bevorzugten Farben gehörten verschiedene Gelbtöne, von leuchtend bis zart.

UNTEN Typisch für Stoffdekorationen des spanischen Empire sind kräftige, gesättigte Farben, wie die roten Damast-Portieren vor dieser steinfarbenen Flügeltür zeigen.

OBEN Die Kaisertreppe im Palacio Real de Aranjuez trägt ein teilweise vergoldetes, schmiedeeisernes Rokokogeländer. Die farbliche Gestaltung des Aufgangs in Weiß und gebrochenem Weiß erinnert an die Architektur von Bürgerhäusern im alten Rom.

RECHTS Ein wesentliches Element spanischer Interieurs des späten 18. und 19. Jahrhunderts waren die warmen, leuchtenden Farben der Hartholzmöbel, die oft mit Goldornamenten und Ebenholzimitaten verziert waren.

LINKS Im frühen 19. Jahrhundert erfreuten sich Rosarottöne für seidene Wandbekleidungen, Tapeten und Polsterbezüge großer Beliebtheit. So zum Beispiel bildeten Karmesin- und Bordeauxrot einen ästhetischen Hintergrund, der mit Mahagoni- und Rosenholzmöbeln sowie Gold- und Bronzeobjekten wunderschön harmonierte.

RECHTS Klassizistische Grotesken waren überwiegend in blassen Grau-, Blau- und Sepiatönen gehalten.

OBEN Innenarchitektonische Holzarbeiten präsentieren sich oft im Weiß oder gebrochenen Weißton des spanischen Kalksteins. Typisch für den spanischen Klassizismus sind außerdem üppigere Goldprofile.

OBEN RECHTS Vorbilder für die vielfarbigen Deckengemälde spanischer Residenzen des beginnenden 19. Jahrhunderts waren Darstellungen aus der Antike und dem alten Ägypten.

RECHTS Diese Fauteuils im Palacio Real de Aranjuez, ganz in Rot und Gold gehalten, spiegeln den französischen Einfluss wider.

OBEN Die Statuengalerie in der Real Casa del Labrador wurde im reinsten klassizistischen Stil gestaltet. Die Wände sind aus Stuckmarmor, die säulenförmigen Piedestale und der Boden dagegen aus echtem Marmor.

LINKS Farben und Motive im Billardsaal der Real Casa del Labrador zeigen den Übergang vom etruskisch beeinflussten Klassizismus zum Empire, der sich in Spanien Ende des 18./Anfang des 19. Jahrhunderts vollzog.

DULUX COLOUR SELECTOR
Whisper Grey

DULUX COLOUR SELECTOR
Mediterranean Blue

RALPH LAUREN PAINT
SANTA FE COLLECTION
Durango Blue · SF13B

CROWN EXPRESSIONS
Forest Pine · FP–8

ACE
ILLUMINATIONS
Fruitville · 93–A

PAINT MAGIC/
JOCASTA INNES
Really Red

CROWN EXPRESSIONS
Mustard Spice · MS–6

J. W. BOLLOM & CO. LTD
NATURAL COLOR SYSTEM
S 3050–Y20R

J. W. BOLLOM & CO. LTD
NATURAL COLOR SYSTEM
S 4040–Y70R

BOSCOBEL

LINKS Boscobel wurde 1804–1807 im klassizistischen Federal Style erbaut. Die Südfassade beherrscht ein doppelstöckiges Portal mit eckigen und runden Säulen. Fensterrahmen, Tür und Geländer aus Holz sind in Weiß gegen die sandgelben holzverkleideten Außenwände abgesetzt. Der äußere Eindruck ist der einer gemäßigten, typisch amerikanischen Interpretation der klassizistischen Architektur und Ornamentik.

„... ein wunderbares Beispiel für die Architektur des Federal Style." (Berry B. Tracy, Kunsthistoriker)

Boscobel, ursprünglich auf dem Gelände des Franklin D. Roosevelt Veterans' Hospital in Crugers, New York, errichtet, ist heute in Garrison-on-Hudson, New York, zu besichtigen. Das Haus, das die Architektur des Federal Style beispielhaft vor Augen führt, war der Lebenstraum eines gewissen States Morris Dyckman, der sein zukünftiges Domizil bis ins kleinste Detail plante und 1804 mit den Arbeiten begann, deren Ende er jedoch nicht mehr erlebte. In das 1808 fertig gestellte Haus zogen stattdessen seine Witwe Elizabeth Corne Dyckman und ihr Sohn Peter ein. Damit begann die ungewöhnliche Geschichte eines eleganten Bauwerks, das zu einer Zeit entstand, als der in Europa bereits verbreitete Klassizismus die Architektur und Innendekoration an der amerikanischen Ostküste eroberte. Boscobel sollte zum Inbegriff einer amerikanischen Interpretation dieses Stils werden, wenngleich die Zukunft des Hauses nicht selten ähnlich düster aussah wie die des Mannes, dessen Traum es darstellte.

Boscobel blieb 80 Jahre lang im Besitz der Familie Dyckman, die es dann aus persönlichen Gründen verkaufen musste. In den frühen Jahren des 20. Jahrhunderts drohte ihm der Abriss – 1941 ließ die US-Regierung Boscobel versteigern und akzeptierte ein Angebot von 35 Dollar. Benjamin Frazier aus Garrison-on-Hudson gelang die Rettung in letzter Minute. Mithilfe der Geldgeberin Lila Acheson Wallace ließ er das Haus ganz abtragen und lagerte es ein.

RECHTS Drei Bögen, die auf stilisierten klassischen Säulen ruhen, gliedern das Entree mit der Haupttreppe in der Mitte. Der Treppenläufer mit venezianischem Streifenmuster in Grün, Gelbbraun und Rot wurde nach der Vorlage des Originalteppichs angefertigt, den Mrs Dyckman im Mai 1808 auswählte.

LINKS 1951 wurde das ursprünglich in Crugers, New York, errichtete Haus in den Bergen oberhalb des Hudson River wieder aufgebaut. Der Blick vom Haus fällt auf West Point und den Hudson, der sich ein Tal durch die Appalachen schneidet.

LINKS Der Wandtisch im Treppenaufgang gehört zu einem Mahagoni-Esstisch aus drei Teilen, der um 1800 in New York angefertigt wurde. Der Spiegel stammt vermutlich von John Doggett und entstand um 1800. Ihn zieren drei Bilder in Eglomisé-Technik (ausgeschabte Hinterglasvergoldung). Die grün und goldfarben bemalten Stühle (so genannte „fancy chairs") mit Sitzen aus Binsengeflecht (aus einem Satz von zwölf Stühlen und zwei Sitzbänken) datieren aus der Zeit um 1808.

RECHTS Die Reproduktionstapete im Entree und Treppenaufgang hat ein Original aus der Zeit um 1804 zum Vorbild. Die Steinfarbe, in der die Holzarbeiten gestrichen wurden, hat man Proben angeglichen, die im Haus gefunden wurden.

UNTEN Die girlandenartig drapierten Volants im vorderen Salon sind aus schwerem moiriertem Wollstoff und haben Posamenten aus Holzspulen, die mit Seidenfäden umwickelt sind. Die Gardinen darunter, die über Messingrosetten drapiert sind, sind aus besticktem weißem Musselin. Die Mahagonistühle (um 1810) werden dem New Yorker Kunstschreiner Duncan Phyfe zugeschrieben; die Polsterbezüge, ebenfalls aus moiriertem Wollstoff in einem helleren Gelb, sind mit der gleichen blauen Borte verziert wie die Übervorhänge. Das Teppichmuster nimmt die Farben der Vorhänge und Polster, Blau und Gold, sowie das Kastanienbraun der Möbel wieder auf.

Später fand man den heutigen Standort in den nahen Bergen oberhalb des Hudson, und Boscobel konnte nach und nach wieder aufgebaut und seiner neuen Bestimmung zugeführt werden. Im Mai 1961 wurde es für die Öffentlichkeit freigegeben.

Die typisch symmetrische Fassade des zweigeschossigen Hauses, gegliedert durch Säulen und Segmentgiebel, Veranden und dreigeteilte palladianische Fenster, blickt nach dem Wiederaufbau auf üppige Gärten. Der eigentliche Reichtum jedoch befindet sich im Innern. Die restaurierten architektonischen Gliederungselemente, das Mobiliar und die Dekorationsstoffe des Hauses weisen States Morris Dyckman als besonnenen Käufer aus, der, wie Dokumente belegen, bei seinen Bestellungen und Erwerbungen sehr präzise Vorstellungen hatte. Dyckmans Geschmack war kultiviert und kosmopolitisch; bei allen Bestellungen, seien es Möbel aus Europa oder den USA, ließ er sich von der Gesamtharmonie seines Werkes leiten – und verfiel nicht in den fahnenschwingenden Patriotismus seiner Zeit, der heimischer Produktion den Vorzug vor Erzeugnissen aus den früheren Mutterländern der USA gab. Boscobels Auftrag heute lautet, wie „neu" zu erscheinen, wie zu der Zeit, da die verwitwete Mrs Dyckman und ihr Sohn das Haus bezogen.

OBEN Vor den Fenstern im Wohnzimmer des Obergeschosses hängen drapierte Volants und Vorhänge aus englischem Chintz mit einem Druckmuster in Pompejanischrot, Gelbgold und Schwarz. Die Wände sind deckend im gelbgoldenen Grundton des Stoffes gestrichen.

GANZ LINKS Mittelpunkt des Zimmers von Peter Dyckman ist ein Mahagonibett, das um 1815 in New York angefertigt wurde. Die weißen Draperien betonen den rotbraunen Glanz des Möbelholzes. Der Klapptisch soll aus der Werkstatt von Duncan Phyfe stammen; der Schwenkspiegel wird Charles Honoré Lannuier zugeschrieben. Der Teppich in den Raumfarben Blau, Braun und Weiß stammt aus der Zeit um 1820.

LINKS Die Bettvorhänge in Mrs Dyckmans Schlafzimmer sind aus grünem Seidenmoiré mit rot-grünem Quastenbesatz. Die Bettdecke wiederholt die Farben mit grünen und dunkelrosa Streifen.

OBEN Die blasse orangebraune Tapete mit „Braintree"-Muster in Peter Dyckmans Schlafzimmer ist eine Reproduktion des Originals aus dem Jahr 1807, ebenso die Abschlussborten, die „Daisy" und „Portsmouth" genannte Muster tragen. Die Fenstervorhänge sind aus derselben weißen Köperbaumwolle wie der Betthimmel (siehe oben links). Der Mahagoni-Armlehnstuhl, ein so genannter „lolling chair", entstand um 1820 in New York – der Entwurf ist den Ehrensesseln (sella curulis) römischer Magistraten nachempfunden. Der Waschtisch mit Beckeneinsatz ist etwa zehn Jahre älter.

RECHTS Die blau-gold-grüne Streifentapete in Elizabeth Dyckmans Schlafzimmer wurde nach dem Original von 1805 reproduziert. Der gestickte Teppich mit Rautenmuster im Stil Georgs III. wurde Anfang des 19. Jahrhunderts in England angefertigt. Der Kamin mit säulenförmigen kannelierten Seitenteilen und Maßwerkornamentik weist ein typisches Regency-Dekor auf.

LINKS Das Esszimmer des Morris-Jumel Mansion erstrahlt wieder in der Pracht des späten 18. und frühen 19. Jahrhunderts. Die Tapete mit einem senkrechten Muster aus kleinen, wiederkehrenden Motiven entspricht exakt dem Zeitgeschmack des klassischen Federal Style. Die Holzumrandung des Kamins ist in einem Blau des späten Kolonialstils beziehungsweise frühen Federal Style gestrichen (das Preußischblaupigmente enthält).

Das Morris-Jumel Mansion

Das Morris-Jumel Mansion an der 160. Straße in Harlem Heights ist das älteste Haus von Manhattan. Es hat eine bewegte, in zwei Stilphasen gegliederte Vergangenheit: eine im vornehmen Kolonialstil, die zweite, ab 1810, im klassizistischen Stil. Das Haus wurde 1765 als Sommerlandsitz für den britischen Oberst Roger Morris und seine amerikanische Frau Mary Philipse erbaut. Mit einer Grundfläche von 790 Quadratmetern war es Mittelpunkt von Mount Morris, eines Anwesens in 18 Kilometer Entfernung von der damals jungen Stadt New York City. Der georgianische Stil des Hauses war überaus modern für seine Zeit; Fassade und Innengestaltung zeichneten sich durch perfekte Harmonie im palladianischen Sinne aus.

Colonel Morris war der Sohn eines englischen Architekten (gleichen Namens: Roger Morris), der in der ersten Hälfte des 18. Jahrhunderts in England wirkte und ein prominenter Vertreter des Palladianismus war. Es scheint wahrscheinlich, dass sich sein Wirken in dem New Yorker Anwesen niedergeschlagen hat. Der Originalentwurf sah ein über zwei Geschosse reichendes Portal mit Dreiecksgiebel, antiken Säulen und einen großen achteckigen Raum an der Rückfront vor – der erste seiner Art, der in Amerika gebaut wurde. Mehrere ornamentale Fassadenelemente erweiterten das herkömmliche kolonialzeitliche Repertoire: Zahnschnitt als oberer Wandabschluss rund um das Haus; reich geschnitzte Türen; ein Holzfundament mit dem Aussehen von Sandsteinmauerwerk und eine Holzfassade mit einem Anstrich, der ebenfalls Mauerwerk imitierte. Die Rückseite dagegen, die lediglich die Bediensteten zu Gesicht bekamen, war mit Holzschindeln verkleidet. Die Innenarchitektur sah sowohl im Erdgeschoss als auch im Obergeschoss großzügige Mittelhallen vor, die als Empfangs- und Festsäle dienten und um die sich je vier Zimmer gruppierten. Im Sockelgeschoss darunter befanden sich die Räume für die Dienerschaft sowie Küche und Keller.

Die Nationalität Colonel Morris' und die erhöhte Lage des Hauses, die einen weiten Blick über Manhattan, New

OBEN Als Stephen und Eliza Jumel in den 1820er-Jahren ihre Tochter Mary Bowen adoptierten, richteten sie ihr dieses Zimmer ein. Das Mobiliar ist etwas jünger – das Vierpfostenbett zum Beispiel entstand um 1840 und das Verwandlungsschreibmöbel um 1850. Die Wände sind nicht lange vor Entstehung der Fotos neu gestrichen worden; ihr mittleres Graugrün entspricht dem, das sie zur Zeit Mary Bowens hatten.

LINKS In Harlem Heights auf einem Hügel gelegen, wirkt die Architektur des Morris-Jumel Mansion noch eindrucksvoller: das elegante, doppelgeschossige Portal mit vier unkannelierten tuskischen Säulen, zwei Pilastern und einem zahnschnittgeschmückten Dreiecksgiebel. Die Fassade besteht aus Holz, wirkt aber durch einen rauen, sandigen Anstrich und imitierte Eckrisalite wie Rustikamauerwerk.

OBEN Die von George Washington 1776 genutzten Räume wurden gemäß den Ergebnissen wissenschaftlicher Farbanalysen neu dekoriert. Die einfarbige Tapete in Kupfergrün setzt sich gegen die hellgraue Holzumrandung des Kamins, dessen Seitenteile und Marmorsturz kräftig ab.

RECHTS Die Farben in Mary Bowens Zimmer – ein flächiges Graugrün, Weiß und die Brauntöne des Holzes – sind typisch für die kleineren Schlafräume des Hauses. Der eher zweckmäßige Stil erinnert an kolonialzeitliche Einrichtungen aus dem 18. Jahrhundert (siehe Seite 36–53).

Jersey und Westchester bot, sollten sich in der weiteren Entwicklung als bedeutsam erweisen. Beim Ausbruch des Unabhängigkeitskrieges begab sich Morris nach England; sein Haus diente nacheinander George Washington, dem britischen Generalleutnant Sir Henry Clinton und dem hessischen Kommandeur Baron Wilhelm von Knyphausen als Hauptquartier. Die martialische Riege der Bewohner kam nicht von ungefähr: Als militärische Aussichtsplattform war Morris' Landsitz von unschätzbarem strategischem Wert.

Nach dem Krieg wurde das Haus von der amerikanischen Regierung konfisziert und vorübergehend in eine Taverne mit Namen Calumet Hall an der Albany Post Road umgewandelt. Im Jahr 1810 kaufte es Stephen Jumel, ein reicher französischer Kaufmann, der die zweite Designphase einleitete. Die Eingangstür wurde „im neuesten Stil" umgestaltet; beide Hallen erhielten Fenster aus farbigem Glas; und Jumels Ehefrau Eliza richtete viele Zimmer vollkommen neu im Empirestil ein und dekorierte sie mit Stoffen und zahlreichen Möbelstücken, die das Paar aus Paris mitgebracht hatte.

1832 starb Stephen Jumel; im vorderen Salon seines Hauses gab seine Witwe später dem ehemaligen US-Vizepräsi-

OBEN Der vordere Salon des Morris-Jumel Mansion ist im Stil des amerikanischen Klassizismus der Zeit um 1830 dekoriert. An den Wänden befindet sich eine Reproduktion der Originaltapete mit Streifen aus Blattwerk auf grünem Grund. Der Teppich hat ein klassisches Greek-Revival-Muster. Der französische Kronleuchter entstand um 1800. Die Salonstühle mit Säbelbeinen und Goldrosetten als Schmuck gehörten Eliza Jumel. Der Wandtisch im Empirestil und der runde Tisch mit Marmorplatte datieren aus der Zeit um 1825; Letzterer wird Joseph Meeks zugeschrieben.

LINKS Das Schlafgemach des ehemaligen US-Vizepräsidenten Aaron Burr wurde wieder so eingerichtet, wie es zu Lebzeiten des zweiten Ehemanns von Eliza Jumel um 1833 ausgesehen haben dürfte. Die blasse gelb-grüne Tapete hat ein zartes Blütenmuster. Die meisten anderen Farben und Muster sind kräftiger als im übrigen Haus.

denten Aaron Burr ihr Jawort. Die Ehe hielt sechs Monate. Eliza, unermesslich reich, litt im Alter an einem stetigen Nachlassen ihrer geistigen Kräfte, bevor sie 1865 starb. Um das Morris-Jumel-Haus tobten 20 Jahre lang Rechtsstreitigkeiten. Eliza stammte aus einer mittellosen Familie in Rhode Island, und ihre Versuche, in die New Yorker Gesellschaft aufzusteigen, waren kläglich gescheitert. Missgunst hatte die Beziehungen zu ihren überlebenden Angehörigen vergiftet, von denen viele nach ihrem Tod weiter in dem Haus lebten.

Zu Beginn des 20. Jahrhunderts kam es in den Besitz seiner letzten privaten Eigentümer, Ferdinand und Lillie Earle, die die historische Bedeutung des Hauses erkannten. Bei Ferdinands Tod bot Lillie der Stadt das Anwesen zum Kauf an; drei Ortsvereinigungen der Daughters of the American Revolution wandelten es schließlich in ein Museum um, das 1907 eröffnet wurde. Von den Räumen sind inzwischen zwölf restauriert, darunter der achteckige Salon, ein Esszimmer und Elizas Schlafgemach.

OBEN Eliza Jumels Schlafgemach ist ein Prunkstück des französischen Empire. Die Wände sind mit einer hellgrünen Papiertapete dekoriert und durch Tapetenbordüren mit klassischen Motiven in Fries, Wandfeld und Lambris unterteilt. Die Farben des geometrisch gemusterten, französischen Teppichs greifen die der Tapeten und Stoffdekorationen auf. Das *lit en bateau* soll einmal Napoleon gehört haben.

LINKS In der Halle, die zugleich als Empfangssaal diente, sind die Farben insgesamt nüchterner. Wie oben wird die klassische Dreiteilung der Wände durch Tapetenbordüren erreicht. Der Empirekonsoltisch und der Spiegel darüber sind amerikanische Arbeiten aus der Zeit um 1825.

OBEN Drapierungen aus einem schweren, scharlachroten Wolldamast mit aufwendiger Fransenborte umhüllen das Prunkbett in Seabury Tredwells Schlafzimmer. Das Mahagonibett aus der Zeit um 1835 ist mit vergoldeten floralen Ornamenten bekrönt.

UNTEN Mrs Tredwells Schlafzimmer in sommerlicher Aufmachung: Ein leichter Baumwollstoff schmückt das Bett und die Fenster. Der Boden ist mit rautenförmig gemusterten Strohmatten ausgelegt, die nach Originalvorlagen angefertigt wurden.

Old Merchant's House

Seabury Tredwell war einer jener typischen New Yorker Kaufleute des 19. Jahrhunderts, die mit einem von Pferden gezogenen Omnibus zwischen ihrem Stadthaus und dem Geschäft in der dem Hafen zugewandten South Street hin und her pendelten. 1835 hatten er und seine Ehefrau Eliza mit ihren sieben Kindern ein Reihenhaus aus rotem Ziegelmauerwerk und weißem Marmor im damaligen Bond-Street-Viertel bezogen, einer exklusiven Wohngegend östlich des Washington Square. Die Adresse: 29 East Fourth Street. Das Haus war drei Jahre zuvor gebaut worden, doch die Tredwells machten etwas Eigenes daraus. Heute spiegelt es fast ein Jahrhundert der ununterbrochenen Wohnnutzung wider. Als lebendes Museum ist es New Yorks einziges Privathaus aus dem 19. Jahrhundert, das vollständig intakt erhalten geblieben ist.

Besuchern wendet das Merchant's House eine Fassade im späten Federal Style zu, mit Gaupenfenstern und einem Oberlicht über der Eingangstür. Im Innern wird man von einer edlen Greek-Revival-Ausstattung empfangen, zu der repräsentative Salons mit identischen schwarz-goldenen Marmorkaminen, einem Durchgang mit ionischen Doppelsäulen und Schiebetüren aus Mahagoni zwischen den Räumen gehören. Die passenden Deckenmedaillons aus Stuck zählen zum Feinsten, was es gibt. Schon beim Bau erhielt das Haus alle zeitgemäßen technischen Annehmlichkeiten, etwa Gasrohrleitungen für die Beleuchtung, eine 15 000 Liter fassende Zisterne und die neueste Klingelanlage für die Dienerschaft. Es bietet darüber hinaus besonders edle Möbelstücke, die zum Teil von New Yorks bekanntesten Kunsttischlern – vor allem Duncan Phyfe und Joseph Meeks – stammen und mit opulenten Stoffdekorationen und schönen Kunstobjekten kombiniert sind.

Die Stadt wuchs, und nach und nach verließen Tredwells Nachbarn das Viertel, um elegantere Häuser in Uptown-New York zu beziehen. Die Tredwells hingegen blieben in der East Fourth Street. Gertrude, die als achtes und letztes Kind kurz nach dem Einzug der Familie auf die Welt gekommen war, blieb unverheiratet und lebte in dem Haus, bis sie 1933 im Alter von 92 Jahren in einem Schlafzimmer des Obergeschosses verstarb. Drei Jahre später wurde das Haus der Öffentlichkeit als Museum zugänglich gemacht. Es kann mit Recht von sich behaupten, den späten klassizistischen Federal Style originalgetreuer vor Augen zu führen als die meisten restaurierten Wohnmuseen.

LINKS Empire-Chaiselongue und Rundkissen haben einen Bezug aus floral gemustertem, rotem Seidendamast. Die Mahagoniliege, mit Messingrosetten beschlagen, steht auf Löwenfüßen. Das Schnitzwerk darüber stellt einen Adler dar.

OBEN Der Teppich im Doppelsalon, der im Stil des Greek Revival eingerichtet ist, wurde nach einem Original aus dem 19. Jahrhundert angefertigt. Das geometrische Muster enthält die Hauptfarben des Raumes: Rot, Gelb und Blau auf weißlichem Grund.

LINKS Mit der architektonischen Idee eines spiegelbildlichen Doppelsalons sind die Gesetze der Symmetrie, die das Greek Revival verlangte, in die Wirklichkeit umgesetzt. Die Räume sind durch einen Durchgang mit paarweise angeordneten ionischen Säulen verbunden, zwischen denen sich Schiebetüren verbergen. Wie in vielen anderen Räumen bilden weiße Wände, Säulen und Decken ein an die Antike gemahnendes, neutrales Umfeld, das die intensiveren Farben der Stoffe, Möbel und Artefakte, darunter ein vergoldeter Pfeilerspiegel, zur Geltung bringt.

OBEN Klassizistische Ornamente, wie Zahnschnitt und Eierstab im Deckengesims, geradlinige Kassetten in der Tür und ihre architravierte Umrahmung mit kannelierten Seitenteilen, bilden den architektonischen Raumschmuck. Die Gaslampe im Stil des Neurokoko ist aus späterer Zeit.

Die Farbpalette des amerikanischen Klassizismus

In den Anfangsjahren des Federal Style (1780–1850) blieben die Farben der Kolonialzeit (siehe Seite 36–53) modern, vor allem in ländlichen Regionen. Nach und nach traten dann jedoch hellere, leichtere Farben in den Vordergrund, die sich an europäischen Vorbildern orientierten. Bei den Wandfarben waren dies blasse Terrakottatöne, Stroh-, Zitronen- und Chinesischgelb; blasse Blau- und Grüntöne; und etliche ins Graue gehende und andere weißliche Steinfarben. Letztere dienten oft zur Fassung von Profilstäben auf Holz und waren in Greek-Revival-Interieurs auf allen Oberflächen vorherrschend. Daneben gab es gesättigtere, vollere Rot-, Gelb- und Blautöne, vor allem in Räumen im Empirestil. Diese beschränkten sich jedoch im Allgemeinen auf Polsterbezüge, Fensterdekorationen, Teppiche und andere Bodenbeläge mit klassizistischen Motiven.

RECHTS Diese handbedruckte Tapete, die ein Steinmauerwerk in „Natursteinfarbe“ vortäuscht, ist typisch für die illusionistischen Tapeten, die dem Einrichtungsgeschmack im Federal Style des frühen 19. Jahrhunderts entsprachen.

UNTEN Graugrüne und gelbgrüne Wandanstriche standen hoch im Kurs. Die Farben wurden oft mit vergoldeten Gegenständen aufgefrischt – in diesem Fall einem konvexen Empirespiegel mit seitlich angebrachten Kerzenleuchtern.

OBEN Eine weitere beliebte Wandfarbe war Gelb, das sich oft in der Farbe der Dekorationsstoffe fortsetzte. Die weißen Baumwollgardinen erzeugen eine luftige Atmosphäre.

MITTE LINKS Tapeten mit senkrechten Streifen und Streifenstoffe erfreuten sich in der klassizistischen Ära auf beiden Seiten des Atlantiks großer Beliebtheit.

LINKS Prunkkamine erhielten Verkleidungen aus Marmor oder anderem Stein. Aber häufiger anzutreffen waren Holzumrahmungen, die weiß oder steinfarben gestrichen wurden.

OBEN Einrichtungen im Stil des Greek Revival kennzeichneten weiß oder in einem gebrochenen Weiß gestrichene Wände. Hier stehen sie im krassen Kontrast zu den satten roten Tönen der Polstermöbelbezüge und der Fensterdrapierung einerseits und dem edlen Rotbraun der Mahagonitür andererseits.

RECHTS In diesem Salon wurden Wandfelder mit einer dunkleren Tapete bekleidet, was jedoch den charakteristischen hellen Gesamteindruck der farblichen Gestaltung – erzeugt durch ein gebrochenes Weiß und Steinfarben an den Holzverkleidungen und Perlweiß bei den Polsterbezügen – nicht stört.

OBEN Diese Kombination aus einem Graugrün und Weiß entstand um 1820 und demonstriert den übergreifenden Einfluss der Farbpalette des Kolonialstils vom 18. in das frühe 19. Jahrhundert. Solche Farbkombinationen waren gewöhnlich in den weniger prunkvollen Schlafzimmern hochherrschaftlicher klassizistischer Häuser anzutreffen.

RECHTS Gegen Ende der klassizistischen Ära in der amerikanischen Architektur und Innendekoration kamen kräftigere Farben und wieder schwungvollere Muster auf, die den schwereren viktorianischen Stil ankündigten (siehe Seite 116 – 129).

J. W. BOLLOM & CO. LTD
NATURAL COLOR SYSTEM
S2005–Y60R

SANDERSON SPECTRUM
Kittiwake Grey · 47–17M

OLD VILLAGE PAINTS
WILLIAMSBURG
3–6 Fancy Chair Yellow

CROWN EXPRESSIONS
Mustard Spice · MS–9

RALPH LAUREN PAINT
SOUTHPORT COLLECTION
Driving Cap · SO04C

PAINT LIBRARY
Very Well Read

ACE
ILLUMINATIONS
Warren Woods 154–A

THE OLD FASHIONED
MILK PAINT CO., INC.
Federal Blue

FARROW & BALL
Sugar Bag Light · U/C22

Gutshaus Sörby

RECHTS Das im gustavianischen Stil nachgebaute Sofa, von dem Eigentümer des Gutshauses Sörby, Lars Sjöberg, selbst entworfen, ist in Anspielung auf den Einfluss, den chinesische Dekorationen im ausgehenden 18. Jahrhundert in Schweden hatten, mit einem Stilstoff mit großflächigem, chinoisem Blumenmuster bezogen. Wie in vielen anderen Räumen des Hauses sind die Dielenbretter gekalkt; ihr Grauweiß entspricht dem der Wandfelder.

UNTEN Die bemalten Tafeln des Wandfelds im Wohnsalon (siehe rechts) sind mit Girlanden aus Blättern und Blüten verziert. Die hohe Kunst der Darstellung, bei der mithilfe feinster Farbabstufungen ein naturgetreuer, dreidimensionaler Eindruck erzeugt wurde, ist typisch für schwedische Dekorationen im gustavianischen Stil.

Das schwedische Gutshaus Sörby bei Mosås gehört Lars Sjöberg, einem Designer und international anerkannten Experten auf dem Gebiet der schwedischen Architektur und Innendekoration. Das Haus wurde in den 1660er-Jahren errichtet und ein Jahrhundert später teilweise umgebaut. Zu den gravierendsten Veränderungen gehörte der Einbau zusätzlicher Fenster, durch die deutlich mehr Licht in das Innere fällt. Das Haus ist in traditioneller schwedischer Blockbauweise aus entrindeten, quadratisch zugeschnittenen Baumstämmen errichtet, typisch für ein Land mit riesigen Holzvorkommen und außerdem ein wirksamer Schutz vor der bitteren Kälte des skandinavischen Winters. In den 1990er-Jahren wurde der weiße Außenanstrich, den es das ganze 20. Jahrhundert hindurch gehabt hatte, durch den originalen schwedenroten Anstrich ersetzt. Neben Ockergelb ist diese Eisenoxidfarbe typisch für die Häuser und Schuppen der Region – so wie sie auch im kolonialzeitlichen Amerika des 18. Jahrhunderts (siehe Seite 36–53) überall dort verbreitet war, wo sich skandinavische Einwanderer niedergelassen hatten.

Was den Hausschmuck betrifft, so ist das Innere am interessantesten. Mögen die Jahrhunderte auch deutliche Spuren hinterlassen haben – die gemalten Verzierungen aus den 1780er-Jahren, die erhalten geblieben sind, vermitteln einen wunderbaren Einblick in das Ornamentrepertoire des klassizistischen gustavianischen Stils, der im letzten Quartal des 18. Jahrhunderts allmählich das schwedische Rokoko (siehe Seite 54–59) ablöste.

Sehenswert sind vor allem die Innenwände der Repräsentationsräume, die mittels eines Täfelwerks in Anlehnung an die Antike in Fries, Feld und Lambris gegliedert sind – in diesem Fall einen schmalen Fries über einem Wandfeld von etwa derselben Höhe wie der Lambris. Wie in vielen anderen schwedischen Häusern der damaligen

OBEN Eine in Schweden seit dem Mittelalter beliebte Farbe ist Kobaltblau, hier als Grundfarbe für das Blüten-Blatt-Motiv benutzt. Die Rahmenlinien sind mit Eisenoxidrot gezogen.

UNTEN Die klassische Gliederung der Wände in Fries, Feld und Lambris, sonst durch Holz- oder Stuckleisten beziehungsweise Tapeten realisiert, ist im Gutshaus Sörby, wie auch in vielen anderen schwedischen Häusern, täuschend echt aufgemalt.

Zeit sind die Übergänge zwischen den drei Abschnitten mit Illusionsmalereien anstelle von Wandauflagen aus Stuck oder Holz dekoriert. Ein weiteres Charakteristikum, insbesondere für die Interpretation des gustavianischen Stils auf dem Lande, ist die nochmalige Gliederung der Wandfelder in rechtlinige Tafeln durch einfache eisenoxidrote Linien auf kreidigem, grauweißem Grund, die entweder mit verschlungenen floralen Motiven oder klassizistischen Girlanden verziert sind. Diese Motive, mit Eitempera gemalt, sind kleine Kunstwerke in Kobaltblau, Eisenoxidrot und Weiß.

Die Möblierung des Hauses, obgleich äußerst sparsam, ist durch und durch gustavianisch. Paradebeispiele sind ein Stuhl mit Längssprossenlehne, den Lars Sjöberg nach einem Original-Sörby-Stuhl aus der Zeit um 1780–1790 fertigte (heute leihweise in einem Museum); und ein Sofa, ebenfalls eine Kopie, das Sjöberg für die gustavianische Serie des Einrichtungshauses Ikea entworfen hat.

OBEN Das im ausgehenden 20. Jahrhundert wieder erwachte Interesse an der gustavianischen Stilepoche beruht nicht zuletzt auf der Farbästhetik jener Zeit – vor allem die Kombination von intensiven Kobaltblautönen und kühlen, ins Graue spielenden Weißtönen trifft den Geschmack der Postmoderne. Das Gleiche gilt für die geradlinigen, relativ schmucklosen Formen der farbig gefassten Möbel. Der bäuerliche Stuhl oben und der etwas gefälligere Stuhl links, Reproduktionen gustavianischer Modelle, wurden Ende des 18. Jahrhunderts entworfen, wirken aber in ihrer funktionalen Schlichtheit zeitlos.

Gutshaus Julita

Gut und Gutshaus Julita liegen rund 150 Kilometer westlich von Stockholm (bei Äsköping) in der Provinz Södermanland. Im Mittelalter stand hier ein Zisterzienserkloster, Anziehungspunkt für Pilger und florierendes Zentrum, von dem wichtige Impulse für die kulturelle, soziale und landwirtschaftliche Entwicklung ausgingen. Im frühen 16. Jahrhundert wurde das Kloster von König Gustav I. aus dem Haus Wasa (1523 – 1560) konfisziert, der das katholische Land evangelisieren wollte. Die Mönche flohen, und der erste einer Reihe von privaten Besitzern übernahm, vom König belehnt, das Land. 1745 brannte das ursprüngliche Haus ab; an seiner Stelle entstand der heutige Bau, der 1760 fertig gestellt wurde. 1941 überließ der letzte Besitzer es dem Nordischen Museum von Schweden.

Das Haus bietet Einblick in eine Reihe von historischen Architektur- und Dekorationsstilen. Es hat zwei Seitenflügel im späten schwedischen Barockstil; Interieurs und Objekte repräsentieren den ländlichen Lebensstil der Feudalzeit; ein reich mit Möbeln ausgestattetes Rauchzimmer zeigt den farbenfrohen schwedisch-viktorianischen Stil des späten 19. Jahrhunderts. Die meisten repräsentativen Räume dagegen sind im klassizistischen Stil der Ära König Gustavs III. dekoriert und eingerichtet.

Der gustavianische Einrichtungsstil orientierte sich wesentlich am französischen Klassizismus (siehe Seite 64 – 69): Bei Möbeln gab es teilweise Anklänge an das Rokoko, während Stoffe und Tapeten gelegentlich traditionelle chinesische Muster und Bilder zeigten. Alle diese Stile haben im Gutshaus Julita indes einen einzigartigen schwedischen Charakter, und zwar dank der Verwendung einer blassen Farbpalette – zu der blasse Gelb-, Grau- und Blautöne gehören –, die typisch gustavianisch ist. Als frisches Element kommen oft der sparsame Einsatz von Goldverzierungen und weiß gefasste Möbel dazu.

UNTEN Der so genannte Blaue Salon – mit Blau als Grundfarbe der klassizistischen Tapetenstreifen (siehe auch rechts) und des gestreiften Bezugsstoffes – spiegelt die Zeit um 1800 wider. Die weiß gefassten Sitzmöbel sind im Stil des klassizistischen Directoire angefertigt, der in den letzten fünf Jahren des 18. Jahrhunderts von Frankreich ausging. Dieser eher strenge Stil, der mit Schmuck sparsam umging, kam in Form und Geist dem schwedischen gustavianischen Stil sehr entgegen. Die Form der beiden Scherenstühle ist seit dem *diphros okladias* der griechischen Antike bekannt.

LINKS Die Tapete im Blauen Salon hat ein typisches klassizistisches Muster mit Urnen, mythologischen und menschlichen Figuren, eingefasst von zarten Blütenranken und plastisch wirkenden Stäben.

RECHTS Seit dem 18. Jahrhundert ist der graue Farbton, der eine der Grundfarben der gustavianischen Palette darstellt, an Wänden und Türen des Ess-Salons immer wieder erneuert worden. Das Wandgemälde über der Tür datiert, zusammen mit anderen, in die Zeit um 1760. Die Rokokostühle wurden im frühen 20. Jahrhundert von dem Gutsschreiner Henning Forsman angefertigt.

UNTEN Die zarten floralen Muster in diesem Schlafzimmer sind aus der chinesischen Dekortradition übernommen. Die Farben der Muster, die die Tapete, die Fensterdekoration, die Bettvorhänge und das Kopf- und Fußteil des Bettes zieren, sind dagegen typisch gustavianisch: ein sehr blasses Strohgelb und ein blasses Graublau.

„Strohgelb, kühle Grau- und gedeckte Blautöne sind typische gustavianische Farben.“ (Jenny Gibbs, Schriftstellerin)

OBEN Das Balkonzimmer ließ der letzte private Besitzer des Hauses, Arthur Bäckström, im frühen 20. Jahrhundert anbauen. Damals kam der gustavianische Stil wieder sehr in Mode. Es diente der Familie im Sommer als Esszimmer.

Ein Bauernhaus im gustavianischen Stil

LINKS Klare Linien beherrschen das Arbeitszimmer, das trotz der strengen Symmetrie der Tellerregale und Tische beiderseits des offenen Kamins leicht und freundlich wirkt. Hierzu trägt in erster Linie das zarte Lila der Wände bei, das gegen das Weiß der Decke und des Mobiliars steht. Die Wirkung wird noch verstärkt durch das goldene klassizistische Girlandenmotiv am Kamin und das ebenso in Gold gefasste Profil der Fußleiste. Einen wunderbar warmen Gegensatz dazu bildet der dunkel gebeizte Dielenboden. Die Einmachgläser auf dem Kaminsims und dem Schubladenelement enthalten Stoffstücke (siehe unten), die die Farben des Raums zusammenfassen.

Manchmal ist ein Ambiente im Look einer Epoche mindestens so aufschlussreich wie eine detailgenaue Kopie des betreffenden historischen Dekorationsstils. Ein gutes Beispiel dafür ist das Bauernhaus der schwedischen Designerin Lena Proudlock in Südwestengland, das sie vor kurzem neu dekoriert und eingerichtet hat. Dabei ist es ihr gelungen, das Wesen des klassizistischen schwedisch-gustavianischen Dekorationsstils einzufangen.

Das 1784 erbaute Haus liegt bei Tetbury im ländlichen Gloucestershire. Als Lena Proudlock – zu dieser Zeit entschlossen, allen Ballast im Leben abzuwerfen – es zum ersten Mal sah, konnte sie sich hinter der schlichten Steinfassade sofort ein praktisches, unkompliziertes Heim vorstellen, das ihren persönlichen Bedürfnissen entsprach. Der klare Grundriss im Innern entsprach der Schlichtheit der Fassade, sodass so gut wie keine größeren Umbauten erforderlich waren. Eine Treppe wurde abgerissen, um die Küche zu vergrößern, eine andere eingebaut, die zu Kammern unter dem Dach führt.

Danach entwickelte Lena Proudlock ein kompromissloses Dekorationskonzept, das die schlichte, unterkühlte Eleganz der schwedischen Epoche Gustavs III. wieder auferstehen ließ und gleichzeitig ihre eigene, höchst persönliche Auffassung dieses Stils darstellte. Der Schlüssel zum Erfolg waren Farben – und insbesondere der perfekte Umgang mit der klassizistischen schwedischen Palette aus gedeckten Grau-, Grün-, Lila-, Mauve- und Weißtönen.

Ein vorhandener hölzerner Gartenstuhl inspirierte sie zu zwei Lattensesseln aus Holz, die den Kamin im Wohnzimmer umrahmen. Ein Sofa, mit schwarzem Baumwolldrillich bezogen, und ein langer Bocktisch bilden das einzige übrige Mobiliar des Raums – ein Minimalismus, der durch die abgestuften Weißschattierungen noch betont wird, in denen Decke, Wände, Schreinerarbeiten und der Boden gestrichen sind. Auffallende klassizistische Details sind die schlichten, geradlinigen Zierleisten an Fensterläden, Türen und Kamin mit einer Fassung aus unechtem Blattgold. Vergoldungen als zarte Konturen ziehen sich als

OBEN Gleichsam als Flaschenpost verpackt hat Lena Proudlock hier ihr Credo, dem zufolge Farbe in der Dekoration unersätzlich, aber mit Bedacht zu dosieren ist – mit dem gleichen Fingerspitzengefühl, mit dem ein Spitzenkoch Kräuter und Gewürze handhabt.

OBEN Blüten und fallende Blätter sind ein Element und eine Art Memento mori, das sich in Lena Proudlocks Haus ständig wiederholt. Wie die Familienfotos an Wäscheklammern im Schlafzimmer (siehe Seite 113) mahnen sie in den klassizistisch inspirierten Interieurs mit ihren kraftvollen geometrischen Linien an die Flüchtigkeit des Lebens.

LINKS In der Eingangshalle, deren Wände einen „Altweiß"-Anstrich tragen, liegt noch der ursprüngliche Steinboden aus dem 18. Jahrhundert. Die Türwand im Vordergrund hat einen lilafarbenen Anstrich, vor dem der Lehnstuhl mit rot-weißem Streifenbezug besonders gut zur Geltung kommt. Gestreifte Stoffe waren im klassizistischen Frankreich, Schweden und England gleichermaßen modern.

LINKS Gustavianische Reproduktionsstühle mit Polsterbezügen aus Jeansstoff sind um den Tisch im Esszimmer des Dachgeschosses gruppiert. Das Basrelief an der Kaminwand zeigt ein Motiv aus der Antike: einen Lyraspieler. Ein eiserner Kranzleuchter krönt den ehemaligen Stauraum, der mittels der Farbkombination Hellblau und Weiß in einen hellen, luftigen Essbereich umgewandelt wurde.

OBEN Ein ehemals rein praktisches Küchenmöbel trägt heute alle Züge eines Stil-Altars. Die in Gold gefassten Türleisten der Anrichte heben sich leuchtend von der hellblauen Grundfarbe ab. Teller und Terrinen stammen hauptsächlich aus der „Indian-Pheasant-Serie" von Wedgwood. Die Dielenbretter sind „taubenweiß" gestrichen und erinnern damit an die Holzböden vieler schwedischer Häuser aus dem 18. Jahrhundert, die zum Schutz gegen Insekten gekalkt wurden.

Leitmotiv durch alle Räume. Das Esszimmer vor allem zeigt den „nordischen Stil", der Lena Proudlocks Designs früher auszeichnete. Die weiß gestrichenen Holzbalken, Stühle, Bank und Tische – Letztere mit eisblauer Platte – reflektieren skandinavische bäuerliche Elemente, bei denen aufgetragene Farbe die Rolle der natürlichen Holztöne übernimmt.

Insbesondere die Weiß- und Grautöne im Haus geben den Räumen Ruhe und Großzügigkeit. Gelegentliche kalkulierte Überraschungseffekte, wie zum Beispiel die in einer Ecke des Schlafzimmers arrangierten Baumwollballen, scheinen weniger das Ergebnis einer postmodernen Neigung zu Spielereien zu sein als vielmehr Teil eines umfassenden Entwurfs. Diese Art der kreativen Improvisation ist zu einer Art Markenzeichen für Lena Proudlocks Interpretation des gustavianischen Stils geworden und stand am Anfang ihrer inzwischen erfolgreichen Schweden-Kollektion mit Möbeln und Wohnaccessoires.

UNTEN Grundelemente des schwedischen Klassizismus prägen Dekoration und Einrichtung dieses der minimalistischeren Ästhetik der Moderne angepassten Schlafzimmers. Die schwedische Farbpalette ist mit dem Graublau der Wände und dem „Taubenweiß" der Schreinerarbeiten vertreten. Das Himmelbett (ein Eigenentwurf) hat eine geradlinige Form, ebenso die Bank an seinem Fußende. Der gestreifte Betthimmel aus einem alten Drell zeigt ein bevorzugtes klassizistisches, blau-weißes Streifenmuster. Die Patchworkdecke mit buntem Rautenmuster bringt zusammen mit den weißen Spitzenkissen eine nostalgisch verspielte Note in den Raum, bleibt aber im Farbschema Weiß und Blau: So haben die blauen Rauten exakt den Ton der blauen Streifen im Betthimmel und des Jeansstoffpolsters auf der weißen Holzbank.

LINKS Vor dem gustavianischen Graublau der Wände dieses Badezimmers leuchtet das Weiß des Waschbeckens, Spiegels, Eckschranks und der Wand- und Bodenfliesen. Die Außenseite der ebenfalls weiß emaillierten Badewanne aus Gusseisen ist dagegen schwarz gestrichen. Die Form des Hängeschranks erinnert an die säulenförmigen Kachelöfen schwedischer Häuser des 18. und 19. Jahrhunderts.

RECHTS Die Stoffdesignerin Lena Proudlock lässt sich auch privat von ihrer Arbeit inspirieren – und umgekehrt. Ihr Haus ist private Zuflucht und Showroom zugleich. Viele der bemalten Tische, Bänke und Stühle in ihrem Haus hat sie selbst entworfen. In einer Schlafzimmerecke lehnen Stoffballen aus Lenas Kollektion an der Wand, wo sie ihren eigenen dekorativen Charakter entfalten.

„Man dosiere Farben ebenso vorsichtig wie ein guter Koch Kräuter und Gewürze."

(Lena Proudlock, Eigentümerin des Hauses)

OBEN Die weiß gestrichenen Wände dieses Schlafzimmers hat Lena Proudlock mit Familienfotos dekoriert, die mit schwarz lackierten Wäscheklammern an Drähten hängen. Sie spielt damit auf eine Erscheinung des späten 18. und frühen 19. Jahrhunderts an, als „Stichezimmer" mit ungerahmten Kupferstichen und Radierungen an den Wänden modern waren. Das Bett mit weiß lackiertem Schmiedeeisengestell wirkt dazu frisch und leicht.

Die Farbpalette des schwedischen Klassizismus

In der gustavianischen Farbpalette dominieren helle Farben, vor allem kalkige Weißtöne, blasse Blau-, Grün-, Pink- und Grautöne sowie Strohgelb. Die gedeckten Weißtöne tauchen auch als Kalkanstriche der Bodendielen auf. Intensivere, vollere Farben, wie Kobaltblau, Kobaltgrün und Eisenoxidrot, bleiben in der Regel handgemalten dekorativen Motiven vorbehalten, aber auch Raumschmuckelementen aus Holz und Stuck, oder werden eingesetzt, um durch Bemalung plastische Effekte zu erzielen. Sie befinden sich außerdem an Möbeln und in Stoffmustern. Zarte Vergoldungen oder Goldfarbe dienen dazu, Ornamente hervorzuheben.

LINKS Blassgrau, ein ins Graue spielendes Weiß und Gold sind die Hauptfarben dieses Saals, der als Musikzimmer dient. Der Kontrast von Grau und Weiß dient dazu, die architektonischen Proportionen des Raums zu betonen. Der Bilderrahmen, die Zierleisten aus Holz am Rand der Wandtafeln und die klassizistischen Motive, die die Decke und die Pilaster schmücken, leuchten in Gold. Das matte Gelbgold der Wandfelder und der Schabracke über dem Fenster runden das Gold-Weiß-Farbschema ab.

OBEN Dieses Blattmotiv mit Blüte auf grauweißem Grund leuchtet in Schattierungen von Kobaltblau und Grau. Es umspielt den Rand einer schlichten, geradlinigen Wandtafel, deren Kontur innen mit einem oxidroten Strich nachgezeichnet ist.

OBEN Dieser Stuhl mit vergoldeten klassizistischen Ornamenten entstand im frühen 20. Jahrhundert. Der Rundofen dahinter hat ein Kachelmuster in typisch gustavianischem Kupfergrün.

RECHTS Die Gelbtöne dieser klassizistischen Kartusche, die eine Frauengestalt unter einem Baum zeigt, setzen sich in der Vergoldung des Kaminspiegelrahmens und den Polsterbezügen der Stühle fort.

LINKS Die gustavianische Farbpalette birgt Grautöne in den verschiedensten Nuancen und Schattierungen. Dieses Grau der Wand und der Kassettentür spielt ganz leicht ins Grüne.

OBEN LINKS Blau-weiß karierte Stoffe wie dieser waren als Polsterbezüge im schwedischen Klassizismus sehr beliebt.

OBEN RECHTS Um den altersgrauen, pudrigen Effekt zu erzielen, wurde diesen blauen Leimfarben viel Schlämmkreide zugegeben.

RECHTS Im 19. Jahrhundert wurden die hellen Töne der gustavianischen Palette allmählich von den dunkleren Farben des schwedischen viktorianischen Stils verdrängt.

LINKS Der subtile Kontrast „altweißer" Wände und „taubenweißer" Bodendielen erinnert an die gustavianische Stilepoche, die hier einfühlsam nachempfunden ist. Der Bodenanstrich mit moderner Dispersionsfarbe simuliert den Kalkanstrich, der früher üblich war.

RECHTS Schwedische Kacheln hatten in der Regel eine zinn-, keine bleihaltige Glasur; die Muster glichen oft denen von Delfter Kacheln, wie es auch bei diesem Kachelofen mit einem blau-weißen Blütenmuster der Fall ist.

DULUX COLOUR SELECTOR
Tranquil Stone

SANDERSON SPECTRUM
Silver Wing · 44–7P

CROWN COLOUR PLANNER
Orchard Green

CROWN EXPRESSIONS
Misty Rose

ACE
ILLUMINATIONS
Floral City · 134–B

PAINT MAGIC/
JOCASTA INNES
Dining Room Red

PAINT MAGIC/
JOCASTA INNES
Midnight

RALPH LAUREN PAINT
OUNTRY CLUB COLLECTION
Rowboat · CO01B

SANDERSON SPECTRUM
Wood Hyacinth · 24–11M

Der viktorianische Stil

LINKS Neugotische Elemente breiteten sich von den 1840er-Jahren an zunehmend aus. In Großbritannien wurden die gemauerten Fassaden oft mit andersfarbigen Streifen gegliedert. In den USA mit ihrem reichen Angebot an Bauholz gab man Holzlattenverkleidungen den Vorzug. Damit war eine größere Farbenvielfalt möglich, wie Roseland Cottage beweist. Das Haus wurde 1846 in Woodstock, Connecticut, erbaut und der rosa Originalanstrich mit purpurfarbenen Kontrasten seitdem immer wieder erneuert.

OBEN Ein gutes Beispiel für das viktorianische Stilekonglomerat ist die Bibliothek im Haus des Schriftstellers Mark Twain in Hartford, Connecticut, die 1881 eingerichtet wurde. Eine japanisierende Tapete mit Gold auf türkisem Grund kontrastiert mit dem geschnitzten Schmuck des Bücherschranks, der dem antiken Formenschatz entnommen ist.

Architektur und Dekoration waren während der Regierungszeit Königin Viktorias in England (1837–1901) in hohem Maße eklektisch. Es gab eine Reihe von Stilen, die zu verschiedenen Zeiten in Mode kamen und großenteils einen Rückgriff auf frühere Epochen darstellten. Dabei handelte es sich vor allem um die Neugotik, die Architektur und Ornamentik des mittelalterlichen Europas wieder aufleben ließ; die Neurenaissance, den Neubarock, das Neurokoko und nicht zuletzt mehrere neoklassizistische Strömungen mit Anlehnungen an historische Stile, darunter der Adamstil, das Empire, Regency und der so genannte italienisierende Stil, der auf Amerika beschränkt und locker mit dem englischen Regency verwandt war. Im Gefolge zunehmender internationaler Reisen und Handelsbeziehungen kamen Adaptionen chinesischer, japanischer, indischer, persischer und arabischer Ornament- und Dekorationsstile hinzu – die im Westen unter dem Begriff „orientalisch“ zusammengefasst wurden.

Das Nebeneinander der Stile manifestierte sich in unterschiedlicher Weise. Viele Häuser wurden ganz in einem Stil gebaut und ausgestattet, andere präsentierten in verschiedenen Räumen unterschiedliche Stile. Nicht selten wurden darüber hinaus in ein und demselben aufwendig dekorierten, dicht möblierten Raum mehrere Stile miteinander kombiniert. Dieses Konglomerat der Stile stieß bei den Anhängern der Arts-and-Crafts-Bewegung auf herbe Kritik. In den späten 1860er-Jahren ins Leben gerufen, setzte sich die Bewegung für die Rückbesinnung auf die schlichteren Formen und die solide handwerkliche Qualität des Mittelalters ein, obgleich Ornamente der Renaissancezeit oder des Orients nicht grundsätzlich abgelehnt wurden. Der so entstehende einheitlichere und „ehrlichere“ Stil, der bis zum Zweiten Weltkrieg auf beiden Seiten des Atlantiks weiterentwickelt wurde, ebnete dem rigoros rationalen Ansatz der Moderne den Weg.

OBEN Zu den neugotischen Formen und Motiven im Doppelsalon von Roseland Cottage gehören der Spitzbogen zwischen den Räumen (aus Kiefernholz mit einem Anstrich, der Eiche imitiert), das durchbrochene Maßwerk mit bekrönenden Türmchen und Krabben als Abschluss der Sofalehne und die farbige Bleiverglasung der Fenster.

LINKS Bei der Neugestaltung einer in den 1890er-Jahren erbauten viktorianischen Villa in Südlondon setzte Christophe Gollut auf die Großflächigkeit und Übersichtlichkeit, die Ende des 19. Jahrhunderts in Mode kam. Sein elegantes Farbdesign sieht weiße Decken im Gegensatz zu hellgelben Wänden, Fensterrahmen und Geländerstäben vor, die gut mit dem hellen Braun des Handlaufs und der Eckpfosten harmonieren. Die einzigen kräftigen Farbtupfer liefert die spätviktorianische Buntglashängelampe.

OBEN Leuchtend gelbe Wände in einem Schlafzimmer des New Yorker Stadthauses von 1889, in dem Fred Hughes lebt, erinnern an die kräftigen, gesättigten Empirefarben des frühen 19. Jahrhunderts. Möbel und Kunstobjekte sind eklektisch – das Spektrum reicht von Fotografien amerikanischer Ureinwohner bis hin zu einem viktorianischen Reisesekretär.

Roseland Cottage

Das Landhaus Roseland Cottage, zu dem eine Reihe von Nebengebäuden wie Schuppen und Kühlhaus gehört, steht allein auf einer Anhöhe in Woodstock, Connecticut. Es wurde 1846 von dem in England geborenen Architekten Joseph C. Wells als Sommerresidenz für Henry C. Bowen entworfen, einen reichen Geschäftsmann und einflussreichen Anhänger der Republikanischen Partei, und befindet sich seit 1970 im Besitz der Society for the Preservation of New England Antiquities. Zum nationalhistorischen Kulturdenkmal erklärt, ist es für seinen pittoresken neugotischen Stil bekannt, einen Stil, der in den Vereinigten Staaten durch die Veröffentlichungen des bedeutenden Architekturschriftstellers Andrew Jackson Downing verbreitet wurde. Dieser schätzte vor allem die „Originalität, Kühnheit und Kraft“ des Stils, die er als ideal „für unabhängig denkende Menschen“ empfand.

Die steilen, mit Kreuzblumen geschmückten Giebeldächer, Abschlüsse mit stilisiertem Blattwerk, die Kombination von Spitzbogen-, Giebel- und Erkerfenstern mit klarer und farbiger Bleiverglasung und die Betonung der Senkrechten weisen Roseland Cottage von außen als typisches neugotisches Bauwerk aus. Die Holzlattenverkleidung – die diesem besonders romantischen Stil entsprechend leuchtend rosa gestrichen ist – ist typisch amerikanisch.

Außer der Bleiverglasung mit rautenförmigen Scheiben fallen im Innern noch andere neugotische Architekturelemente auf, allen voran der Spitzbogendurchgang zwischen den zwei Räumen des großen Doppelsalons. Unter den

LINKS Der Lincrusta-Fries über der Bilderleiste im Doppelsalon wurde in den 1880er-Jahren angebracht. Lincrusta, eine Handelsbezeichnung für eine abwaschbare Prägetapete auf Linoleumbasis, zierte viele spätviktorianische Interieurs. Sie ließ sich bemalen oder vergolden, es gab sie in unendlichen Mustern, aber vor allem war sie praktisch – man denke an die vielen Öl- und Gaslampen und offenen Feuerstellen damaliger Wohnhäuser.

RECHTS Das unterhalb des Lincrusta-Frieses tapezierte Wandfeld zeigt eins der typischen stilisierten Blattmuster in naturgetreuem Grün und blassem Braun, die in spätviktorianischer Zeit weit verbreitet waren.

RECHTS UND UNTEN Die Holzfassade von Roseland Cottage erstrahlt im Original-Rosa der 1880er-Jahre. Neugotische Bauelemente wie Spitzbogenfenster und Bekrönungen sind in Purpurblau abgesetzt.

neugotischen Möbeln sind die Polsterstühle und Sofas mit spitzbogen- oder ogivförmigen und von Türmchen bekrönten Rückenlehnen besonders pittoresk. Ebenfalls dem neugotischen Zeitgeschmack entspricht die Farbgestaltung mit vorherrschenden Braun-, Grün- und Gelbtönen, in denen nicht nur die gemusterten Tapeten und Lincrusta-Friese gehalten sind, sondern auch die Eichen- und Mahagonimöbel, die gestrichenen Türen und Fensterrahmen und die gebeizten und polierten Holzböden. Ein Gegengewicht zu diesen relativ tristen Farben bilden lebhaftere Farbtupfer, so zum Beispiel das Rot und Blau der Polsterstoffe, das Blau und Rosa der Orientteppiche und das Rot, Gelb und Grün der Fensterverglasung.

RECHTS Die Gelb- und Brauntöne der Tapete im Doppelsalon (siehe gegenüber) finden sich an anderer Stelle wieder, etwa an den neugotischen Mahagonimöbeln, den gebeizten und polierten Bodendielen und den gestrichenen Türen und Fußleisten. Kräftigere Farben der neugotischen Palette setzen Akzente, zum Beispiel die roten Plüschbezüge, die Blau- und Rosatöne der Orientteppiche und in zurückhaltenderer Form die profilierte Deckenleiste, die in Gold, Grün und Blass- und Hellblau gefasst ist.

OBEN Bunte Bleiverglasungen schmückten viele neugotische Häuser und trugen wesentlich zum Gesamtfarbschema bei. Die gelben, roten und grünen Scheiben dieses Erkerfensters von Roseland Cottage zeigen traditionelle Rautenmuster. Das Mahagonisofa mit rotem Plüschbezug und eselsrückenförmiger, von Türmchen bekrönter durchbrochener Rückenlehne ist ein echtes Schmuckstück des amerikanischen neugotischen Stils.

Mark Twains Haus

Samuel L. Clemens, besser bekannt als Mark Twain, kaufte 1873 das Land für sein Haus im Bezirk Nook Farm am Rande von Hartford, Connecticut. Das 1874 fertig gestellte Bauwerk wurde von dem New Yorker Architekten Edward Tuckerman Potter (1831–1904) in der typischen eklektischen Manier jener Zeit entworfen. Zu einem farbig gegliederten Ziegelmauerwerk im Queen-Anne-Stil gesellen sich steile Giebeldächer, Veranden und Vorbauten mit so genanntem *stick work*, kunstvollen Holzarbeiten aus meist ungeschälten Ästen, die dem Haus etwas von einem romantisch-urwüchsigen Alpenchalet geben.

1881 ließ Twain die größeren Räume von Associated Artists umgestalten, einer renommierten Gruppe von Innenarchitekten, zu deren wichtigsten Mitgliedern Louis Comfort Tiffany, Lockwood de Forest, Candace Thurber

LINKS Schmückende und gliedernde Elemente in der Backsteinfassade des Mark-Twain-Hauses sind zur Akzentuierung zinnoberrot und schwarz gefasst. Zinnoberrot ist auch die Farbe aller gestrichenen Teile aus Holz und einiger Dachziegel, die zusammen mit schiefergrauen Ziegeln ein zartes Rautenmuster ergeben.

UNTEN Wand- und Deckentapeten in der Bibliothek sind mit goldenen geometrischen Mustern auf türkisfarbenem Grund bedruckt. Das Gold schmückt auch die Deckenleiste und einige Bilderrahmen.

Wheeler und Samuel Colman gehörten. Das Ergebnis ist eine subtile Mischung, in der Rot und Rosa, metallisches Gold und Silber, Blau und Grün sowie die warmen, glänzenden Holztöne der polierten Möbel den Ton angeben. Deutlich sind die nicht westlichen Quellen zu erkennen, aus denen die Inspiration für viele dieser Farben und die handgedruckten Muster und Motive stammt, die sich an den Wänden befinden. Die Innenausstattung des Twain-Hauses ist ein beredtes Beispiel für die Vorliebe des späten 19. Jahrhunderts, afrikanische, nahöstliche, indische, chinesische, japanische und indianische Farben und Muster in die europäische Bauweise einzubeziehen.

UNTEN Das Esszimmer erhielt 1881 eine Strukturtapete mit eingeprägten goldenen Lilien auf rotem Grund. Dem viktorianischen Empfinden zufolge war Rot ein besonders geeigneter Hintergrund für Goldrahmengemälde. Der weinrote Türvorhang ist aus Plüschsamt und trennt das Esszimmer von der Bibliothek.

„Alle Interieurs waren hässlich, verglichen mit dem perfekten Stil dieses Erdgeschosses und seiner traumhaften Farbharmonie."

(Mark Twain, Schriftsteller)

OBEN Die in Silber auf die Wandvertäfelung der Eingangshalle aufgedruckten Muster erinnern an indianische Stoffe und wurden vermutlich von Tiffany entworfen. Das Gleiche gilt für das blaue Muster, das die indianischrot gestrichenen Wände und Decken ziert. Der Armlehnstuhl ist dagegen eher konventionell mit rotem Damast bezogen.

LINKS Die Wände des Salons sind in Tafeln unterteilt, die in Silber aufgedruckte ostindische Muster und Motive auf lachsfarbenem Grund zeigen. Der Entwurf wird Lockwood de Forest zugeschrieben, der mit der alten Volkskunst Ägyptens, Syriens und Indiens vertraut war.

LINKS UND OBEN Wände, Türen, Tür- und Fensterrahmen sowie Fußbodenleisten eines Gästezimmers präsentieren sich einheitlich in glänzend lackiertem Blau. Sterne und stilisierte Blattbordüren wurden in Gold aufgedruckt und gehen in die in Gold gefasste Deckenleiste über. Bei den blassgelben Himmeln mit roten Fransen über den Mahagonibetten (aus der Zeit um 1800) handelt es sich um ehemalige Vorhänge.

Ein Haus an der Lexington Avenue

Zu Beginn der 1970er-Jahre kaufte Fred Hughes, Andy Warhols Business-Manager, dessen vierstöckiges viktorianisches Stadthaus an der Lexington Avenue in New York und ließ das Interieur in dem Stil wieder herrichten, wie er wohl von dem Erbauer Henry J. Hardenbergh im Jahr 1889 vorgesehen war.

Heute präsentieren sich die Räume wie zur Blütezeit der hochviktorianischen Epoche, was nicht zuletzt an der Verwendung kräftiger klarer Wandfarben liegt, darunter Smaragdgrün, lebhafte Blautöne, Aubergine und Ockergelb. Wie im 19. Jahrhundert sind diese Farben mit glänzenden Akzenten kombiniert, darunter in Gold gefasste Profilleisten, aufgedruckte Motive und goldene Bilderrahmen. Auch hellere Wandfarben sind vertreten, namentlich ein blasses, gelbliches Elfenbein und „Greige", ein Mittelding zwischen Grau und Beige, im Arbeitszimmer. Dass die Räume dennoch nicht museal authentisch wirken, sondern etwas von dem Pop-Art-Witz der Siebziger ausstrahlen, liegt an den subtil eingesetzten stilistischen Verfremdungen, die man bei genauerem Hinsehen wahrnimmt.

Am eindeutigsten entspricht dem hochviktorianischen Stil jedoch die Art der Möblierung. In der zweiten Hälfte des 19. Jahrhunderts verbreitete sich die Mode, Möbel aus vergangenen Perioden zu sammeln – Fred Hughes' hervorragende Sammlung folgt dieser Tradition. Hochwertige europäische und amerikanische Antiquitäten – im Adam-, Empire-, Regency-, Federal- und neugotischen Stil – stehen nach viktorianischer Manier dicht gedrängt in den repräsentativen Räumen und tragen mit der glänzenden Patina ihres edel gemaserten Holzes – zum Beispiel Rosenholz und Mahagoni – zur Vollendung der Farbpalette bei. Dazu kommt eine eklektische Sammlung von Kunstwerken und Kunstobjekten, die sich mit der hochviktorianischen Vorliebe für Stile und Ornamente aller Art messen kann.

RECHTS Der Kamin im smaragdgrünen vorderen Salon (siehe auch ganz rechts) ist – beabsichtigt sichtbar – künstlich marmoriert – ein Täuschungsverfahren, das in der Viktorianischen Zeit oft bei Kamineinfassungen aus Holz oder Gusseisen angewendet wurde. Ebenfalls beliebt waren Imitationen teurer, exotisch gemaserter Harthölzer wie Rosenholz, geflammtem Mahagoni und Eichenkernholz. Auf dem Kaminsims stehen, wie in viktorianischen Räumen allgemein üblich, die verschiedensten Objekte.

OBEN Kamin und Wände in Fred Hughes' Arbeitszimmer sind in seiner Lieblingsfarbe „Greige" gestrichen. Diese kühle Mischung aus Grau und Beige bringt als unauffällige, neutrale Hintergrundfarbe Gemälde und Kunstgegenstände optimal zur Geltung und war eine bevorzugte Farbe der bedeutenden amerikanischen Innendekorateurin des 20. Jahrhunderts, Nancy Lancaster. Die gelben, schwarzen und weißen Masken auf dem Kaminsims sind Erzeugnisse der Zuni, eines Stamms der Pueblo-Indianer in New Mexico.

RECHTS Wände und Deckenfries des vorderen Wohnzimmers sind in leuchtendem Smaragdgrün gestrichen, vor dem das gedecktere Grün des gestreiften Polsterstoffs dezent zurücktritt. Außer Gold, das die opulenten Bilderrahmen, die muschelförmigen Wandleuchten und die Leiste unterhalb des Kranzgesimses ziert, bilden hier die warmen Rot- und Rotbrauntöne des mittleren Gemäldes und des Sofarahmens aus Rosenholz einen Blickfang. Das Sofa ist russischer Herkunft und stammt aus dem 19. Jahrhundert.

Eine spätviktorianische Villa in London

Diese großzügige viktorianische Villa aus Ziegelmauerwerk hat drei Stockwerke. In den 1890er-Jahren in Südlondon erbaut, wurde sie kürzlich im Innern von dem bekannten Londoner Antiquitätenhändler und Designer Christophe Gollut umdekoriert und neu eingerichtet. Das Haus ist, wie viele spätviktorianische Häuser in England, reich mit klassizistischem Schmuck ausgestattet. Dazu gehören vor allem mehrere Kamine mit schlichten, rechtlinigen Seitenwangen und Friesen; einige ornamentierte Türgiebel, teilweise mit gesprengtem Giebel und kleinem Gesims; diverse profilierte Kranzgesimse, von denen die aufwendigeren Eierstabprofile oder stilisierte florale Muster haben. Dazu kommen in den meisten Räumen Bild- und Lambrisleisten, die die Wände gemäß der antiken Ordnung in Fries, Feld und Lambris gliedern. Mit vielen anderen viktorianischen Häusern hat die Villa jedoch auch gemein, dass ihre Architekten nicht nur auf den klassischen Formenschatz zurückgriffen. Für die bleiverglasten Flügelfenster standen zum Beispiel jakobäische Fenster aus dem 16. und frühen 17. Jahrhundert Pate.

Christophe Gollut hat diese im Original erhaltenen Schmuckelemente mit viel Gefühl in seinen Dekorationsentwurf integriert. Seiner Absicht kam entgegen, dass durch die großen Fenster viel Tageslicht in das Innere fällt. Das Ergebnis erinnert an die leichteren, helleren Interieurs, die (auf beiden Seiten des Atlantiks) gegen Ende des 19. Jahrhunderts modern wurden. Er ließ viele Fenster gänzlich undekoriert und nutzte eine Palette aus blassgrünen Tönen, helleren Steinfarben sowie Gelb- und Weißschattierungen, die er bei der Wandgestaltung großflächig und zumeist ohne ablenkende Muster einsetzte, um einen angemessenen Hintergrund für die satteren, dunkleren Rot- und Blautöne der Viktorianischen Zeit zu schaffen. Letztere steuern insbesondere einfarbige und dicht gemusterte Stilstoffe bei, die sich wunderbar mit den warmen Gelb- und Rotbrauntönen der Mahagonimöbel ergänzen.

OBEN Die zu ebener Erde liegende Halle ist wesentlich heller als viele ihrer hochviktorianischen Vorgängerinnen: Türen und Vertäfelung erstrahlen im Glanz einer grau-cremefarbenen Steinfarbe, während die verputzten Wände darüber reinweiß sind. Der gesprengte Giebel und Fries über der Tür sind dem antiken Formenschatz entnommen.

GANZ LINKS Durch die vorhanglosen großen Fenster fällt Licht auf eine eingebaute Sitzbank eines Wohnzimmers, die mit einem kräftigen roten Stoff bezogen und mit mehreren bunten Kissen dekoriert ist.

LINKS Gebrochenes Weiß und Cremeweiß umgeben den Kamin, dessen Seitenwangen und Sturz ein leuchtendes Blau aufweisen. Der Sims ist aus edel gemasertem polychromem Marmor.

OBEN Die Bibliothek hat eine französische Streifentapete mit zwei Grüntönen. Das Sofa aus dem 19. Jahrhundert mit der auffallend geflammten Mahagonirückenlehne ist mit einem Paisleystoff bezogen. Paisleymuster setzen sich aus stilisierten Kiefernzapfen und anderen geschwungenen Pflanzenformen zusammen und gehen auf die importierten Kaschmirschals zurück, die in England, Frankreich und den Vereinigten Staaten im ausgehenden 19. Jahrhundert groß in Mode waren.

RECHTS In dieser Ecke der Bibliothek herrscht ein gefühlvoll ausgewogenes Verhältnis von helleren Farben – darunter die weiß gestrichene Decke und der gebrochen weiße Grund des Teppichs und der Stühle mit floralem Muster – und dunkleren Tönen, zum Beispiel dem roten Grund der Tischdecke und dem Braunrot von Bücherregal und Kamin, die beide aus Rosenholzimitat sind.

„Es ist ein verbreiteter Irrglaube, dass alle viktorianischen Interieurs dunkel und trist waren."

(Christophe Gollut, Inneneinrichter)

OBEN Eine männliche Büste aus weißem Bildhauermarmor auf einem säulenförmigen Piedestal aus Porphyrimitat vertritt die griechische Antike.

LINKS Das Gefühl der Weite in diesem lichtdurchfluteten Wohnraum wird noch intensiver durch die weiße Decke, die weißen Wandauflagen und die hellen Grüntöne der teils tapezierten, teils gestrichenen Wände, an die sich das Grün der Fensterdrapierung nahtlos anschließt. Ein Gegengewicht dazu bilden die reicheren, wärmeren Farben – vorwiegend Rot und Rosa –, die die eklektisch kombinierten einfarbigen und gemusterten Möbelstoffe aufweisen.

Die viktorianische Farbpalette

Die viktorianische Stilepoche erstreckte sich über ein gutes halbes Jahrhundert und präsentierte ein oft eklektisches Nebeneinander von Architektur- und Dekorationsstilen. Dennoch gab es zeittypische Farbpaletten. Bis zu den 1850er-Jahren blieben hellere klassizistische Farbtöne beliebt, darunter vor allem blasse Rosatöne, Mandel, Lila, Lavendel und irisierende Weißtöne. Dunklere Farben wie Purpurrot beherrschten „maskuline" Bibliotheken und Esszimmer. Ab Jahrhundertmitte wurden intensivere Farben populär: traditionelle erdige Rot- und Brauntöne, ergänzt durch leuchtende, von der Farbindustrie neu entwickelte Anilinfarben in Grün, Blau, Purpur und Gelb. Dazu kam der extensive Umgang mit Gold. Das letzte Quartal des Jahrhunderts brachte wiederum als Gegenreaktion auf diese Vielfarbigkeit ein Zusammenspiel von helleren, gedeckteren Farben, in denen milchige Gelbtöne, Elfenbein und diverse Schattierungen von Olivgrün, Rosarot, Blassblau, Grau und Weiß den Ton angaben.

RECHTS Hellere spätviktorianische Farben – Weiß, Graugrün und Steinfarben – bilden die Kulisse für Mahagonimöbel und Textilien mit den Farben Rosa, Gelb und Karmesinrot.

UNTEN Auffallende Kontraste zierten die Holzfassaden viktorianischer Häuser. Bei diesen weiß gestrichenen amerikanischen Reihenhäusern aus den 1890er-Jahren leuchten die Fensterrahmen in Flaschengrün.

OBEN Der Goodwin Reception Room des Wadsworth Atheneum in Hartford, Connecticut, hat eine Blumentapete in den gedeckten, harmonischen Farben des ausgehenden 19. Jahrhunderts.

LINKS Die Fast-Monotonie der gedeckten Mischfarben, welche die spätviktorianische Stilepoche mit sich brachte, wurde oft von klareren Farben unterbrochen, hier den Blautönen des Polsterstuhls und der Blüten und Vögel auf der Kamineinfassung.

OBEN Bleiverglasungen waren modern, obgleich es mit fortschreitender Technik durchaus möglich war, größere Scheiben herzustellen. Doch mit der Vorliebe für die Gotik wurden kleine Buntglasscheiben mit Bleistegen beliebt.

RECHTS Floral gemusterte Tapeten mit Farben aus der Natur waren Mitte des 19. Jahrhunderts der letzte Schrei, wurden mit der Zeit aber von stilisierten Mustern in gedeckteren Farben wie Olivgrün und Blassgelb verdrängt.

RECHTS Im ausgehenden 19. Jahrhundert bevorzugte man wieder holzgetäfelte Räume, wie früher im Amerika der Kolonialzeit (siehe Seite 36–53). In der Vertäfelung dieses Zimmers im Wadsworth Atheneum, Hartford, Connecticut, befindet sich ein Wandschrank.

UNTEN LINKS UND RECHTS Gold zierte viktorianische Bilderrahmen und betonte architektonische Elemente wie Lambris- und Bilderleisten. Sein warmer Glanz machte die Interieurs freundlicher.

FARROW & BALL
Light Gray · U/C10

FIRED EARTH/
PAINT PORTFOLIO
Aconite Yellow

FIRED EARTH/
PAINT PORTFOLIO
Morris Green

DULUX HERITAGE COLOURS
VICTORIAN (1837–1901)
Victorian 27

DULUX HERITAGE COLOURS
VICTORIAN (1837–1901)
Victorian 29

ACE
ILLUMINATIONS
Timothy's Eyes · 65–A

DULUX HERITAGE COLOURS
Crimson

PAINT MAGIC/
JOCASTA INNES
Chinese Red

DULUX HERITAGE COLOURS
VICTORIAN (1837–1901)
Victorian 3

Die Moderne

RECHTS Das Richard Mandel House in Bedford Hills, Westchester County, New York, ein Haus des amerikanischen Architekten Edward Durell Stone (1902–1978), ist typisch für die moderne Architektur der 1930er-Jahre. Durch Flachdächer und Loggien, unterstützt durch lange Bänder von Stahlrahmenfenstern und verglasten Türen, die mit der weiß gestrichenen Betonfassade plan abschließen, ist eine klare horizontale Gliederung gegeben.

RECHTS Nach einem Entwurf von Le Corbusier 1929–1931 bei Poissy, Frankreich, gebaut, ist die Villa Savoye geradezu zu einem Monument für die Wohnarchitektur der Moderne geworden. Den klaren kubischen Formen und horizontalen Ebenen des Innern steht die geschwungene Form der Wendeltreppe und Rampen gegenüber, die zur Asymmetrie beiträgt. Das Farbschema entspricht der modernen Vorliebe für Weiß und neutrale Töne.

OBEN Die horizontale Ästhetik, die das Richard Mandel House von außen kennzeichnet, ist auch im Innern eingehalten. Die Wandgestaltung auf diesem Treppenabsatz ist neutral und wird durch einen blassbraunen Korkfliesenboden ergänzt. Die glänzende Aluminiumbalustrade, ein Entwurf von Donald Deskey, vervollständigt das Bild der so genannten „stromlinienförmigen Moderne".

In den frühen 30er-Jahren des 20. Jahrhunderts kamen Begriffe wie internationale Moderne und internationaler Stil auf. Sie bezeichneten eine neue Bewegung in der Architektur, die bereits vor dem Ersten Weltkrieg von Architekten wie Adolf Loos, Frank Lloyd Wright, Josef Hoffmann und Walter Gropius begründet worden war und sich zwischen den Kriegen (zunächst in Europa, später auch in den Vereinigten Staaten) weiterentwickelte, vor allem durch die Arbeiten von Le Corbusier, Mies van der Rohe und dem Bauhaus in Weimar und Dessau. Davon abgesehen, dass sie die Vorzüge des modernen Industriedesigns (dem zufolge die Form der Funktion folgt) und der qualitätskontrollierten Massenfertigung propagierten, trachteten die meisten Richtungen der Moderne danach, das Heim, wie Le Corbusier es ausdrückte, zu einer funktionierenden Wohnmaschine zu machen. In der Praxis führte dies zu einer stromlinienförmigen Architektur aus Stahl, weiß gestrichenem Beton und großen Glasflächen, die zu asymmetrischen, schmucklosen kubischen Kompositionen zusammengefügt wurden. Kennzeichnend waren die starke Betonung der Horizontalen und wandelbare, offene Räume, insbesondere im Erdgeschoss.

Mit dem Verzicht auf „überflüssigen" Außen- und Innenschmuck, wie Gesimse, Friese und Vertäfelungen, und der Verwendung „neuer" Materialien, wie Glasbausteinen, Chromstahl, Linoleum und Kork, entstanden Wohnentwürfe, die weitgehend ohne Muster und Farben auskamen. Sie sollten nicht nur Form und Textur der Architektur hervorheben, sondern auch den Eindruck von Licht und Weitläufigkeit des Raumes intensivieren. Viele Räume wurden beispielsweise gänzlich weiß oder in gebrochenen Weißtönen wie Elfenbein, Cremeweiß, Champagner und Taubengrau gestrichen. Beliebt waren außerdem Brauntöne – von reh-, leder-, beige- bis kaffeefarben – und Pastellfarben – Blau, Rosa, Lindgrün – sowie neutrales Schwarz und vereinzelte Tupfer in kräftigen Primärfarben.

OBEN Moderne Interieurs zeichnen sich durch Helligkeit und Weitläufigkeit aus – Ergebnis großer Glasflächen, des Fehlens jeglichen traditionellen architektonischen Schmucks und der Verwendung von Weiß und blassen Farben. Im offenen Wohnraum des Richard Mandel House tragen moderne Industriedesign-Möbel aus Glas, Aluminium und Chromstahl mit ihren klaren Formen zu dem Eindruck bei.

Das Richard Mandel House

OBEN Aus dem Rund des Essbereichs im Richard Mandel House fällt der Blick durch Stahlrahmenfenster und -türen auf das umliegende Gelände. Zusammen mit den halbrunden Mauern aus Glasbausteinen bilden sie eine lichte Begrenzung, durch die viel Tageslicht ins Innere dringt. Die Farben der architektonischen Hülle sind seit der Fertigstellung des Hauses nicht verändert worden: Weißputzdecken und -wände, viel Glas, schwarze Terrazzoböden, einfarbige Auslegeware.

Das nach seinem ursprünglichen Besitzer benannte Richard Mandel House in Bedford Hills, Westchester County, New York, ist ein hervorragendes Beispiel für die moderne Wohnhausarchitektur in den Vereinigten Staaten. Von Edward Durell Stone 1931 entworfen, wurde es 1934 auf einem 6,8 Hektar großen Grundstück fertig gestellt. Die heutigen Besitzer, Nannette und Eric Brill, die sich als vorübergehende „Verwalter" des Hauses verstehen, kauften es 1991 in praktisch unverändertem Zustand und ließen es möglichst originalgetreu wieder ausstatten. 1996 wurde das Haus zu einem nationalen Kulturdenkmal erklärt.

Der aus Beton, Stahl und Glas errichtete Bau hat drei Ebenen mit 900 Quadratmeter Wohnfläche und besticht durch alle Merkmale der horizontalen „Schiffsbau-Ästhetik", die viele moderne Architekten favorisieren. Die Sachlichkeit des Stils unterstreichen die horizontalen Ebenen, die sich aus Flachdächern, großen Loggien und Balkonen, weiß gestrichenen Betonbändern und Glasflächen aus aneinander gereihten Stahlrahmenfenstern und -türen ergeben. Diese Offenheit und die Abmessungen der Räume (einer offenen Wohnzone) sind Komponenten eines außerordentlich hellen, weitläufigen Interieurs.

Die typisch moderne Dekoration (ein Wort, das eigentlich bei Architekten der Moderne verpönt war, weil es mit unnötigem Zierrat verbunden wurde) trägt zu dem Eindruck von Helligkeit und Weitläufigkeit bei, den man in allen Räumen gewinnt. Wie der Beton außen sind die meisten verputzten Wände und Decken im Innern weiß gestrichen, ebenso die glatten Holztüren. Gemäß den Originalplänen haben die Brills die Kaminwände vollständig verspiegeln lassen, was die Räume doppelt so groß erscheinen lässt. Vom Essraum abgesehen, sind alle Bodenbeläge in blassen, neutralen Tönen gehalten; helle Korkfliesen im Wohnraum, der Bibliothek und der Halle; weißes Linoleum im Elternschlaf-

OBEN Den Esstisch hat Donald Deskey in den frühen 1930er-Jahren für das Haus entworfen. In die Tischplatte aus weißem Bakelit ist ein beleuchtetes Glasfeld eingelassen. Die schwarzgrünen Lederstühle wurden 1934 von Gilbert Rohde entworfen, einem anderen Vorkämpfer des Industriedesigns in den Vereinigten Staaten.

UNTEN Das Elternschlafzimmer ist ganz in Weiß gehalten, von den Wänden über die Decke bis hin zum Original-Linoleumboden. Das asiatisch angehauchte, gelb lackierte Bett mit zwei dazu passenden Nachttischchen ist Teil eines kompletten Schlafzimmers, zu dem (nicht abgebildet) noch eine Bank und eine Kommode gehören. Das Schlafzimmer war nicht Teil der Originalausstattung des Hauses, wurde aber in den Dreißigerjahren von Donald Deskey entworfen.

zimmer; Keramik- beziehungsweise Gummifliesen in den Badezimmern und schlichte Teppichauslegeware in den Gästezimmern. Das künstliche Licht verhält sich ebenso neutral; es kommt aus unauffälligen Scheibenlampen unter den Decken, ergänzt durch einige Regal- und Tischlampen sowie moderne beziehungsweise Art-déco-Stehlampen und Wandstrahler.

Die meisten Leuchten wurden – wie auch das Treppengeländer aus Aluminium und ein Großteil des Mobiliars – in den frühen 1930er-Jahren von Donald Deskey (1894–1989), einem Pionier des Industriedesigns und Star des Art déco in den Vereinigten Staaten, speziell für das Haus entworfen. Mit den geometrischen Formen und klaren Linien, in Verbindung mit innovativen Materialien wie Formica und Bakelit, Chromstahl, Aluminium, Glas, naturbelassenem und lackiertem Holz sowie weißem oder naturfarbenem Stoff, fügen sich die wenigen Möbel nahtlos in die eindrucksvolle moderne Architektur des Hauses ein.

OBEN Vollverspiegelungen an der Kaminwand dieses offenen Wohnbereichs machen den Raum heller und lassen ihn größer wirken. Die schlichte, beigefarbene Kaminumrandung aus Stein hat eine Feuerstelle aus schwarzem Terrazzo. Die quaderartige Form und das Fehlen jeglichen Schmucks entsprechen der Ästhetik der Moderne. Die beiden Kaminböcke aus Aluminium, das im Spiegel sichtbare große Piano, die Stahlrahmenstühle mit weißem Polsterbezug und der Chrom-Glas-Tisch sind Entwürfe von Donald Deskey aus der Zeit um 1929 und wurden von der Ypsilanti Reed Furniture Company hergestellt.

OBEN Während tagsüber genügend Licht durch die Stahlrahmenflügelfenster auf das hohe, weiß gestrichene Betonpflanzbecken der Eingangshalle fällt, sorgen nachts plan in die Decke eingesetzte Strahler für ausreichend Helligkeit. Kakteen waren mit ihren strukturellen Formen und zarten Farben beliebte „Architektenpflanzen".

LINKS Im Wohnzimmer des ersten Stocks (desgleichen in der Bibliothek und in den Hallen) liegt noch der originale Korkfliesenboden. Kork war ein gängiges Material in Häusern der Moderne. Zu den beliebten Alternativen zählten poliertes Hartholz (manchmal mit einem Teppich mit großflächigem, abstraktem Muster), Steinplatten, Mosaik, Terrazzo, Linoleum, Gummi oder einfarbige Teppichauslegeware.

Die Postmoderne

RECHTS Das Flower House, ein Stadthaus aus den 1990er-Jahren in London, ist sichtbar das Werk eines Architekten der „industriellen Moderne", der einen offenen Wohnraum, weiße Wände aus sichtbaren Betonsteinen und Stahlbaudecken schuf. Inmitten der neutralen Komposition aus Weiß mit natürlichen Holztönen befindet sich ein postmoderner Farbakzent: ein abstraktes Gemälde des Architekten Peter Romanuik.

RECHTS Die Postmoderne setzt Dekorationsfarben ganz gezielt ein. Im Treppenaufgang eines Arts-and-Crafts-Hauses in Ridgefield, Connecticut, das Alexander und Meagan Julian gehört, sind aufeinander stoßende Wandteile durch flächiges Korallenrosa und Kornblumenblau unterschieden. Da beide Farben nahezu dieselbe Intensität haben, tritt keine auf Kosten der anderen hervor oder zurück.

OBEN Am „Ministero del Gusto" in Marrakesch sind – ganz im Sinne der Postmoderne – afrikanische Wüstenfarben und -oberflächen mit verschiedenen architektonischen dekorativen Motiven vereint. Dazu gehören „Stäbe" der Dogon in Mali und europäische Säulen und Balustraden, die mit Eisenringen geschmückt sind.

Die moderne Architektur, die zwischen dem Ersten und dem Zweiten Weltkrieg beiderseits des Atlantiks – und insbesondere in den Vereinigten Staaten – ihren Siegeszug antrat, verfolgte den berechtigten Anspruch, der Gesellschaft des 20. Jahrhunderts eine neue, ehrliche Architektur zu geben. Theoretisch bedeutete dies den Bruch mit allen Stilen der Vergangenheit, der sich am deutlichsten im Verzicht auf jeglichen „überflüssigen" Schmuck äußerte. Das Credo des modernen internationalen Stils lautete: „Weniger ist mehr."

Schon in den späten 40er-Jahren regte sich erstes Unbehagen an der Moderne, deren Unzulänglichkeiten jedoch erst in den 60er-Jahren offen kritisiert wurden, vor allem in zwei amerikanischen Werken. Das erste war Jane Jacobs' *The Death and Life of Great American Cities* von 1961, in dem die Autorin den Vorwurf erhob, durch die unzulängliche Umsetzung moderner Theorien hätten viele Städte ihr architektonisches Gesicht verloren. Der zweite Titel war *Complexity and Contradiction in Architecture* von Robert Venturi (1966), der in Anspielung auf das Motto der modernen Architektur „Weniger ist mehr" unmissverständlich erklärte: „Weniger ist öde." In seinem Buch führte er aus, dass jedem puritanisch auf geometrische Formen reduzierten Bauwerk oder Innenraum der notwendige Bezug zur historischen Architektur fehle; man habe es in Wahrheit mit einem sterilen Stil oder mit intellektuellem Snobismus zu tun.

Wenn es einen Auslöser für die Postmoderne gab, dann war es Venturis Buch. Diese Bezeichnung etikettiert indes keinen Stil als solchen, sondern steht vielmehr als Oberbegriff für eine Haltung oder die generelle Aufforderung an Architekten, Designer und Dekorateure, den Formenschatz der Vergangenheit spielerisch einzubeziehen. Im Gefolge Venturis gewannen Farbe, Schmuck und historische Motive neu an Bedeutung, sofern sie

OBEN Das in der Postmoderne wieder zulässige Spiel mit Farben findet sichtbaren Niederschlag im Umgang mit Dekorationsmaterialien. Als Alexander Julian diese Lederstühle für sein Esszimmer entwarf, sah er keinen Grund, sich auf die natürliche Kalbslederfarbe zu beschränken.

OBEN Das Haus des Architekten Javier Sordo Madaleno in Mexico City ist das Ergebnis seiner Interpretation alter mittelamerikanischer Formen, die er mithilfe traditioneller und moderner Materialien umgesetzt hat. Die Treppenstufen zum Eingang sind aus Vulkangestein geschnitten, während die flankierenden Säulen mit dicken Stahltrossen umwickelt sind.

OBEN Dem Zeitgeist der Postmoderne entspricht das eklektische Nebeneinander von Materialien im Badebereich des Flower House: Segeltuch, Beton, Glas, Gummi und emaillierter und verchromter Stahl.

OBEN Mit der postmodernen Architektur sind figürliche Ornamente wieder üblich geworden. Dies gilt vor allem für Skulpturen wie diesen Stier aus Metall, der im Innenhof des Hauses von Javier Sordo Madaleno in Mexico City Besucher begrüßt.

RECHTS Die Interaktion zwischen Licht und Raum ist für postmoderne Architekten so wichtig wie für ihre modernen Vorgänger, allerdings unter stärkerer Einbeziehung der Farbe. Der Lichteinfall wirkt wie ein Leitstrahl, der zum roten Eingangsbereich hinaufführt.

im Geiste eines bewussten Zitats und nicht einer unkritischen Nachahmung verwendet wurden.

Ein früher Konvertit zur Postmoderne war der amerikanische Architekt Michael Graves, der seine Laufbahn in den 1960er-Jahren mit Entwürfen von Privathäusern im strengen modernen Stil begann. Zu Beginn der 80er-Jahre machte er sich dann mit einem bahnbrechenden postmodernen Entwurf einen Namen: dem Public Service Building in Portland, Oregon. Die Neuauflage antiker architektonischer Elemente, wie Kolonnaden und Loggien, in stark stilisierter Form glich einer künstlerischen Konstruktion aus Spielbausteinen. Es zeigte der Öffentlichkeit sogar ein freundliches „Gesicht" aus stilisierten Pilastern und Kragsteinen.

Ein weiteres Buch von Venturi und eine Reihe einflussreicher Kommentare des Architekturkritikers Charles Jencks trugen dazu bei, der aufkeimenden Begeisterung für den Rückbezug auf die Geschichte neue Nahrung zu geben. Frei von Dogmen und stilistischen Restriktionen hat die Postmoderne rund um den Erdball rasch an Boden gewonnen. In Mexiko, das seit den 20er-Jahren mit dem internationalen Stil geliebäugelt hatte, besann man sich in den späten 1960er-Jahren wieder auf mittelamerikanische Farben und Dekorationen – ein kultureller Rückgriff, der sich in post-

LINKS Im Arts-and-Crafts-Haus von Alexander und Meagan Julian spielen natürliche Holzfarben eine wesentliche Rolle. Einbau- und frei stehende Möbel in der Küche sind fast ausschließlich aus Kirsch- und Ahornholz angefertigt. Die safrangelben Wände – ein angemessenes Symbol kulinarischer Genüsse – greifen den Ahornholzfarbton wieder auf.

UNTEN Obwohl die Lederstühle unterschiedlich bezogen sind, fügt sich diese bunte Mischung in das Farbkonzept des Raumes ein: Alle Töne besitzen ähnliche Farbwerte und eine vergleichbare Intensität. Die Stühle für sein Esszimmer hat Alexander Julian selbst entworfen, den Esstisch und die Wandlampen seine Frau Meagan.

modernen Bewegungen anderer Länder widerspiegelt. In den Vereinigten Staaten dokumentierte neues Interesse an der Arts-and-Crafts-Bewegung des ausgehenden 19. und beginnenden 20. Jahrhunderts die Legitimität des Rückgriffs und der Neuinterpretation historischer Stile, die man bis dahin als überflüssig betrachtet hatte. In Marokko hat man das Erbe der kolonialen und einheimischen nordafrikanischen Architektur einfühlsam und witzig um zentralafrikanische Motive und Farben bereichert. In England gibt es moderne Stadthäuser, die mit neuen Farben renoviert und im Sinne des postmodernen Eklektizismus umdekoriert werden; in Frankreich geschieht dasselbe in einem Barockschloss des 17. und einem Pariser Apartment des 19. Jahrhunderts. Kurz gesagt: Die Postmoderne gibt zurück, was die Moderne genommen hat. Gleichzeitig verdanken wir ihr eine spielerische Freiheit, die, auch jenseits von Architektur und Innendekoration, Teil des heutigen Zeitgeistes geworden ist.

LINKS Mit der Farbe ist in der Postmoderne auch die symbolische und dekorative Ornamentik zurückgekehrt. In einem von Sordo Madalenos Schlafzimmern bilden beigefarbene Wände und weiße Kissen eine neutrale Kulisse für das leuchtend gelbe Kopfteil des Bettes. Darüber hängt ein Kruzifix, ein symbolträchtiger Widerspruch zum weichen Luxus.

RECHTS Der Innenhof des Hauses von Lippini und Bizzarri ist in warme Gelb- und satte Brauntöne getaucht und mit dekorativen Elementen geschmückt, die an die Häuser der Dogon in Mali und Burkina Faso erinnern. Das ganze Haus ist durchdrungen von einer dynamischen Spannung zwischen den ethnischen afrikanischen Farben und Mustern einerseits und dem verfeinerten europäischen Empfinden der Besitzer andererseits.

OBEN Traditionelle Objekte im Treppenaufgang und an den Wänden stellen den Bezug zu alltäglichen Gegenständen des zentralafrikanischen Lebens dar, während das Fenster im marokkanischen Stil auf die lokale Bauweise zurückgreift. Die verspannten Seile bilden nicht nur eine perfekte Absturzsicherung, sie werfen auch je nach Lichteinfall raffinierte Schattenbilder.

Das Ministero del Gusto

Ein grundlegendes Charakteristikum der Postmoderne ist die Tatsache, dass sie intellektuelle Spiele mit Formen, Farben und Ikonen vergangener Epochen oder anderer Kulturen zulässt. Wie traditionelle Elemente im Kontext eines modernen Privat- und Geschäftshauses interpretiert werden können, zeigt ein kombiniertes Wohnhaus mit Studio und Galerie in Marrakesch. Das Ministero del Gusto ist das Werk von Alessandra Lippini und Fabrizio Bizzarri, die von den üblichen luxuriösen Wohngepflogenheiten abwichen und eine neue Interpretation der Farben und Muster zentralafrikanischer Völker wagten.

Da das zweistöckige Haus den Möbeldesignern Lippini und Bizzarri auch als Ausstellungsfläche und Studio dient, ist es von Kunst und Kunstsinnigem durchdrungen. Die Räume gruppieren sich um einen Innenhof, in dem anstelle des traditionellen marokkanischen Brunnens ein Badebecken Kühle spendet. Zu ebener Erde befinden sich Esszimmer, Wohnraum, Küche und ein Bad. Auf der ersten Etage liegen zwei weitere Wohnräume und ein Schlafzimmer, während das oberste Geschoss eine große Dachterrasse und einen Aussichtsturm beherbergt.

Anleihen beim afrikanischen Erbe machten die Designer jedoch, vom Grundriss abgesehen, vor allem bei den Farben und der Ornamentik. Vom ockerfarbenen Aussichtsturm bis hin zum umbragetönten Erdgeschoss sind ausschließlich Wüstenfarben vertreten – warmes Gelb und Braun, die vielfach auf sandige, raue Oberflächen aufgebracht sind. Wände und Säulen sind mit Symbolen afrikanischer Eingeborenenvölker geschmückt. Die Böden bestehen aus nacktem Zement. Decken sind in wabenartige Kassetten gegliedert, die mit Erdpigmenten gefärbt sind. Kamine sind aus Flusslehm geformt. All das könnte auf eine geistlose Wiedererschaffung traditioneller Elemente hindeuten, verfügten die Designer nicht über die Sensibilität, alles auf eine Weise nachzubilden, die überraschend, beziehungsreich und witzig zugleich ist.

OBEN Viele Objekte haben Lippini und Bizzarri bei örtlichen Künstlern in Auftrag gegeben. Während sie in einer europäischen Wohnumgebung wohl zu viel Aufmerksamkeit auf sich ziehen würden, fügen sie sich hier, im Umfeld der Wüstenfarben, harmonisch in das dekorative Gesamtkonzept ein.

RECHTS Offene Kamine sind die einzigen Wärmequellen in den kühleren Jahreszeiten. Die höher gesetzte Feuerstelle bekrönen geweihförmige Abzüge. Rechts und links davon befindet sich eine Lehmbauwand mit Nischen zur Aufbewahrung und Ausstellung von Objekten. Die kühnen, organischen Linien des Kamins lassen an ein Totem denken. Die ebenso organische Form der Regale setzt sich in der Decke mit ihren Waben fort, die mit Erdpigmenten gefärbt sind.

LINKS Reliefartig gearbeitete afrikanische Symbole lockern eine einheitlich gelb gestrichene Wandfläche auf. Der Zauber des Hauses beruht auch auf dem allgegenwärtigen Zwischenspiel von Farbe und Textur, dessen Dynamik durch einfallendes Sonnenlicht bestimmt wird. Mit dem Wandel der Lichtintensität im Lauf des Tages verändert sich die Leuchtkraft der Farbe, und der Lichteinfallwinkel verstärkt oder verringert die plastische Wirkung der Schmuckelemente und der Oberflächenstruktur.

RECHTS Die hofseitigen Galerien haben Säulen, um deren Basen Eisenringe gelegt sind – eine Anspielung auf die Halsringe sudanesischer Stammesfrauen. Die Galerie ruht auf Holzbalken, die aussehen, als seien sie von hellgelben Flechten überwuchert – ein krasser Gegensatz zu den glatten, wohl berechneten, sterilen Oberflächen konventioneller europäischer Stahlträger.

EINE RENAISSANCE IN MITTELAMERIKA

Das Haus des renommierten mexikanischen Architekten Javier Sordo Madaleno wurde ursprünglich von seinem Vater Juan Sordo entworfen, der es 1979 verkaufte. Zehn Jahre später erwarb Javier es zurück und baute es von Grund auf um. Das Ergebnis, 1992 fertig gestellt, ist ein augenfälliges Beispiel der postmodernen mexikanischen Architektur und Dekoration, eine Demonstration der wieder erwachten Anerkennung prähispanischer Traditionen in Mittelamerika und ihre Interpretation im Sinne der heutigen Bedürfnisse und Ästhetik.

Der Eindruck von Raum, Licht und Farbe, der das ganze Haus durchzieht, ist überwältigend. Die großzügigen hellen Höfe, Räume und Korridore mit ihrer Palette aus Ockergelb, Hellgelb und Orangerot, abgesetzt gegen Weiß und die Naturfarben von Stein, Marmor und Holz, erinnern unmittelbar an toltekische und aztekische Vorbilder. Zahlreiche architektonische Elemente wurden aus deren alten Tempeln und Palästen übernommen und sind eine weitere Reverenz an Mexikos vorkoloniales Erbe. Zu ihnen gehören schmale Fenster und Oberlichter, die das Licht der blenden-

UNTEN Eisengitter trennen eine große Nische vom Esszimmer (siehe gegenüber) ab. Sie leiten sich von den einfachen Türen aus gekreuzten Pflanzrohrstäben ab, die die ländliche Architektur Mexikos hervorgebracht hat. Der steinerne Mahlstein und die gebündelten Ähren symbolisieren die Früchte der mexikanischen Erde.

OBEN Der Brunnenhof ist als Meditationsbereich konzipiert. Er liegt unter freiem Himmel und ist auf drei Seiten durch hohe Mauern, auf der vierten durch ein großes Stahlrahmenfenster abgetrennt, das geöffnet und geschlossen werden kann. Die Wände haben einen ockergelben Anstrich; er taucht den Hof in ein warmes Licht, das sich ins Haus überträgt. Die beruhigende Wirkung des kühlenden Wassers gewinnt durch die Flusskiesel an Intensität – das Plätschern und Versickern des Wassers erinnert an einen Wasserfall.

RECHTS Zwei prähispanische Figuren, eine männlich, eine weiblich, blicken am Fuß einer Treppe aus einer höher gelegten Nische, die dunkler gestrichen ist als die umgebende hellgelbe Wand. Sie bezeugen das wieder erwachte Interesse an den alten mittelamerikanischen Kulturen und die wichtige Rolle, die sie in der mexikanischen Architektur der Postmoderne spielen.

UNTEN Durch ein schmales Fenster, das vom Treppenabsatz bis zum oberen Ende der Seitenwand reicht und sich als Oberlicht weiter durch die Mitte der gewölbten Decke zieht, fällt ein Sonnenstrahl in diesen oberen Korridor. Sein Widerschein auf den rau verputzten Wänden, die einen uneinheitlichen ockerfarbenen Anstrich haben, bringt den genagelten Plankenboden und eine die Mitte des Raums durchziehende Treppenaufgangswand zum Leuchten. In ihre Marmorverkleidung sind Deckenstrahler zur indirekten Beleuchtung eingesetzt. In dieser klaren geometrischen Komposition gibt es zwei Farbkontraste: einen starken zwischen den orangeroten Türen und den übrigen Flächen und einen schwächeren, der sich je nach Intensität und Einfall des Lichts bei Tag und Nacht ändert.

den mexikanischen Sonne gezielt ins Innere lenken, ein plätscherndes Wasserspiel im Innenhof und lange Steintreppen, die die verschiedenen Ebenen verbinden.

Nach postmoderner Manier finden sich auch Anspielungen auf die jüngere koloniale und industrielle Vergangenheit Mexikos: raumteilende Gitter aus Eisen erinnern an die Türen der ländlichen Wohnarchitektur und sind eine Hommage an die mexikanische Metallverarbeitungskunst; barocke Kerzenleuchter hängen über dem Esstisch; Pueblo-Keramiken schmücken Nischen und Tische. Die wohl sinnfälligste Verbindung von Vergangenheit und Gegenwart jedoch symbolisieren Säulen rechts und links des Hauseingangs, die mit Industriestahltrossen umwickelt sind.

OBEN Durch das Weiß der Decke und der Fußleisten begrenzt, leuchten die Wände dieses hellen Esszimmers in einem kräftigen Orangerot, das der Farbe der Stuhlpolsterbezüge angeglichen und mit Wischtechnik bewusst unregelmäßig aufgetragen ist. Stühle und Tisch aus massivem Kiefernholz hat Javier Sordo Madaleno selbst entworfen. Die drei barocken Kerzenleuchter über dem Tisch sind eine Anspielung auf Mexikos koloniale Vergangenheit.

Fauvistische Fantasie

Die eigentliche Quelle der Inspiration, aus der Alexander und Meagan Julian schöpften, als sie ihr vierstöckiges, zedernholzverkleidetes Haus in Ridgefield, Connecticut, einrichteten, waren die Arts-and-Crafts-Häuser, die die Architekten Charles und Henry Greene aus Pasadena Anfang des 20. Jahrhunderts dort gebaut hatten und für die Meagan Julian schon als Heranwachsende in der San Francisco Bay Area eine Vorliebe entwickelt hatte. Der kalifornische Architekt John Marsh Davis hat das Wesentliche der Arts-and-Crafts-Bewegung eingefangen, indem er auf schöne Hölzer und erstklassige Verarbeitung Wert

OBEN Den lichtdurchfluteten Wohnraum beherrscht ein dynamischer Kontrast zwischen dem Karmesinrot der hohen Decke, dem Indigoblau der Kaminwand und den warmen braunen Tönen der eingebauten Hölzer einerseits und den helleren, graublauen Lavendeltönen des Teppichbodens, des alten Metallschränkchens und des Gemäldes andererseits.

LINKS UND RECHTS Treppenaufgang und oberer Korridor gleichen einer wahrhaft fauvistischen Fantasie, in der alle architektonischen Flächen – ob gestrichen oder aus natürlichem Holz – andersfarbig, aber in einem Ton der gleichen Intensität gegeneinander abgesetzt sind. Unter den zehn Anstrichfarben sind Kornblumenblau, Korallenrosa und Chartreuse.

legte. In zweierlei Hinsicht erweist er sich jedoch auch als Vertreter der Postmoderne. Da ist zum einen die Architektur: Anders als Greene & Greene, die flache, ein- bis zweigeschossige Häuser bauten, hat hier die vertikale Ästhetik mit fünf Geschossen und Raumhöhen von bis zu 6,70 Metern Vorrang.

Die zweite postmoderne Erscheinung betrifft den differenzierten Umgang mit Farben. Zusammen mit den Farbberatern Donald Kaufman und Taffy Dahl, die eigene Farben mischen, wählten die Julians 56 verschiedene Töne aus, um nicht nur einzelnen Räumen ein eigenes Gesicht zu geben, sondern auch deren besondere Architektur hervorzuheben. Das Resultat erinnert an Gemälde des Fauvisten Henri Matisse, der kräftige Farben streng angeordnet flächig nebeneinander setzte. Gleichzeitig haben die Julians beachtet, dass Intensität und Leuchtkraft von Farben und Hölzern sowohl der architektonischen Elemente als auch der Möbel einander entsprechen, sodass ein durch und durch harmonisches Verhältnis zwischen Dekoration und Architektur entstand. Dieser ganzheitliche Ansatz stimmt mit den Grundsätzen der Arts-and-Crafts-Bewegung überein, die am Anfang des Hausentwurfs standen.

OBEN Im Schlafzimmer geben blassere Pastelltöne in Grün, Gelb und Rosa den Ton an. Auch hier sind die Sättigung und Leuchtkraft der Farben sorgsam auf die Farben der Hölzer in dem Zimmer abgestimmt.

OBEN Die Keramikumrandung dieses höher gelegten Kamins im Schlafzimmer wurde nach einem Entwurf von Constance Lesley, Rhode Island, angefertigt. Über das kräftige Schachbrettmuster sind naturalistisch dargestellte Früchte und florale Motive verteilt.

Flower House

Die Eigentümer des Flower House, der Architekt Peter Romanuik und die Floristin Paula Pryke, sind zugleich auch dessen Entwerfer und Innendekorateure. Gebaut wurde es auf dem Grundstück einer ehemaligen Autowerkstatt in Nordlondon, zwischen kommerziell und industriell genutzten Nachbarhäusern. Entwurf und Ausführung lassen den Einfluss von Architekten der internationalen Moderne, wie Richard Neutra und Pierre Koenig, deutlich erkennen. Es handelt sich um eine Stahlrahmenkonstruktion, die an drei Seiten mit Betonmauerwerk und an der Front mit Glas ausgefacht ist; im Innern befindet sich ein offener Wohn-Essraum (mit abgetrennter Küche), der sich zu einer Terrasse im kalifornischen Stil hin öffnet. Dem utilitären Stil des Hauses und der Geschichte des Grundstücks angemessen, sind im Erdgeschoss eine Floristen-Werkstatt und eine Innengarage untergebracht.

Die architektonischen Elemente – große, horizontale Glasflächen, Treppen ohne Geländer, Schiebetüren, weiß lackierte Wellblechdecken und unverputzte Wände aus Gasbetonsteinen – verraten in ihrer Schmucklosigkeit die Tradition der Moderne. Kontrapunktisch arrangierte helle Farbflächen lockern indes die nüchterne Architektur im ganzen Haus wieder auf.

In den Schlaf- und Badezimmern übernehmen architektonische Elemente diese Aufgabe – insbesondere die Schiebetüren in Gelb, Aquamarin- und Königsblau, die hochrechteckige Farbflächen bilden, wenn sie geschlossen sind. Im Wohn-Essbereich darunter beschränken sich Farbakzente dagegen auf Möbel, Kunstgegenstände und Stoffe. Zwei scharlachrote Sofas mit blauen und gelben Seidenkissen, ein blassblauer Esstisch mit Stuhlklassikern in Limettengrün, Blassblau, Mauve, Gelb und Rot, ein blau-weiß gemusterter Teppich und ein abstraktes Großgemälde neben der Eingangstür sind hier besonders wirkungsvoll. Ein großer Kaktus neben dem Sofa leitet über zu der üppig bepflanzten Terrasse.

OBEN Die architektonische Hülle des Wohnbereichs setzt sich aus einer auf Stahlträgern ruhenden Wellblechdecke und Sichtmauerwerk (beides weiß), Glasschiebetüren und Streifenparkett aus afrikanischem Irokoholz zusammen. Möbel und Kunstwerke bringen Farbe in diese neutrale Kulisse. Den größten Anteil daran haben das Sofa, das fast wie eine Skulptur wirkt, und das abstrakte Gemälde. Die geschwungenen Linien des Sofas werden durch den einfarbig scharlachroten Bezug noch betont, die strenge Reihe königsblauer und gelber Seidenkissen bewirkt genau das Gegenteil. Die gleichen Farben tauchen in Peter Romanuiks Gemälde *Paula Picking Flowers* wieder auf.

OBEN Auch im großen Schlafzimmer sorgt die Einrichtung für Farbe: ein mit königsblauer Baumwolle bezogenes Bett mit großem Fußpolster von Hitch Mylius; ein bunter Quilt mit Karomuster von Heal's; Seidenkissen von Conran. Die Verbindung zur Terrasse, zu der große Glasschiebetüren führen, wird optisch unterstrichen durch den einheitlichen Farbton von Schlafzimmerboden und Terrassenbelag. Wie im Wohnraum unten greifen die Farben der Bilder über dem Bett die vorherrschenden Farben auf.

OBEN Ein Hartholzparkett verbindet den Wohn- mit dem Essbereich, wo Tisch und Stühle mit verchromten Stahlrohrbeinen stehen. Die graublaue Tischplatte besteht aus laminiertem Massivholz. Die bunten Schichtholzstühle sind Möbelklassiker des dänischen Architekten Arne Jacobsen aus der 3107er-Serie der Fünfzigerjahre, die anfangs nur in Naturholz ausgeführt wurde.

„... wir haben helle, klare Farbtupfer gesetzt, um das Haus zu bereichern ..., seine Strenge zu mildern und es heiterer zu machen."

(Peter Romanuik und Paula Pryke)

LINKS Primärfarben – Rot, Gelb und Blau – leuchten auch am anderen Ende des Wohnbereichs. Die Verbindung zu der sonnenbeschienenen Bepflanzung der Terrasse stellen nicht nur die goldgelben Seidenkissen auf dem Sofa her, sondern auch die floralen Motive in der Bordüre des Teppichs – ein Muster mit der Bezeichnung „Sunrise in Arizona", das Kakteen unter dem Wüstenhimmel zeigt. Der Sofatisch mit Glasplatte ist ein Entwurf von Matthew Hilton.

EIN PARISER APARTMENT

Die französische Designerin Amélie Dillemann hatte den Wunsch, „... in einer leuchtend roten Umgebung zu leben ... einer einfarbig gestrichenen Schachtel“, und verwirklichte ihn mit der ganz und gar unkonventionellen Ausstattung ihres Wohnzimmers. Da Rot eine überaus emotionale Farbe ist, kostete die Suche nach dem richtigen Ton Zeit und viele Experimente. Karmesinrot zum Beispiel eignete sich besser „für ein Boudoir“ und kam deshalb nicht infrage, während sich ein Violettrot als zu dramatisch, zu sehr „Sunset Boulevard“ herausstellte. Die Wahl fiel schließlich auf einen wesentlich helleren, stimulierenderen orangeroten Ton, der nicht von ungefähr das Markenzeichen des französischen Couturehauses Hermès ist.

Das kräftige Orangerot bedeckt die Wände, Türen und eingebauten Schränke des Zimmers und setzt sich in Dekorationsstoffen und -objekten fort, etwa den kleinen Aufbewahrungsschachteln. Als Hommage an den Erfinder der Farbe sind einige schicke Hermès-Tragetüten über den Raum verteilt. Die Wärme, die die Farbe verbreitet, vertiefen der blass mahagonifarben gestrichene Kiefernholzboden, Vorhänge und lose Überwürfe aus schokoladenbraunem Seidentaft und ein antikes Chesterfield-Sofa aus braunem Leder. Ein schöner Effekt ist auch, dass das Rot – durch seine nahe Verwandtschaft – die Vergoldung von Kaminumrandung, Spiegeln und eines Konsoltisches zum Leuchten bringt.

UNTEN Das unverwechselbare Hermès-Orangerot schmückt nicht nur die Wohnzimmerwände des Pariser Apartments der progressiven französischen Designerin Amélie Dillemann, sondern auch die eingebauten Schränke rechts und links des Kamins. Um den Raum aufzuhellen und optisch größer wirken zu lassen, wurde die Decke in gebrochenem Mattweiß gestrichen, das an der Kamineinfassung und in dem Porträt aus den Zwanzigerjahren wiederkehrt.

LINKS Viele Teile der gewaltigen Wanduhr, die diese Ecke des Wohnzimmers dominiert, sind aus Pappe. Ganz und gar aus Pappe sind der vergoldete und der ebenholzfarbene Konsoltisch rechts und links der Uhr sowie der Kerzenleuchter im Vordergrund.

OBEN Üppig bauschende schokoladenbraune Seidentaftschals umrahmen das Porträt eines französischen Adligen in einem Rahmen aus ebenholzfarbener Pappe. Aus derselben Seite wie die Vorhänge ist die lose Husse des Armlehnstuhls unter dem Bild.

Der starke Kontrast von Orangerot und Weiß einerseits und der Ebenholzfarbe von Bilderrahmen und Tischen andererseits erzeugt gleichzeitig die dramatische Wirkung einer Theaterkulisse. Diese Wirkung gewinnt etwas Surrealistisches, wenn man erkennt, dass der architektonische Raumschmuck, die Möbel und die Objekte in dem Raum nicht durchweg sind, was sie zu sein scheinen: Die Kaminumrandung ist nicht aus Stein und die Mechanik der Uhr nur teilweise aus Messing; die Spiegelrahmen sind nicht aus Gesso und die Bilderrahmen und der Konsoltisch nicht aus Holz. Amélie Dillemann hat sie vielmehr aus Pappe angefertigt.

RECHTS Der Kamin mit seinem schwungvollen klassizistischen Fries zieht den Blick auf sich. Er ist, wie die Rahmen der Spiegel auf seinem Sims, aus Pappe angefertigt und antikgold gefasst. Der Boden vor dem Kamin ist mit bunten braun-weißen Marmorplatten in einer Umrandung aus schlichtem, weißem Marmor ausgelegt.

Ein Château in Frankreich

LINKS Mit Blick auf die hellrote Sitzbank, aber auch weil man durch dieses Durchgangszimmer alle anderen Räume im Erdgeschoss erreicht, nennt der Innendesigner Andrew Allfree ihn „Departure Lounge“ (Abreisehalle). Die Wände sind türkisfarben gestrichen – in einer Farbe, die früher aus Persien über Turkestan nach Europa kam.

Im Norden Frankreichs, in den sanft gewellten Hügeln einer ländlichen Region, liegt dieses Château aus dem frühen 17. Jahrhundert. Die Bauzeit umfasste die letzten Regierungsjahre von Heinrich IV. (1589–1610) und den Beginn der Herrschaft seines Nachfolgers Ludwig XIII. (1610–1643). Die Fassade des U-förmig angelegten Schlosses spiegelt vor allem mit ihrer Ornamentik den eher strengen französischen Klassizismus wider, der die Renaissance ablöste und seinerseits durch das prächtigere, schmuckreiche Barock abgelöst werden sollte, das unter Ludwig XIV. das spätere 17. Jahrhundert dominierte.

Im Gegensatz dazu weist die Innenarchitektur eine Reihe verschiedener Stile auf, die auf Umbauten zurückzuführen sind. Viele der Salons zum Beispiel wurden zwischen 1720 und 1730 renoviert, einer Zeit, in der sich Frankreich für die Rokoko-Ornamentik begeisterte (siehe Seite 54–59). Andere Räume wurden im späten 18. Jahrhundert erneuert und demonstrieren die Vorliebe für den damaligen Klassizismus. Den vorerst letzten Umbau führten Ende der 1980er-Jahre die derzeitigen Eigentümer des Schlosses durch, der Architekturhistoriker und Innendesigner Andrew Allfree und sein Kompagnon David Moses.

Es war ein gigantisches Unterfangen, das marode Schloss zu renovieren, doch Andrew Allfree – ein Nachkomme von König Alfred dem Großen, der im 9. Jahrhundert Wessex regierte – ist es ohne jeden Zweifel gelungen, es in neuer Pracht erstrahlen zu lassen. Und das, obwohl er nicht die Absicht hatte, Vorhandenes einfach zu restaurieren. Seine Vorstellung war vielmehr, eine erkennbar postmoderne Entwicklungsstufe in der, wie er sagt, andauernden Evolution des Bauwerks zu schaffen.

Allfree hat seine eigenen festen Überzeugungen in Be-

„Proportion und Qualität sind wichtiger als Stilepochen.“ (Andrew Allfree)

LINKS Von der Vertäfelung des 18. Jahrhunderts leuchtet ein kräftiges Veronesergrün. Die Einfassung des Spiegels über dem Kamin und des Bildfelds über der Flügeltür stammen aus der Zeit Ludwigs XV. Dasselbe gilt für den geschwungenen Marmorkamin und den Kristallkronleuchter. Auf dem englischen Regency-Esstisch stehen goldglasierte Keramikkerzenleuchter.

OBEN Die Wandtäfelung dieses Wohnraums stammt aus dem frühen 18. Jahrhundert. Die steinfarben gestrichenen Holzsäulen sind beim Abriss einer klassizistischen Villa im US-Bundesstaat New York übrig geblieben. Die barocken Armlehnstühle fallen durch reiches Schnitzwerk und prächtige Polsterbezüge auf. Der Kristallkronleuchter datiert in die Zeit Wilhelms IV. (1830–1837).

UNTEN Kobaltviolett heißt die rosarote Farbe an den Wänden dieses Gästeschlafzimmers. Dagegen erscheint die Holzfarbe von Türen, Lambris und Kaminspiegel sehr dezent. Aufregend ist der Kontrast zu dem Grün der Vasen, die auf einem französischen Sekretär des frühen 19. Jahrhunderts stehen.

RECHTS UND UNTEN RECHTS Die Wände oberhalb des Lambris im Frühstückszimmer erstrahlen in einem frischen, glänzenden Chromgelb. Im Gegensatz dazu sind das Tafelwerk und die Fenster- und Türrahmen matt blauschwarz gestrichen. Das gerollte Akanthusblatt in der Ecke der Wand ist ein Beispiel für die Rokoko-Ornamente, die sich im Haus befinden.

zug auf die Rolle, die der Restaurator/Innendesigner bei der Arbeit an einem alten Bauwerk spielen sollte. Vor allem vertritt er die Meinung, originaler Bauschmuck sollte, wenn irgend möglich, insgesamt erhalten bleiben beziehungsweise durch handwerklich perfekte Reproduktionen ergänzt werden. Dieser rigorose Ansatz – der ihm bei früheren Arbeiten den französischen *Ordre du Chevalier des Arts et des Lettres* eintrug – kennzeichnet das gesamte Restaurationswerk. So zum Beispiel ließ er fehlende Bleiornamente der Fassade aus dem frühen 17. Jahrhundert nach den Formen noch vorhandener an Ort und Stelle nachgießen – eine Arbeit, die zusammen mit der Sanierung des alten Schieferdachs Jahre in Anspruch nahm. Gleichzeitig unternahm er alle denkbaren Schritte, um möglichst viel von dem Tafelwerk, den Holzböden, Fensterrahmen und übrigen Holzarbeiten zu retten, und betraute die besten Tischler und Maler mit der Aufgabe, wo nötig Alt durch Neu zu ersetzen. Bei Fenstern und Spiegeln schließlich weigerte er sich, modernes, unangemessen „weißes" Glas zu verwenden, das billiger gewesen wäre, sondern bestand darauf, authentisches Glas mit der typischen Grünfärbung aufzutreiben.

So gewissenhaft und ehrfürchtig Allfree mit der Substanz der architektonischen Elemente umgeht, so frei denkt er in

OBEN LINKS In Andrew Allfrees Büro wurde eine hellbraune Ölfarbe direkt mit dem Pinsel auf die verputzte Wand oberhalb der Lambrisvertäfelung aufgetragen. Der Designer nennt die Farbe der Wandtafeln „Traktorgrün".

OBEN RECHTS Das Wandfeld oberhalb der Lambrisvertäfelung im Schlafzimmer von Andrew Allfree hat einen matten chinablauen Emulsionsanstrich. Der Teppich vor dem Sofa mit einem kontrastierenden roten Samtüberwurf nimmt das Blau wieder auf. Blasse Holztöne tragen auf subtile Weise zu der Gesamtfarbgestaltung bei.

Bezug auf die Neudekoration und -einrichtung. Keinesfalls glaubt er an „den fatalen Anflug von Authentizität", wie es der englische Cartoonist, Bühnenbildner und Schriftsteller Osbert Lancaster einmal ausdrückte. Mit anderen Worten: Der Versuch, originale Farbkombinationen und Einrichtungen zu kopieren, ist allzu häufig zum Scheitern verurteilt und vor allem in einem Heim ein total überflüssiges Unterfangen – im Gegensatz zum Museum. Bauwerke und ihre Innendekoration entwickeln sich weiter, und so ist es zulässig und weitaus befriedigender, sie aus dem Blickwinkel des Hier und Jetzt zu betrachten, ohne ihre Geschichte aus dem Auge zu verlieren. In die Praxis umgesetzt, führte diese Auffassung zu einer spektakulären Serie von dynamisch farbigen Interieurs, die gemeinsam dem alten Bauwerk neues Leben eingehaucht haben.

Die Farben, mit denen Allfree gearbeitet hat, reichen von den satten Rot-, Gelb- und Blautönen der polychromen Farbpalette des 17. Jahrhunderts über die helleren und

RECHTS In die Vertäfelung der Eingangshalle ist ein Eckschrank eingebaut, der beim Öffnen ein chinesisches Lackrot offenbart – ein edler Hintergrund für das vergoldete Keramikservice. Der weiße Steinfliesenboden mit schwarzen Rauteneinlagen war original erhalten, musste aber bei der kürzlichen Restaurierung teilweise ersetzt werden.

LINKS Eine weiße Decke und ein weißer Lambris rahmen das limettengrüne Wandfeld dieses Schlafzimmers. Der Bettalkoven hat breite schwarze und weiße Streifen. Die Farbkombination erinnert ein wenig an eine Hutschachtel aus den 1950er-Jahren.

lebhafteren Farben der zweiten Hälfte des 18. Jahrhunderts – zu denen Zitronengelb, Violett und Türkis gehören – bis hin zu dem intensiven Gelb, tiefen Blau, leuchtenden Grün und Karmesinrot der ersten Hälfte des 19. Jahrhunderts. Besonders auffällig sind die türkisgrünen Wände und Decke eines Salons im Erdgeschoss, die veronesergrüne Täfelung im Ess-Salon, die chromgelben Wände im Frühstückszimmer, die kobaltvioletten und chinesischblauen Wände in zwei Schlafzimmern und das chinesische Lackrot eines Wandschranks.

Das ist jedoch noch längst nicht alles, denn auch die Farben des 20. Jahrhunderts sind vertreten. So zum Beispiel ist der Lambris in einem Büro im Erdgeschoss „traktorgrün" gestrichen und die Einbauschränke in der Küche im Schwarzblau der britischen Polizeiuniformen; in einem anderen Schlafzimmer erinnert ein schwarz-weiß gestreifter Alkoven zwischen limettengrünen Wänden an eine Hutschachtel aus den Fünfzigerjahren.

Anders als viele andere Restauratoren und Innendekorateure fühlt sich Allfree auch bei den Materialien nicht an das Dogma der Authentizität gebunden, das zum Beispiel Eitempera auf Holzdekorationen des 17. Jahrhunderts oder

OBEN Das riesige Bett in Andrew Allfrees Schlafzimmer (siehe auch Seite 153 oben rechts) repräsentiert einen Typus, der im 17. Jahrhundert in Frankreich aufkam. Der „frei schwebende" Himmel von halber oder, wie hier, ganzer Bettlänge war in Wahrheit an einem Rahmen oder an der Wand hinter dem Kopfteil befestigt (und ruhte nicht auf Pfosten). Das Bett war in Frankreich als *lit d'anges* oder *lit à l'impériale* bekannt.

LINKS Konzessionen an das moderne Leben sind im Château nicht schamvoll versteckt, sondern in der Regel mit Bedacht in den Rest des Dekors integriert. Hier, im Ess-Salon (siehe auch Seite 151 unten links), steht ein Telefon mit ähnlich grünem Kunststoffgehäuse wie die veronesergrüne Wandvertäfelung. Der dunkle Lederstuhl, auf dem es thront, betont seine Leuchtkraft.

OBEN Der Biedermeiersekretär in der „Departure Lounge“ (siehe auch Seite 151) hat eine wunderschöne Holzmaserung. Der halbrunde Säulenaufsatz dient als Piedestal für eine Vase im etruskischen Stil. Den Sekretär rahmen zwei vergoldete Wandleuchter, deren Schirme Allfree aus braunen Papiertüten gefertigt hat. Die zwei mit üppigem Schnitzwerk verzierten Stühle sind spanisch und aus der Mitte des 19. Jahrhunderts.

RECHTS Vor dem kräftigen, leuchtenden Kobaltblau der Badezimmerwände strahlt das Weiß der Sanitäreinbauten und des Spiegelrahmens. Die purpurfarbene Marmorplatte über dem Waschbecken schützt die Wand vor Spritzern und sieht wie ein Fragment aus der Antike aus traditionelle Kalktünchen auf Wandverputz vor dem 20. Jahrhundert verlangt. Tatsächlich geht er bei Pigmenten und Farbmitteln erfrischend praktisch vor. Seine besondere Liebe gilt der Reinheit und Tiefe von Künstlerfarben auf Ölbasis, die, mit Terpentin gemischt, eine sehr wischfeste Oberfläche ergeben. Er hat aber auch nichts gegen kommerzielle Lackfarben oder Dispersionsfarben. Die meisten von ihnen haben heute eine hervorragende Deckfähigkeit und chromatische Intensität, und es gibt sie in einem breiten Farbenspektrum. „Gut ist eine Farbe immer dort, wo man sie auch wahrnimmt", lautet Allfrees Credo.

Postmoderne Liberalität kennzeichnet auch Allfrees Wahl der Möbel, Kunstobjekte und Stoffe, die aus verschiedenen Ländern und Epochen stammen und nach Größe, Form, Farbe und Ornamentierung kombiniert sind und nicht nach ihrem Stil oder Alter. In einem großen Salon zum Beispiel stehen Barock-Armlehnstühle zusammen mit einem Rokokotisch aus dem frühen 18. Jahrhundert und eine Duchesse aus dem mittleren 18. Jahrhundert unter einem Kronleuchter aus der Zeit Wilhelms IV. zu Beginn des 19. Jahrhunderts. In einem Wohnzimmer bilden die typisch geraden Linien eines deutschen Biedermeiersekretärs einen spannungsreichen Kontrast zu dem üppigen Schnitzwerk der Rückenlehne und den geschwungenen Beinen zweier spanischer Wandstühle aus dem mittleren 19. Jahrhundert, die ihn flankieren. In einem kleinen Vorzimmer hängt ein

„Am besten versteht man ein altes Bauwerk, wenn man sich bewusst macht, dass es sich immer weiterentwickelt."

(Andrew Allfree)

französischer Wandteppich aus der Zeit um 1700 neben einem Spiegelrahmen aus gepresstem Zinn aus der mexikanischen Kolonialzeit des 19. Jahrhunderts. Auf dem Bett in dem Schlafzimmer im „1950er-Hutschachtelstil" mit den limettengrün und schwarz-weiß gestreift gestrichenen Wänden liegt ein roter Baumwollüberwurf mit einem klassizistischen floralen Muster aus dem Frankreich des 19. Jahrhunderts. Im großen Ess-Salon hebt sich eine Sitzbank mit einem reichen blau-goldenen Damastbezug stark von der Wandvertäfelung des 18. Jahrhunderts in Veronesergrün ab. Diese und andere Kombinationen sind zwar eklektisch, was die Stilepoche angeht, aus der sie stammen, aber sie sind ästhetisch immer harmonisch. Vor allem aber stehen sie stellvertretend für die Entwicklung der Stile und Moden, die das Château in früheren Jahrhunderten beherbergt hat, und machen diese deutlich sichtbar.

OBEN In diesem Badezimmer kontrastieren türkisgrüne Töne an Wänden und Decke mit einem matten Dunkelblau der Tür und Lambrisvertäfelung. Die Außenwand der emaillierten Badewanne mit Löwenfüßen ist wie der Spiegelrahmen schwarz gestrichen.

3

Regionale Farbpaletten

OBEN Lehmmauern eines Hofs im mondänen Seeort Valle de Bravo unweit von Mexico City. Architekt des Hauses ist Juan Carlos Braniff.

LINKS Fenster mit steinerner Einfassung des Castello di Argiano im italienischen Montalcino bei Siena; die Terrasse davor ist mit Terrakottafliesen belegt. Die unregelmäßige Wandstruktur ist typisch für traditionelle Kalktünchen, die selbst verwittert noch Tiefenleuchtkraft besitzen.

GEGENÜBER Blick in den kolonnadengesäumten Innenhof eines Stadthauses aus dem 18. Jahrhundert in der Medina (Altstadt) von Marrakesch, Marokko.

Der toskanische Stil

RECHTS Das ehemalige, 1798 aus Stein erbaute Pfarrhaus steht neben der Kirche des Dorfes Argiano bei Montalcino. Es gehört heute Guigi Maria Sesti und seiner Frau Sarah, die es mit Materialien aus der Region – Steinen, Ziegeln, Terrakottafliesen, Marmor und Holz – einfühlsam restauriert haben.

RECHTS Der vielseitige Guigi Maria Sesti ist Weinbauer, Maler und Hobby-Astronom in einer Person. Als begeisterter Himmelsbeobachter und Künstler (der seine eigenen Pigmente herstellt und mischt) hat er sein Arbeitszimmer in zwei Blautönen gestrichen: die Deckensparren und -bretter dunkler, die verputzten Wände heller.

OBEN Aus Erden und Tonen, die auch zu Ziegeln und Fliesen gebrannt werden, werden typische toskanische Farben wie Umbra gebrannt, Siena gebrannt, Terrakotta- und Ockertöne gewonnen. Ein Großteil der übrigen Farben orientiert sich an der heimischen Pflanzenwelt.

Die toskanische Kirchen- und Profanbaukunst hat die Entwicklung von Architektur, Ornamentik und Dekoration seit dem Mittelalter beträchtlich beeinflusst. Große Bewunderung verdienen vor allem die mittelitalienischen Städte Siena, Pisa und natürlich Florenz, in denen bedeutende Baumeister wie Arnolfo di Cambio, Pisano, Brunelleschi, Alberti, Michelangelo und Vasari wirkten und einige der schönsten Paläste und Kirchen im Stil der Gotik und Renaissance schufen. Die Bedeutung der prunkvollen toskanischen Stadtbauten aus dem Mittelalter und der Renaissance ist unbestritten und bleibt auch im 21. Jahrhundert eine wesentliche Quelle der Inspiration. Doch die Toskana hat auf dem Gebiet von Architektur und Dekoration mehr zu bieten als historische Prachtbauten – und sie fallen auch nicht unter das, was heute „toskanischer Stil" betitelt wird. Dieser Begriff bezieht sich vielmehr auf die rustikale, der Landschaft angepasste Bauweise der Region.

Der toskanische Stil erlangte international Bedeutung, als in den 1950er-Jahren die Bewohner italienischer Städte begannen, alte toskanische Bauernhäuser aufzukaufen und zu Landhäusern umzubauen – ein anhaltender Trend, der in ähnlicher Weise englische Cottages, französische *manoirs* und amerikanische Blockhäuser in den Mittelpunkt des Interesses rückte. Der Reiz dieser Häuser liegt in ihrer Einbettung in ein gewachsenes ländliches Umfeld; im Fall der Toskana ist es eine bergige Landschaft aus elfenbeinfarbenem und gelbem Kalkstein, mit umbra- und ockerfarbenen Sand- und Lehmböden, mit weiten Wäldern, Wein-, Oliven- und Zitronenhainen und Hügeln voller wilder oder kultivierter Blumen und Kräuter.

Materialien und Farben der seit Jahrhunderten nahezu unveränderten Landschaft prägen in unmittelbarer Weise sowohl die Bauart als auch die Dekoration der Häuser. Die meisten von ihnen sind massiv aus örtlichem Stein errichtet; die kalkverputzten Außenmauern

OBEN Die blassblauen Wände im Flur des Obergeschosses wirken entspannend und anregend zugleich. Kontrastierende Farben betonen die architektonischen Elemente in diesem Teil des Hauses. Tür und Deckenbalken präsentieren sich in Naturholztönen, die aufgemalten Fußleisten in einem dunkleren Blau und die Bodenfliesen in Siena gebrannt.

UNTEN Die Harmonie zwischen der toskanischen Landschaft und ihrer Architektur beruht nicht zuletzt auf der Verwendung von örtlichen Tonerden, aus denen Ziegel, Fassadenschmuck, Terrakottafliesen, Töpfe und vieles mehr geformt werden. Grünpflanzen, wie hier zu sehen, tun ein Übriges.

RECHTS Vom Lavendel, der überall in der Toskana gedeiht, wurden viele blasslila und graublaue Töne in die Farbpalette übernommen. Einen Eindruck davon bekommt man in diesem Wohnzimmer des Landguts Le Fontanelle in der Nähe von Montalcino, wo lavendelblau gewölkte Wände einen farblich abgestimmten Hintergrund für dekorative Gegenstände auf dem Kaminsims bilden.

RECHTS Viele toskanische Interieurs sind förmlich, aber nicht steif. Das gilt auch für das Wohnzimmer, das Sarah und Guigi Maria Sesti im Obergeschoss des ehemaligen Pfarrhauses von Argiano eingerichtet haben. Blassgrün getünchte Wände betonen den repräsentativen Charakter des hohen Raums und geben ihm Weite. Das cremefarben bezogene Sofa und der Wollteppich mit seinen Rostrot- und Cremetönen strahlen dagegen Wärme aus.

leuchten ockerfarben oder in weichen Rosatönen. Wege und Terrassen haben Pflaster aus Steinplatten, rostroten Backsteinen oder Terrakottafliesen, die wie die Dachziegel aus toskanischem Ton gebrannt sind. Im Innern öffnen sich großzügig bemessene, in der Regel hohe Räume. Besonders viel Platz bieten auf ehemaligen Gehöften ebenerdige Räume mit gemauerten Gewölbedecken, in denen ursprünglich das Vieh untergebracht war, und umgebaute Getreide- und Olivenscheuern.

Auch in der Innengestaltung spiegeln sich die Farben der Landschaft wider. Weit verbreitet sind Terrakottafliesen als Bodenbelag, zu einfachen geometrischen Mustern verlegt und manchmal mit strohfarbenen Flechtmatten, naturfarbenen Web- oder Knüpfteppichen (dies allerdings selten) dekoriert. Die Decken sind meist glatt verputzt. Bei sichtbaren Holzbalkendecken haben die Zwischenfelder entweder ebenfalls einen Glattputz oder eine Holzverschalung; der Putz ist in der Regel weiß gestrichen, kann aber auch einen

„Die Toskana sieht aus, wie Italien aussehen sollte …“

(Johann Wolfgang von Goethe, 1788)

LINKS Farbe kann dazu dienen, architektonische Wandgliederungen vorzutäuschen, wie hier in einem Flur des ehemaligen Landarbeiterhauses von Le Fontanelle zu sehen. Die Lambrisleiste ist nicht echt, sondern mit typisch toskanischer Handwerkskunst perfekt vorgetäuscht. Ein dunklerer Ton des unteren und ein hellerer des oberen Wandfelds machen die Gliederung noch augenfälliger.

UNTEN Ein Großteil der sanften Erdfarben der toskanischen Palette ist in der Vorhalle des Bauernhauses von Le Fontanelle mit seiner gemauerten Gewölbedecke und dem Terrakottaboden vertreten. Die genagelte Brettertür hat einen blassblauen Anstrich, der die erdigen Töne erst richtig zum Leuchten bringt.

blauen und grünen Ton aufweisen. Die verputzten Wände werden nach alter toskanischer Tradition mit Leimfarbe getüncht. Zu den warmen Erdfarben gehören gelbliche Ocker- und blasse Rostrottöne; beliebte kühlere Farben sind Graublau (Lavendel) und grün abgetöntes Weiß. Gelegentlich werden traditionelle Architekturelemente wie Fußleisten, Lambrisleisten und Deckengesimse mit (leicht von der Wandfarbe abweichender) Farbe aufgemalt.

Das Mobiliar ist eklektisch, wirkt aber angesichts der großen Räume nicht zusammengewürfelt. Bodenständige Möbel, Stühle, Sofas, Tische und Schränke, sind aus einheimischem Hart- oder Weichholz angefertigt; Walnuss ist ein beliebtes Material. Weichholzmöbel sind entweder farbig gestrichen oder mit Motiven bemalt, die teure Marketerien nachahmen – eine Technik, die als *arte povera* bekannt ist. Andere Möbel, darunter vor allem Betten, sind aus Schmiedeeisen gefertigt; Tische und Stühle haben häufig Rahmen aus Geweihen. Viele neue Besitzer alter Häuser haben entdeckt, wie schön hochwertige Antiquitäten in der ländlichen Kulisse wirken, insbesondere klassizistische Stücke aus fein gezeichnetem Hartholz wie Mahagoni, Walnuss oder Kirsche.

Polsterstoffe und Tagesdecken zeigen eher einfache geometrische Muster wie Streifen und Zackenmuster, vor allem in den Farbkombinationen Gelb-Rot, Gelb-Blau oder Rot-Grün. Nicht minder beliebt sind einfarbige Stoffe, vorzugsweise in Rosa-, Creme- oder gebrochenen Weißtönen; in zartem Weiß präsentieren sich besonders häufig Baumwollgardinen und Bettvorhänge.

Vorhänge und/oder hölzerne Lamellenfensterläden, die das oft gleißende Licht der Sommersonne filtern und die Räume kühl halten, haben einen subtilen Effekt auf die farbliche Gestaltung: Farben wirken sanfter, Kontraste – insbesondere Rot-Grün und Blau-Gelb – werden gemildert und erscheinen angenehmer für das Auge. Somit wirken selbst große, förmliche Räume behaglich – eine Eigenschaft, die dazu beigetragen hat, den toskanischen Stil über die Grenzen Italiens hinaus populär zu machen.

Le Fontanelle

RECHTS Für die Wände des Esszimmers wurde – wie auch sonst im Haus – ein Lasuranstrich mit Leimfarbe von Adam Alvarez gewählt. Das Ockergelb harmoniert mit den natürlichen Holztönen des Esstischs und der Stühle, zum Graublau der Porträtbilder und der Wandstühle passt die Tischdekoration mit blauen und weißen Gläsern.

UNTEN Auf dem Flügel steht eine klassizistische Büste aus weißem Bildhauermarmor.

Das Landgut Le Fontanelle liegt in der Nähe des toskanischen Bergdorfes Montalcino, nicht weit von Siena. Das ursprünglich eher unscheinbare Bauernhaus, ein reiner Zweckbau mit einem Viehstall im Erdgeschoss und den Wohn- und Schlafräumen der Bewohner darüber, wurde vor 16 Jahren von dem Mailänder Architekten Piero Castellini Baldissera gekauft. Er und sein Sohn Nicolò, ein in London ansässiger Designer, verwandelten den Bau und ein angrenzendes Landarbeiterhaus nach und nach in einen komfortablen, stilvollen Landsitz, ein wahres Refugium vor der Hektik des Großstadtlebens.

Gleich zu Beginn der Arbeiten wurden verschiedene große Gartenbereiche angelegt, die sich inzwischen prächtig entwickelt haben. Grund dafür ist die eigene Wasserversorgung, die dem Gut den Namen gegeben hat: Le Fontanelle heißt übersetzt „Die kleinen Quellen". Verstreute Terrassen, Lauben und Pergolen, grüne Wiesen und eine Vielzahl von Pflanzen – vor allem Wein und verschiedene Kletterrosenarten – lassen die Anlage künstlich und natürlich zugleich erscheinen, eine Wirkung, die sich in der architektonischen und dekorativen Ausgestaltung der Häuser fortsetzt.

Es wurde viel mit natürlichen Materialien gearbeitet – unverputzte Ziegelgewölbe, verputzte, lasierte Wände und Terrakottaböden bestimmen das Bild.

Anstriche, Lasuren und Stoffe spiegeln die Farben wider, in denen die Erde der Toskana leuchtet – Siena, Umbra, Kupfer, Ockergelb und Ockerrot. Dazu kommen die lichten, blassen Elfenbein- und warmen Gelbtöne des örtlichen Kalkgesteins, das als *alberese* bekannt ist und beim Bau der Befestigungsmauern wehrhafter Bergstädte in der Umgebung verwendet wurde. Eine wichtige Rolle spielen darüber hinaus Grün und Braun – die Farben der umliegenden Eichen- und Walnusswälder, die sich mit Zypressen, Wein- und Olivenhainen abwechseln. Eine weitere Inspirationsquelle ist der toskanische Himmel in seiner ganzen Wandlungsfähigkeit: fast weiß mit einem Hauch von Ocker, Rostrot und Gelb, wenn Nebel über dem Land liegt, rein-

RECHTS Der Flügel erfüllt rein dekorative Zwecke. Er hat weder Hämmer noch Saiten, dafür aber ein wunderschönes Walnussfurnier mit aparter Maserung und einer sanften Patina. Die Wand dahinter schmückt ein klassizistisches Reliefbild; die terrakottafarbene Umrahmung greift den dunklen Ton des Walnussfurniers wieder auf.

UNTEN In diesem über eine Außentreppe zugänglichen Schlafzimmer gibt es zwei Grundfarben. Die Wände und die Gipsplatten zwischen den Dachsparren haben einen Anstrich mit ockergelber Leimfarbe. Die Dachsparren selbst sind, wie die sie tragenden Balken, gelb gestrichen; dieses Gelb taucht in den gestreiften Vorhängen und Bettüberwürfen wieder auf. Die etwas dunkle Ecke mit dem Mahagoniregal wird durch die weißen Rosen (aus dem eigenen Garten) aufgehellt.

blau und transparent in der sommerlichen Mittagshitze, blasspurpur- und -lavendelfarben in der Abenddämmerung.

Mit der Wahl der Farben ist es gelungen, Haus und Umgebung zu verschmelzen – eine Wirkung, die aber nie gewollt erscheint. Besondere Erwähnung verdienen Stühle und Sofas, die Ende des 18. Jahrhunderts in Lucca im Directoirestil gefertigt wurden; mit Motiven im Stil der *arte povera* bemalte Stühle und Kabinettschränke aus dem Veneto und Südtirol; Elchgeweihstühle (in Anspielung auf die örtliche Jagdtradition) und verschiedene Möbel, die mit Stoffen aus Pieros Textilfirma C&C bezogen sind – Letztere schmücken auch Fenster und Betten.

Bei der Auswahl der dekorativen Gegenstände bewährte sich der geschulte Blick der Baldisseras für schönes italienisches Glas. Nennenswert sind außerdem Marmorobjekte und klassizistische Skulpturen, die die maßgebliche Rolle der Toskana bei der Wiederbelebung der antiken Ornamentik seit der Renaissance in Erinnerung rufen.

OBEN Das Schlafzimmer des Hausherrn befindet sich in dem kleinen Landarbeiterhaus. Es ist fast zur Gänze von einem großen Bett ausgefüllt, das mit seinem Himmel und der Schildform der gepolsterten Kopfteile einem mittelalterlichen Turnier- und Militärzelt ähnelt. Der zweifarbig gestreifte Stoff stammt, wie auch der Gardinenstoff, aus der C&C-Kollektion des Hauseigentümers Piero Castellini Baldissera. Die goldgelben Streifen tragen im Zusammenspiel mit dem Ockergelb der Wände und den Vorhängen zur Geschlossenheit des Raums bei, während die graublauen Blockstreifen strenge Akzente setzen.

OBEN RECHTS Auch in diesem Schlafzimmer dominieren Streifenmuster. Die gedeckteren Farben der von Hand aufgetragenen Wandstreifen setzen sich im Bezug des italienischen Directoirestuhls aus Lucca fort, kommen aber auch in den Vorhängen und der Tagesdecke (aus der C&C-Kollektion) des indischen Metallbetts vor.

RECHTS Säulen und Kugeln aus Marmor sind im großen Wohnzimmer zu einer dekorativen Sammlung zusammengestellt; die meisten Marmorarten stammen aus der Region.

RECHTS Vor der terrakottafarbenen Wand eines weiteren Schlafzimmers im Landarbeiterhaus steht ein italienisches Ruhebett, das Ende des 18. Jahrhunderts in Lucca angefertigt wurde. Der gestreifte Bezug zeigt abwechselnd gelbe, blassrosa und freche dunkelrosa Streifen; das Orange der Kissenstreifen stellt die farbliche Überleitung und Verbindung zur Wand her.

„Als Künstler betrachtet Piero neue Projekte, nach denen er ständig auf der Suche ist, als eine leere Leinwand, auf der er neue Ideen ausprobieren kann."

(Nicolò Baldissera)

OBEN Weiße Baumwollvorhänge streuen das Licht der toskanischen Sonne, das in den Flur zwischen Wohn- und Schlafzimmer mit angrenzendem Bad fällt. Gelbe Wände und Türen reflektieren die Helligkeit, während die gebrochenen Weiß- und blassen Blau- beziehungsweise Blaugrautöne angenehm kühl wirken.

LINKS Das heutige Wohnzimmer war ursprünglich der Stall des Bauernhauses, von dem noch das unverputzte Backsteingewölbe geblieben ist. Die Wände, von weiß gestrichenen Holzfenstern und -türen unterbrochen, haben einen ockergelben Leimanstrich, der in Verbindung mit dem Rosarot der Stoffbezüge außerordentlich lebendig wirkt.

Die Farbpalette der Toskana

Die Grundfarben der toskanischen Farbpalette sind Ockergelb, Siena gebrannt, Umbra, Terrakotta und Kupfer. Als Wandanstriche werden diese erdigen, gedeckten Farben von jeher als matte Lasuren auf Wasserbasis aufgetragen, die keinen einheitlichen, deckenden Anstrich ergeben, sondern leichte Unregelmäßigkeiten mit Farbabstufungen innerhalb der Fläche. Die gleichen Farben, wenn auch lebhafter, zeigen polierte Naturholzmöbel (vor allem Kastanie und Walnuss) und Dekorationsstoffe. Neben Weiß, das häufig als Deckenanstrich dient, und dem Grauschwarz toskanischer schmiedeeiserner Möbel kommen im Bereich der kühlen Farben vor allem verschiedene Grün- und Blautöne vor, die ihre Entsprechung in der heimischen Pflanzenwelt haben. Zu nennen sind hier insbesondere Thymian- und Olivgrün sowie Veilchen- und Lavendelblau.

RECHTS Die farbliche Koordination von Dekoration und Mobiliar ist das Rezept für die Harmonie, die dem toskanischen Stil innewohnt. Hier spiegeln alle Gegenstände den Ton der ockergelben Wand wider, vom Bilderrahmen über den glasierten Krug bis hin zum Holztisch.

UNTEN Ein Blätterdach spendet nicht nur Schatten und Kühle, sondern mildert auch das grelle Weiß des Maueranstrichs.

OBEN In toskanischen Häusern findet man oft solche einfachen geometrischen Muster, die von Hand aufgemalt werden. Besonders populär sind Streifen- und Zickzackmuster, wie hier in einem Badezimmer. Sie gehen zurück auf die Flaggen und Wimpel, die in diesem Teil Italiens historische Bedeutung haben.

LINKS Die warmen Erdfarben der Toskana, hier in schöner Abstimmung von Mauerwerk über den rauen Wandputz bis zu den Bodenziegeln zu sehen, geben Häusern ihr unverwechselbares Gesicht. Türen, Fensterläden und Fensterrahmen setzen sich blassblau davon ab – das ist die Farbe des Lavendels, der hier üppig gedeiht.

OBEN Grünpflanzen kühlen und bringen Farbe und Duft der umgebenden Landschaft in das Innere eines Hauses. Diese Pflanzen in landestypischen Tontöpfen kommen auf dem traditionellen Terrakottaboden besonders gut zur Geltung.

RECHTS Die elegante Bauweise toskanischer Landhäuser hat trotz oder wegen der rustikalen Materialien ihren eigenen Reiz. Subtile Farbkontraste heben schmückende Elemente hervor – hier den Türausschnitt und den Bogen des Oberlichts – und betonen die Symmetrie.

OBEN Sonnenlicht, durch zarte Baumwollvorhänge gefiltert, bringt typische toskanische Farben wie Ockergelb (hier an den Wänden) und Rosarottöne (im Bezugsstoff des Stuhls und im Bettüberwurf) zu einem sanft-warmen Leuchten. Die Bambusmöbel und das schlichte Polsterbett fügen sich dank der Stoffbezüge eher unauffällig in das Farbschema ein.

RECHTS In diesem Zimmer, das die Stimmigkeit der toskanischen Farbästhetik demonstriert, wurden die Farben der Wände sorgsam auf die der Möbel abgestimmt. Der Ton-in-Ton-Effekt in Gelb und Ocker bezieht Wände, Vorhänge, Kissen, Polsterbezüge und die Tagesdecke des Bettes ein.

FIRED EARTH/
PAINT PORTFOLIO
Mineral Gray

DULUX COLOUR SELECTOR
Natural Hessian

ROSE OF JERICHO
Saffron

ACE
ILLUMINATIONS
Peanut Brittle · 84–D

CROWN EXPRESSIONS
Clementine · CL–10

PAINT MAGIC/
JOCASTA INNES
Etruscan Red

ROSE OF JERICHO
Tuscan Red

ROSE OF JERICHO
Medici Blue

ROSE OF JERICHO
Assisi Blue

Der mexikanische Stil

RECHTS Pavillon und Sitzecke am Pool der restaurierten Hacienda de San Antonio in Colima, einer Anlage aus dem 19. Jahrhundert. Der kleine Pavillon erstrahlt im allgegenwärtigen *rosa mexicana* (Mexikanischrosa). Auf diese Weise ist er optisch mit der Fassade des Haupthauses verbunden. Durch die erdfarbenen Bodenfliesen und das rotbraune Holz der Terrassenmöbel wird die Gesamtanlage farblich in die umgebende Landschaft integriert.

OBEN Von der Eroberung durch die Spanier bis zur Unabhängigkeit im Jahr 1821 gehörte Mexiko zum Vizekönigreich Neuspanien. Überall trifft man deshalb auf Spuren der europäischen Architektur – wie diese Skulptur in der Ecknische eines Hauses in Mexico City –, die jedoch häufig mit typisch mexikanischen Farben kombiniert sind.

Farbe und Form sind in Mexiko ganz offensichtlich untrennbar. Farbe ist das emotionale Bindeglied in der langen, wechselvollen Architekturgeschichte des Landes, das durch dramatische topographische, klimatische und gesellschaftliche Extreme geprägt ist. Während Antikenforscher des 19. Jahrhunderts geschockt erkennen mussten, dass die altgriechischen Tempel nicht, wie bis dahin angenommen, edel weiß, sondern bunt gestaltet waren, kann man sich mexikanische Bauten gar nicht anders als farbenprächtig vorstellen. Von den gewaltigen, der Sonne und dem Mond geweihten Pyramiden von Teotihuacán (200 v. Chr. bis 750 n. Chr.) – von denen die eine rot, die andere ockerfarben war – bis hin zu den Werken mexikanischer Architekten des 20. Jahrhunderts – wie Luis Barragán, José de Yturbe, Manuel Mestre und Juan und Javier Sordo Madaleno – ist Farbe immer grundlegender Bestandteil der mexikanischen Architekturlandschaft gewesen und steht wesentlich für das Selbstgefühl des Landes. Aber die psychologische Wirkung der Farben beruht selten auf der Intensität der Pigmente allein. Ebenso entscheidend ist, in welchem Maßstab sie verwendet werden, und dem zeitgenössischen mexikanischen Stil scheint es mühelos zu gelingen, Farbe, Form und Inhalt in Wechselwirkung zu bringen. Vieles geht dabei auf eine Bauform zurück, die in Mexiko einen hohen Stellenwert hat, die Hazienda.

Haziendas waren ursprünglich Landgüter, die verdienten Konquistadoren übereignet wurden. Doch die neuen Großgrundbesitzer, die als Viehzüchter begannen, entwickelten sich häufig zu unabhängigen Feudalherrschern, zu *hacendados*, die sich mit ihren Gütern lebende Denkmäler setzten. Während der mexikanischen Revolution von 1910 wurden viele Haziendas zerstört, doch die, die geblieben sind, inspirieren zeitgenössische Architekten mit der Harmonie ihrer Höfe, der Anordnung ihrer massiven Mauern und Säulen,

OBEN Eine blau-weiße Hausfassade mit erd- und steinfarbenen Ornamenten in Mexico City zeigt viel Liebe zum dekorativen Detail. Das spanische Barock mit seinen reich gestalteten und ornamentierten Flächen feierte in vielen Kolonien Spaniens Triumphe und hat sich nachhaltig auch auf Haziendagestaltungen und große Stadthäuser von Mexico City niedergeschlagen.

LINKS Pastellrosa als Fassadenfarbe und ein herrschaftliches Haus schließen sich nach mexikanischem Farbempfinden ganz und gar nicht aus. Das Haupthaus der Hacienda de San Antonio, von einer 2 000 Hektar umfassenden Pflanzanlage umgeben, wurde 1978 von Mauricio Romano renoviert.

UNTEN Eins der Gästezimmer der Hacienda de San Antonio. Bei der Renovierung blieb die Raumwirkung eines traditionellen herrschaftlichen Gutsschlafzimmers erhalten; die Farben gehören dem zurückhaltenden, ruhigen Spektrum an.

ihren reich geschmückten Interieurs und natürlich ihren leuchtenden Farben. Doch wie architektonische Räume entfalten Farben erst durch Licht ihre Wirkung.

Der mexikanische Stil hat mit den Stilen anderer warmer Länder gemeinsam, dass sich die Grenzen zwischen innen und außen, zwischen künstlicher Beleuchtung und kalkuliert einfallendem Tageslicht fließend gestalten. So vereint sich in einer geschlossenen Kapelle das Licht, das durch hohe Fenster fällt, mit dem Schein der im Innern brennenden Kerzen, und unter dem Überhang eines Patiodaches wird, nur von Steinsäulen begrenzt, ein Essbereich geschaffen, der zum Hof hin offen ist. Man mag ein typisches rotes Erdpigment als Symbol dafür nehmen, dass das von Menschenhand Geschaffene in Mexiko stets danach zu streben scheint, die umgebende Landschaft aufzugreifen und mit ihr zu verschmelzen.

LINKS Größenverhältnisse spielen in der Architektur und Innendekoration oft eine ebenso große Rolle wie Farben. In diesem modern eingerichteten Schlafzimmer der Hacienda de San Antonio steht ein übergroßes Bett, das extra für den Raum in Auftrag gegeben wurde. Die Tagesdecke, deren Rosa auf den Bodenbelag abgestimmt ist, ist ebenfalls eine Spezialanfertigung und stammt aus Mexico City. In der gewolkten Lasur der Wände setzen sich die Farben der gemauerten Gewölbedecke, Gelb und Ocker, fort, sodass das Zimmer eine harmonische Einheit bildet.

„Mexiko … das einzige Land, in dem ich das Gefühl habe, nirgendwo sonst sein zu wollen."

(Robert Couturier, Architekt)

LINKS Das Geschirr im Ess-Salon fertigten Puebla-Töpfer für die Hacienda de San Antonio an; es zeigt ein Ananas-Muster, das im portugiesischen Teppich wiederkehrt. Der Raum hat eine festliche Atmosphäre, zu der die schön proportionierte Gewölbedecke nicht unwesentlich beiträgt. Sie entstand in den ausgehenden 1980er-Jahren, als der französische Architekt Robert Couturier den bisher letzten Renovierungs- und Vergrößerungsauftrag erhielt. Couturier beschäftigte Handwerker aus Guanajuato, und „es war aufregend, ihnen beim Bau der Decke zuzusehen", wie er sagt. „Sie waren keine Ingenieure … sie machten alles instinktiv."

LINKS Die ungebrochene Vitalität des mexikanischen Handwerks verhindert, dass heutige Reinterpretationen traditioneller Dekorationsweisen in „volkstümelnden" Nachahmungen enden. Der Innendesigner Armand Aubery konnte bei der Einrichtung der Hacienda de San Antonio auf erstklassige südamerikanische Handwerker zurückgreifen. Der reich dekorierte Wohnraum hat unter anderem einen geschnitzten guatemaltekischen Wandschmuck und mexikanische Kabinettschränke mit Holz- und Beineinlagen.

OBEN Aufwendig verzierte Kunstobjekte in der Hacienda de San Antonio erinnern an den Triumphzug des Barock in Spanien und seinen früheren Kolonien. Der mexikanische Künstler Jesus Guerrero Santos schuf diesen extravaganten Spiegelrahmen aus Silber und die beiden dazugehörigen Kerzenleuchter.

Ein Haus am See

Der bedeutende zeitgenössische Architekt José de Yturbe fühlt sich eng mit Luis Barragán verbunden, dem Mann, der in die Geschichte einging, weil er in der ersten Hälfte des 20. Jahrhunderts die Eigenständigkeit der mexikanischen Architektur gegen die Moderne verteidigte, die von vielen als zu rational und nüchtern empfunden wurde.

Yturbe hat sich kürzlich in dem mondänen Ferienort Valle de Bravo ein eigenes Wohnhaus von überragender Schönheit gebaut. Vor dem dramatischen Hintergrund einer Bergkette gelegen, bietet es einen zauberhaften Blick auf die stille Oberfläche eines großen Sees. Vor allem aber profitiert es von einem gemäßigten Mikroklima, das geradezu nach einem Sitz- und Essplatz unter freiem Himmel verlangt.

Das gemauerte Haus hat lehmverputzte Wände, bauchige Piniensäulen und ein Ziegeldach von der Art, wie es in der Region üblich ist. Natürliches Holz, weiße Wände und Terrakottaböden dominieren im Innern; dazwischen hat Yturbe in oft überraschender Weise lebhafte Farbakzente gesetzt. Leuchtend rote Geranien in Terrakottatöpfen werfen – abwechselnd mit bauchigen Glasflaschen mit roter Flüssigkeit in Etagen aufgereiht – einen rosigen Schimmer auf weiße Wände. Unter Deckenverglasungen bewegen sich Licht- und Schattenmuster. An anderen Stellen dienen kräftige Farben dazu, räumliche Effekte zu erzielen oder eine bestimmte Atmosphäre hervorzuzaubern. Alle diese Effekte vollziehen sich in einem Umfeld der Ruhe und kalkulierten Zurückhaltung. Typisch ist die Auflösung der Grenzen des Innenraums: Ein offener Wohnraum geht direkt in eine Küche über und ist lediglich durch eine versetzte Ebene und eine niedrige Mauer vom Essplatz getrennt.

Yturbes Haus am See beweist, dass die traditionelle mexikanische Vorliebe für Farben weiterhin bestehen kann, ohne dass eine wichtige Lehre der Moderne missachtet werden muss: Was die Farben – und alles andere – angeht, ist das, was man weglässt, ebenso wichtig wie das, was man hinzufügt.

OBEN RECHTS UND OBEN Unter einem verglasten Dach befindet sich, in Form einer Anspielung auf südamerikanische Pyramiden, ein Arrangement aus Geranien und Flaschen. Mit der kühlen, sparsamen Inneneinrichtung hat Yturbe eine neutrale Kulisse für seine Farbabenteuer geschaffen. Eine minimalistische Treppe erinnert an eine Zikkurat.

GANZ LINKS Dieser überdachte Kaminplatz, der im Sommer schön schattig und in der Regenzeit trocken ist, verbindet die Innenwelt von Yturbes Haus mit der Außenwelt. Die wuchernde Vegetation hat eigenständigen dekorativen Charakter.

OBEN Lichtreflexe bilden ein ständig wechselndes Element im Haus des Architekten Yturbe. Die weißen Mauern fungieren als Leinwände, auf die je nach Stand der Sonne unterschiedliche Muster aus Licht, Schatten und Farbreflexen projiziert werden. Die Gesamtwirkung ist sorgsam berechnet, die Vielzahl der entstehenden Bilder unerschöpflich.

RECHTS Flaschen mit farbiger Flüssigkeit und Topfgeranien sind abwechselnd und in Stufen versetzt platziert, sodass sich die Farbintensität der Flüssigkeit nicht nur an den Flaschenrändern, sondern auch in Reaktion auf die dunkleren Töpfe dahinter verändert. Das Ergebnis ist eine Vielzahl von Rottönen und ein Effekt, der an Lasurtechniken in der Aquarellmalerei erinnert, bei der transluzide Pigmentschichten übereinander aufgetragen werden, bis eine intensive Farbe entsteht.

Las Alamandas

Auf halbem Wege zwischen Puerto Vallarta und Manzanillo in Jalisco liegt der exklusive Ferienort Las Alamandas in einer Art Naturparadies, das ausnahmsweise sämtlichen Superlativen gerecht wird, die Reiseschriftstellern so leicht aus der Feder fließen. Mittelpunkt des Ferienortes ist ein Hotel, zu dem vier Casitas mit elf Suiten gehören, alle im mexikanischen Stil eingerichtet. Die Umgebung mit ihren Palmen und Stränden, ihrer Brandung und üppigen Vegetation ist bereits von so überwältigender Schönheit, dass man sich fragt, wie ein Hotel optisch überhaupt noch einen Eindruck machen soll. Aber das Las Alamandas (nach der gelben Alamandas-Blüte benannt) – von dem verstorbenen Gabriel Nuñes geplant, von Manuel Mestre vollendet und geführt von der Eigentümerin Isabel Goldsmith – setzt in der mexikanischen Architektur einen neuen dramatischen Höhepunkt im Umgang mit Farbe.

OBEN Der mexikanische Architekt Luis Barragán (1902–1988) war ein Vorkämpfer der Farbe in der mexikanischen Architektur des 20. Jahrhunderts, die er virtuos benutzte, um einen Raum optisch herauszuheben oder eine Fläche zu begrenzen. Seinem Vorbild folgen die Gestalter der Casa del Domo von Las Alamandas, die die klaren Formen einer Kuppel und einer geschwungenen Mauer durch kräftiges, intensives Rosa beziehungsweise Ockerorange betonen.

LINKS Die mexikanische Architektur bezieht die Vegetation als wichtiges dekoratives Element mit ein. Hier überschatten grüne Palmenzweige den Eingang zu einer Casita von Las Alamandas. Ihre ständig wechselnden Schatten erzeugen auf der Hauswand zufällige Muster und interessante Farbenspiele.

GANZ LINKS Zu den mexikanischen Farben gehört eine ganze Palette von Blautönen, in der Himmel- und Ultramarinblau nicht fehlen. Als Symbole des Meeres und des Himmels (aber auch des Friedens und der Wahrheit) hatte Blau einen festen Platz bei den frühen mittelamerikanischen Kulturen. Hotels an der Pazifikküste wie das mondäne Las Alamandas führen die Tradition fort und setzen sie als optisches Bindeglied zum Meer ein.

LINKS Natürliche Holzfarben ergänzen die Dekorationspalette von Las Alamandas. Die Stützen und Balken eines Terrassendachs sind aus einheimischem Holz angefertigt und gemäß dem traditionellen Hazienda-Stil unbearbeitet.

Ein von Palmen gesäumter, gelber Mosaiksteinweg führt an einem Brunnen vorbei zu den Casitas, die wie Haziendas gebaut und dekoriert sind. Geflieste Böden, dicke Wände mit Farbanstrich, Fenster mit Läden und hohe Gewölbedecken geben den Ton an, doch es sind die brillanten Farben, die den nachhaltigsten Eindruck hinterlassen. Die Setzstufen vieler Treppen sind knallbunt gestrichen. Stufen, die als funktionales und dekoratives Element in der mexikanischen Architektur eine große Rolle spielen, haben wesentlichen Anteil an der Geometrie des Las Alamandas.

Zum Las Alamandas gehören 600 Hektar Land, das an den Strand grenzt; es befand sich ursprünglich im Besitz

LINKS Die lebendig wirkenden Farbunregelmäßigkeiten des Wandanstrichs dieser Terrasse sind durch Wischtechnik verursacht. Einen Kontrast dazu stellt das regelmäßige Muster des Fußbodenmosaiks aus Steinplatten und vulkanischen Kieseln dar. Das Keramikgeschirr auf dem Frühstückstisch wurde von Gorki Gonzales in Guanajuato entworfen; der Tisch ist mit gelben Alamandas dekoriert, nach denen der Hotelkomplex benannt wurde.

OBEN Die strohgedeckten Dächer, die *palapas* genannt werden und einige Terrassen überdachen, knüpfen an eine traditionelle ländliche Bauweise der Region an. Die dicke Schicht aus getrockneten Palmwedeln schützt vor Regen und Sonne und sorgt gleichzeitig für Kühlung, da die warme Luft, die vom Terrassenboden aufsteigt, durch sie hindurchkann.

LINKS Palmwedel ergänzen mit ihren natürlichen Grüntönen eine Komposition aus Ockerorange und *rosa mexicana*.

RECHTS Treppen sind seit der mittelamerikanischen Frühzeit ein architektonisches Grundelement und wurden schon damals nicht nur aus praktischen Gründen, sondern auch wegen ihrer dekorativ-dramatischen Wirkung gebaut. Im Las Alamandas hat man funktionale Stufen in das Dekorationskonzept integriert, indem man sie mit mexikanischen Bonbonfarben schmückte.

UNTEN Ein mexikanischer Equipal-Stuhl steht vor einer Wand in der klassischen Farbkombination Mexikanischrosa und Ockerorange. Die Farbkomposition hat Vorbilder in der heimischen Pflanzenwelt: die Sonnenblume und die Bougainvillea, eine tropische Pflanze mit leuchtend rosafarbenen und roten Hochblättern.

GANZ LINKS Leuchtend rosa gestrichene Säulenstümpfe weisen den Weg in die Hotelanlage Las Alamandas und markieren mit der Signalfarbe auch den Stufenbereich. Das Muster der Glasurtöpfe korrespondiert mit den eingelegten Bodenkieseln.

OBEN LINKS Ein offenes Dach aus Baumstämmen zeichnet ein Schattenmuster auf ein Ruhebett – eine von vielen Ideen des Architekten, der es liebt, die optischen Grenzen zwischen innen und außen aufzuheben. Architekturelemente wie die steinerne Fensterumrahmung und die Ummauerung des Ruhebettes sind in Grün gegen das Orange der Hauswand und die Holzfarben abgesetzt.

LINKS Blick von einem Aufenthaltsraum durch die Eingangshalle auf die Eingangstür. Die Öffnungen in der weißen Wand sind in *rosa mexicana* gefasst. Wie die Terrasse gegenüber haben die Räume einen braunen Keramikfliesenboden aus abwechselnden achteckigen und rautenförmigen Fliesen.

des bolivianischen „Zinnkönigs“ Antenor Patiño, der auch die Ferienanlage Las Hadas in dem nahe gelegenen Ort Manzanillo finanzierte. Als Patiño starb, hinterließ er das fruchtbare Land seiner Enkelin Isabel, die sich von Anfang an entschloss, die Landschaft zu bewahren und den Hotelkomplex klein zu halten – eine Maxime, die für den hohen Standard der Gebäude ausschlaggebend war. Das Konzept der Hazienda im verkleinerten Maßstab ist überall durchgehalten, von der Gestaltung der Oberflächen bis hin zu der Art der Möbel, die mehrheitlich in Werkstätten auf dem Gelände angefertigt werden. Der ländliche Stil verschiedener Gegenden herrscht vor, wie die Equipal-Stühle mit bunten Polstern aus Colima, die Keramik aus San Miguel de Allende und die vielfarbigen Kissen aus Guatemala beweisen.

Die Einheit von Natur und Bauwerk ist, wie in der mexikanischen Architektur üblich, nicht nur durch überlieferte Elemente wie Patios herbeigeführt, sondern zusätzlich durch Farbe und Licht unterstrichen. Die Bewegungen der Palmwedel draußen und die Lichtstrahlen, die durch Fenster und Schlitze in den Dächern ins Innere fallen, greifen einander ständig auf und vereinen sich zu einem vollkommenen Licht- und Schattenspiel.

„Farbe ist ein Kompliment an die Architektur. Sie kann einen Raum optisch vergrößern oder verkleinern. Und sie ist unverzichtbar, um einem Bereich jenen Hauch von Magie zu verleihen."

(Luis Barragán, Architekt)

LINKS Die Terrasse der Casa del Domo grenzt an einen tropischen Palmengarten. Die Farben der Wände setzen sich in den Textilien der Möblierung fort – akzentuiert durch Türkisblau. Das Grün der Palmen findet sich in der Hängematten- und Sesseldecke wieder. Die gleiche Farbenpracht trifft man auch auf jedem mexikanischen Markt mit seiner bunten Fülle an Früchten, Blumen, Spielzeug und gewebten und bestickten Kleidern.

Rancho La Peña

DIESE SEITE Rancho La Peña besticht von außen durch die mutige, flächige Komposition kräftiger Komplementärfarben mit unterschiedlicher Textur. Die Sonne wirft scharfe, wandernde Schatten in die Nischen und Ecken zwischen den Blöcken und Ebenen. Die Vergangenheit wird architektonisch zitiert, etwa durch die Wandöffnung in stilisierter Form eines *ojo de buey* (Ochsenauges), das Architekt Manuel Mestre von frühkolonialen Hazienda-Getreidelagern übernommen hat.

Die Rancho La Peña wurde Mitte der 1990er-Jahre von Manuel Mestre geplant und gebaut, der ein Meister darin ist, traditionelle mexikanische Farben und Formen und moderne Bauweisen miteinander zu verbinden. Das Haus liegt in Valle de Bravo an der Nordseite der Sierra Madre und ist ein Paradebeispiel für Mestres Werk, der mit Vorliebe individuelle Räume schafft, die er mit modernisierten Architekturelementen aus der mexikanischen Vergangenheit schmückt. Textur und Farbe sind diesem Architekten gleich wichtig. Die Ranch ist mit speziellen strohverstärkten Lehmbausteinen errichtet, größere Flächen zwischen dem sichtbaren Mauerwerk sind mit Zementputz in Rot und Grün gestaltet. Da Holz seit alters her zu einem Landhaus gehört, fehlt dieses natürlich nicht. Zudem wurden einige Innenwände mit Webmatten strukturiert, die vor dem Anstreichen auf den noch feuchten Zement gedrückt wurden.

Mit seiner Vorliebe für Texturen und verschiedene Materialien hat Mestre ein reiches Nebeneinander von Oberflächen und Farbanstrichen, Einlegetechniken und Mehrschichtstrukturen geschaffen: Terrakottaböden mit einem Einlegemuster aus Holz, ein offener Kamin aus genagelten Bronzeplatten. Der unmittelbarste Eindruck jedoch ist die Kraft der farbigen Oberflächen. Mestre mischt die Pigmente selbst und trifft als Architekt sämtliche Farbentscheidungen. Bei der Rancho La Peña ist so eine ungewöhnlich volltönige Palette aus überwiegend Grün im Innern herausgekommen, während außen eine mutige Anordnung roter und grüner Flächen das Bild bestimmt.

Neben einem geräumigen Innern gibt es großzügige Außenanlagen: Swimmingpool, Tenniscourt und natürlich eine überdachte Terrasse. Auch hier wurden die Farben nicht dem Zufall überlassen: Geranien in Terrakottatöpfen setzen das Farbenspiel der Fassadengestaltung des Hauses fort. Besonders dramatisch ist der obere Teil des Haupthauses gestaltet, wo Mestre kräftige geometrische Blöcke und Flächen zusammensetzte und diese Geometrie durch die Komplementärfarben Rot und Grün unterstrich.

Rancho La Peña kann in vielerlei Hinsicht als ein bewohntes Museum mexikanischer Dekorationsströmungen in der Architektur betrachtet werden. Von den winzigsten eingesetzten Steinchen bis hin zu blendenden polychromen Wänden ist dieses Haus eine Hommage an die Vergangenheit, die nicht als Ideal, sondern als sprudelnde Quelle interessanter Effekte dient.

DIESE SEITE Im Haupthaus dominiert ein dunkleres, vitales und gleichzeitig beruhigendes Grün, abgesetzt gegen Weiß und die natürlichen Holzfarben von Möbeln und Holzeinbauten. Die mexikanische Vorliebe für Treppeneffekte beantwortet Mestre mit einem Stufenmuster aus Terrakotta- und Mauersteinstreifen, in deren Mörtelfugen noch Kiesel gedrückt wurden (oben und ganz links) oder (links) einer Sambatreppe mit versetzten Trittwürfeln.

NÄCHSTE SEITEN Ein Blick über den Swimmingpool, den Garten und einen Pfirsichhain, der von Pinienwäldern gesäumt ist, auf die ferne Sierra Madre.

Die Farbpalette Mexikos

Kräftige, leuchtende Farben bestimmen sowohl die traditionelle als auch die zeitgenössische Palette der mexikanischen Dekorationsfarben; sie orientieren sich an der Sonne, dem Mond und dem Himmel, an mexikanischer Erde und an heimischen Bäumen, Sträuchern, Früchten und Blumen. Aus der Vielfalt der botanischen Inspirationen ragen die Farben von Azalee, Bougainvillea, Kakteen, Papaya und Tamarindenfruchtfleisch hervor. Viele charakteristische mexikanische Farbkombinationen – vor allem Rosa mit Orange oder Gelb und Orange mit Blau oder Grün – sind äußerst überraschend und möglicherweise schockierend für Europäer. Dabei werden sie von Architekten und Designern selten um der pittoresken Wirkung willen verwendet. Vielmehr dienen sie, wie die ebenso populären, aber weniger mutigen Kombinationen Weiß mit Blau, Grün oder Rosa, fast ausschließlich einem architektonischen Zweck: Sie geben optisch die Temperatur vor – verstärkend oder ausgleichend –, weiten oder umschließen Räume oder definieren bestimmte bauliche Gegebenheiten. Ob in einem traditionellen oder modernen Rahmen – die mexikanische Palette dient stets dazu, die dramatischen Aspekte der Architektur zu unterstützen.

OBEN Angrenzend gesetzte Komplementärfarben steigern jeweils die Reinheit oder Farbintensität der anderen – hier gut erkennbar bei Grün und Rot. Das tiefe Blau des mexikanischen Himmels tut ein Übriges, ist im Gesamtbild aber darüber hinaus noch der Gegenpol zu den orangebraunen Ziegelflächen und unverputzten Adobewänden.

RECHTS Rötlich braune Erdfarben sind aus der mexikanischen Architektur nicht wegzudenken. Die kontrastierenden Wände in einem kühlen Weiß erzeugen ein starkes Form- und Raumerlebnis.

OBEN Blauflächen, kombiniert mit Terrakotta- und Holzbraun, machen schattige Plätze noch eine Spur kühler.

LINKS UND UNTEN Kräftige Farbkontraste betonen architektonische Elemente.

UNTEN Hellbraune Lehmbausteine und Dachziegel, Terrakottabodenfliesen sowie helles Rot und Kakteengrün binden diese Ranch in die Landschaft ein.

RECHTS Mexikanischrosa *(rosa mexicana)*, eine typische Landesfarbe, wird in der Regel mit Erdfarben, Gelb oder – wie bei diesem Durchgang – Weiß kombiniert.

LINKS UND OBEN Lichtabsorbierende, matte Erdfarben erscheinen extrem hell bis extrem dunkel, je nachdem, ob sie der Sonne ausgesetzt sind oder im Schatten liegen. Das macht es möglich, die Architektur trotz einer monochromen Farbgebung zu akzentuieren.

UNTEN Sattes Ocker, Orange und Rosarot ergeben eine eindringliche Farbkombination und erzeugen in diesem Hauseingang die Atmosphäre eines Gewächshauses. Die Farben vertragen sich besonders gut mit dem vielen Grün, während der kühle Steinfußboden verhindert, dass die Farben überwältigend wirken.

LINKS Hellgelbe Wände gestalten diesen schluchtartigen Treppenaufgang licht und warm.

UNTEN Die Schatten der Eichenbalken auf den weißen Wänden geben der Architektur etwas Dramatisches.

PAINT LIBRARY
Stellenbosch Oak

JOHN OLIVER
Hot Sahara

JOHN OLIVER
Kinky Pink

DULUX COLOUR SELECTOR
Rich Red

FIRED EARTH/
PAINT PORTFOLIO
Better Class Red

BRATS LTD
MEDITERRANEAN PALETTE
Tuscany · 107

CROWN EXPRESSIONS

DULUX COLOUR SELECTOR
Simply Indigo

CROWN COLOUR PLANNER
Moonshine

Der marokkanische Stil

RECHTS Der Innenhof des Hotels Villa Maroc in Essaouira. Zu dem Hotel gehören drei im 18. Jahrhundert von Franzosen erbaute Häuser, die einfühlsam restauriert wurden, sodass sie heute im ursprünglichen Schmuck und in ihren alten Farben erstrahlen. In dem blendenden Weiß der Mauern und Säulen bildet das Blau des Geländers und des Türrahmens einen angenehmen Kontrast. Die blaue Farbe auf Wasserbasis, als *bleu entre mer* bekannt, wird in Casablanca hergestellt.

RECHTS La Maison Arabe, ein Wohnhaus aus dem 19. Jahrhundert in der Medina von Marrakesch, ist heute ein Hotel. Den exotisch dekorierten Innenhof säumen achteckige Säulen, auf denen der obere Gang ruht. Das Geländergitter hat ein altes marokkanisches Muster. Der ockergelbe Anstrich zeigt an den Säulen zarte Risse, wie sie *tadelakt* im Alter bekommt. Das erzeugt mit der polierten Oberfläche reizvolle Marmoreffekte. Die Möbel und das sternförmige Bodenbecken des Springbrunnens sind im berühmten Majorelle-Blau gestrichen.

OBEN Ein Bogendurchgang im Säulenhof des restaurierten Stadthauses Dâr Zellij aus dem 18. Jahrhundert in Marrakesch. Die Innenseite des Bogens ist mit *tagguebbast* (Stuckornamenten) geschmückt und in erdigen Rot-, Braun- und Blautönen bemalt.

So wie sich die französischen Maler Eugène Delacroix und Henri Matisse im 19. beziehungsweise frühen 20. Jahrhundert von Landschaften und Farben Marokkos inspirieren ließen, so haben zahlreiche Designer aus dem Ausland später in Architektur, Ornamentik und Farbgestaltung des nordafrikanischen Landes eine reiche Quelle der Inspiration gefunden. Tatsächlich waren viele dieser Designer, zumeist im Auftrag französischer, englischer und amerikanischer Residenten, in den letzten 30 Jahren mit der Restaurierung zahlloser alter marokkanischer Häuser befasst und haben auf ihre Weise dazu beigetragen, traditionelle dekorative Techniken der Region neu zu beleben.

Das Land, das in seiner Geschichte weit reichende Handelsbeziehungen unterhielt und mehrere Besetzungen und Kolonialherrschaften über sich ergehen lassen musste, ist verschiedenen architektonischen Einflüssen ausgesetzt gewesen, die sich insbesondere in den Städten Tanger, Rabat, Casablanca, Essaouira, Marrakesch und Agadir niedergeschlagen haben. Römer, Byzantiner, Spanier und Briten hinterließen ihre Spuren. Am augenfälligsten jedoch ist der französische Einfluss, der im 18. Jahrhundert begann und während der Protektoratszeit von 1912 bis 1956 seine Blütezeit erreichte. Doch statt dem Land die westliche Architektur einfach aufzuoktroyieren, hinterließen die Franzosen eine stimmige Kreuzung aus europäischen und nordafrikanischen Elementen, die sich schnell zu einem eigenen marokkanischen Stil entwickelte. So ließen sie die alten Medinas mit ihren engen Gassen, Märkten und den arabischen Stadthäusern weitgehend unberührt. Andererseits machten französische Architekten, die Häuser im Stil des Klassizismus und Art déco schufen, bei Arabern und Berbern Anleihen und übernahmen dekorative Elemente aus deren Formenschatz. Zu den Anleihen gehörten beispielsweise der *wast ad-dar*, ein zentraler Innenhof, die üppige Verblendung von Flächen mit filigranem *zouak*

OBEN Diese genagelte Brettertür, *bab* genannt, ist so alt wie das Dâr Zellij selbst. Der Anstrich mit einer blauen Farbe auf Wasserbasis – ein marokkanisches Produkt – ist im Lauf der Zeit durch die Sonne streifig ausgeblichen.

OBEN Die zweiflügelige Tür, durch die man den Innenhof des Dâr Zellij verlässt, hat ein traditionelles Sternenmuster. Die Technik der Holzbemalung heißt *zouak*.

OBEN Ein Wandmosaik aus dem Dâr Zellij von der Art, die man *zelliges* nennt. Das marokkanische Muster aus geometrischen Formen, die von einem Stern in der Mitte ausgehen, heißt *testir* (Spinnennetz des Propheten) und zeigt typische marokkanische Farben.

OBEN UND GANZ OBEN Der obere Gang eines kleinen Hauses *(douiriya)*, das zum Hotel La Maison Arabe gehört, hat einen blassfarbenen Fliesenboden und weiß getünchte Wände. Den oberen Teil der Wände und die Decke zieren zarte *tagguebbast*-Ornamente.

LINKS Der Innenhof des Dâr Zellij ist typisch für die Stadthausbauweise des 18. und 19. Jahrhunderts in Marrakesch. Zur Farbgestaltung des nahezu ausschließlich in Weiß und einem blassen Terrakottaton gehaltenen Hofs passen die Stämme der Orangenbäume, die zum Schutz vor Insekten mit Kalk gestrichen sind.

(Holzbemalungen), *tagguebbast* (Stuckornamenten) und *zelliges* (Mosaiken aus glasierten Fliesen) oder Innenwandgestaltungen mit *tadelakt* (poliertem Kalkputz). Vor allem aber verwendeten die Franzosen die typischen Farben Nordafrikas, die die Verschmelzung der Stile hervorhoben.

Die Farben Marokkos orientieren sich vor allem an den Farben der Wüste und der kargen Gebirgsformationen, die übrigens auch Quelle einer ganzen Reihe von Pigmenten und Baumaterialien sind. Ihr Spektrum reicht von Ocker und Umbra in allen Schattierungen bis hin zu Rosa, das besonders um Marrakesch verbreitet ist. Neben Schwarz und dem allgegenwärtigen kühlen Weiß sieht man blasse und dunkle Blautöne, Purpur und Orange sowie Grün in einer Reihe von Varianten. Diese nicht selten brillanten Farben entsprechen zumeist den Pflanzen, die in marokkanischen Höhen und in üppigen Gärten ihre Pracht entfalten, und haben darüber hinaus eine weltliche und religiöse Bedeutung: Weiß ist die Farbe des Paradieses, Rot steht für Feuer, Blut und die marokkanische Staatsflagge, und Grün ist die Farbe des Islam.

OBEN Hinter den Säulen des Innenhofs des La Maison Arabe (siehe großes Foto auf Seite 192) stehen Sessel und Tische in tiefem Majorelle-Blau. Die geschnitzten und durchbrochenen Holztafeln sind von Blendbogen aus *tabiya* umrahmt. *Tabiya*, eine gipsähnliche Mischung aus Kalk und örtlichem rosafarbenem Sand, wird auf die Wand aufgetragen, skulptiert und abschließend bemalt. Die rosafarbene Grundfarbe ist die des Sandes.

RECHTS Ein Badezimmer im Dâr Zellij weist den gleichen rötlichen Sandton auf wie der Innenhof. Die Decke ist nach Art einer traditionellen marokkanischen Technik namens *tataoui* konstruiert. Dabei werden junge Eukalyptus- und Oleanderzweige einfach quer auf Balken aus roh zugeschnittenen Ästen gelegt. Hier wurden statt der Zweige kleinere Äste verwendet. Das Ganze erhielt einen dünnen Kalkanstrich; auf diese Weise wirkt der Raum hell und luftig.

Dâr Tamsna

Als Meryanne und Gary Loum-Martin das Dâr Tamsna 1987 kauften, erwarben sie ein Parkgrundstück mit zwei großen Stadthäusern und einer kleinen Villa darauf, alle drei in nahezu baufälligem Zustand. Heute sind das Maison Nakhil, das Maison Ouardaia und die kleine Villa, die die Anlage vervollständigt, ein Luxushotel, das ganz geprägt ist von der Vorliebe der Eigentümer für ethnische nordafrikanische Interieurs, dem Werk der marokkanischen Architekten Charles Boccara und Elie Mouyal und der exklusiven Lage: der Palmeraie (Dattelpalmenoase) von Marrakesch.

Die Stadt Marrakesch, die 1062 von Jusuf Ibn Taschfin, dem ersten Herrscher der Almoraviden-Dynastie gegründet und zur befestigten Residenz ausgebaut wurde, entwickelte sich bis zum 16. Jahrhundert zu einer, wie der Franzose Louis de Marmol berichtete, „großen Stadt, der schönsten in ganz Afrika“. Seither sind Jahrhunderte vergangen, die der majestätischen Schönheit jedoch nichts anhaben konnten. Von einer langen, rosaroten Mauer umgeben, liegt die kosmopolitische Stadt in einer Ebene in Sichtweite des schneebedeckten Atlasgebirges. Der rote Stein, *tabiya* genannt, gab Marrakesch den Beinamen El Amara, die Rote; er besteht aus dem typischen rosaroten Sand der Gegend, gemischt mit Kalk. Ein anderes traditionelles – und von Elie Mouyal besonders geliebtes – Baumaterial ist *pisé*, ein Backstein aus luftgetrocknetem Lehm mit Kalk oder Stroh als Bindemittel. Diese beiden traditionellen Baumaterialien wurden bei der Instandsetzung von Dâr Tamsna bevorzugt eingesetzt und integrieren die Anlage äußerlich in die traditionelle Bauweise der Region.

Meryanne und Gary Loum-Martin kam es darauf an, das Dâr Tamsna harmonisch in das gewachsene Umfeld einzubinden. Aus diesem Grund haben die meisten Räume Böden aus lokalem Marmor und *tadelakt*verputzte Wände. Bei dieser Technik, ursprünglich für die Innenwände marokkanischer Dampfbäder *(hammam)* verwendet, handelt es sich um einen mit Pigmenten eingefärbten Kalkpolierputz; seit den 1970er-Jahren erfreut er sich in Bürgerhäusern wieder großer Beliebtheit. Die Oberflächenbehandlung nimmt viel

OBEN Die tabakbraun schimmernden Wände eines Salons des Maison Nakhil sind das Ergebnis der so genannten *tadelakt*-Technik. Die Umrandung des offenen Kamins aus einem blasseren Sandstein hat ein traditionelles Wabenmuster mit floralen Motiven. Die rosa bezogenen Sofas stammen aus der Werkstatt eines lokalen Schreiners.

RECHTS In alten marokkanischen Häusern gab es eine *bahou* genannte Sitznische mit Blick in den Garten, die zum Entspannen einlud – ihr ist dieser Bereich des Maison Nakhil nachempfunden. Wände und Säulen unter der weißen Decke sind wieder in *tadelakt*-Technik tabakbraun gestaltet. Der geometrische Deckenfries wurde vor Ort aus dem geglätteten Putz herausgeschnitten.

OBEN UND UNTEN Mosaiken aus farbiger glasierter Keramik, hier *zillij* genannt, sind ein wichtiges Schmuckelement der nordafrikanischen Architektur, dessen Wurzeln weit in die vorrömische Zeit hineinreichen. Sie zieren Böden, Wände und, wie hier, Tischplatten. Die *zelliges* (Kacheln) werden zugeschnitten und in der Regel zu vielfarbigen, kaleidoskopartigen Mustern geordnet, die sich seit Jahrhunderten kaum verändert haben. Einfarbig, wie hier, wirken die Muster schlichter, aber nicht weniger eindrucksvoll.

Zeit in Anspruch, da der Putz mit weichen Steinen geglättet und poliert, dann mit Olivenölseife gewaschen und abschließend gewachst wird. Das sanft schimmernde Ergebnis kann sich ohne weiteres mit (teureren) Marmoroberflächen messen.

Zahlreiche Raumschmuckelemente sind aus der marokkanischen Tradition abgeleitet. Dazu gehören vor allem kunstvoll gestaltete, zartweiße Stuckfriese, die hier *tagguebbast* genannt werden, und Kassettendecken aus Zedernholz in einigen Wohnräumen. Letztere wurden, wie auch die Fensterrahmen, -läden und allgegenwärtigen durchbrochenen Gitter, von örtlichen Handwerkern angefertigt. Die mittelbraune Farbe des Zedernholzes bildet eine harmonische Ergänzung zu den Farben des *tadelakt*.

Die warmen Erdfarben der Raumdekoration sind auch

LINKS Wände und Kamin eines Salons des Maison Nakhil sind in *tadelakt*-Technik bearbeitet. Die Decke aus Zedernholz mit ihrem traditionellen marokkanischen Kassettenmuster greift den Farbton der Wände auf. Keramikgefäße wie die auf dem Kaminsims und dem Tisch unter dem Wandspiegel (der aus einem alten Fensterrahmen entstand) werden von heimischen Künstlern angefertigt. Der Kelim und der Überwurf auf dem Hocker haben typische nordafrikanische Farben und Muster.

OBEN In Urlaubsstimmung versetzt der mattgelbe Wandanstrich die Gäste, die dieses Schlafzimmer im Maison Ouardaia beziehen – die Farbe auf Wasserbasis ist in Marrakesch erhältlich. Den achteckigen Tisch mit Feldern, die in *zouak*-Technik bemalt sind, erstanden die Hoteleigentümer auf dem örtlichen Markt von Marrakesch. Von dort stammen auch die Keramikvase mit ockergelber Glasur und die Tischlampe mit kunstvoll durchbrochenem Metallschirm.

bei der Einrichtung und bei dekorativen Artefakten bestimmend. Vollkommene Harmonie erzeugen unter anderem Sofas mit einem rosaroten Polsterstoff, *zouak*-Kommoden und -Tische aus braun, rot und elfenbeinfarben bemaltem Holz; Keramikvasen in Umbra gebrannt und Ockergelb; Lampen aus durchbrochener Bronze und Kupfer mit dunkler Patina; und bunte Kelims mit Streifenmuster, die überwiegend aus den Berber-Werkstätten der örtlichen *souks* kommen. Die Männer, die dort arbeiten, stammen teilweise in direkter Linie von den ersten Bewohnern

OBEN Das große Schlafzimmer des Maison Nakhil hat einen Boden aus nordafrikanischem Marmor in den Farben Weiß und Schwarz. Die Wände sind *tadelakt*-verkleidet und mit einem *tagguebbast*-Stuckfries in zurückhaltendem Weiß geschmückt.

„… Marrakesch ist der große Markt des Südens; und Süden bezieht sich nicht nur auf den Atlas, sondern auch auf alles,

OBEN Die andere Seite des großen Schlafzimmers (siehe Seite 197). Der Farbton der Wände ist wärmer und rötlicher als in einigen anderen Zimmern des Dâr Tamsna. Außerdem weist der *tadelakt*-Putz einen intensiveren Glanz auf. Baumwollvorhänge und Kissenbezüge in Weiß und die Pastelltöne der gestreiften Tagesdecke lassen den Raum dennoch luftig erscheinen.

LINKS Auch dieses Ton in Ton gestaltete Badezimmer des Maison Nakhil hat in *tadelakt*-Technik bearbeitete Wände. Ihr satter, rötlicher Terrakottaton setzt sich an der Wannenverkleidung fort. Der Anstrich der Fensterrahmen und Türen der Waschtischkombination ist farblich angeglichen. Badewanne und Waschbecken aus weißem Email hellen – wie die weißen Akzente im Schlafraum oben – den Raum auf und stellen, zusammen mit den elfenbeinfarbenen Handtüchern, kühle Kontrastpunkte in dem Gesamtfarbschema dar. Der große Wandspiegel mit Zedernholzrahmen reflektiert das Licht, das durch das Fenster fällt, und vergrößert optisch den Raum.

UNTEN Die Grundfarben der Zimmer an der Nordseite des Maison Ouardaia sind zumeist Weiß und Grün oder, wie hier, eine Kombination von beidem; das wirkt frisch und kühl, aber nicht kalt.

LINKS Sieht man von dem polychromen Bodenmosaik ab, so prägen allein drei Farben diesen Treppenabsatz: Weiß, Blassbeige und Umbra. Diese neutralen Farben lassen die architektonischen Komponenten eines deutlich im Sinne der Moderne gestalteten Interieurs zur vollen Geltung kommen.

UNTEN Eine antike Truhe aus dem Atlasgebirge zeigt traditionelle Bemalungsmuster. Sie steht im Maison Ouardaia.

was jenseits davon liegt …“ (Edith Wharton, Schriftstellerin, 1927)

Marrakeschs ab, sodass auch die Teppiche gleichsam ein enges Band zwischen dem Dâr Tamsna und Marrakesch, der Vergangenheit und der Gegenwart knüpfen.

Ein weiterer wichtiger Aspekt, den die Innendekoration leisten sollte, betraf die Helligkeit und Großzügigkeit der Räume. Aus diesem Grund wurden die Wände der Treppenaufgänge in Farben wie Blassrosa und Beige und die glatt verputzten Decken weiß gestrichen. Auch in den Räumen mit polierten Wänden in *tadelakt* haben Meryanne und Gary Loum-Martin sich für weiße Decken entschieden, da sie die Zimmer nicht nur höher erscheinen lassen, sondern auch das natürliche Licht und die künstliche Beleuchtung besser reflektieren. Gleichzeitig stellt das Weiß ein angenehm kühles Gegengewicht zu den warm schimmernden Erdfarben der Wände dar.

Zum Weiß der Decken kommen in einigen Schlafzimmern gelb oder grün getünchte Wände. Gelb-Weiß ist eine altbewährte freundliche und sonnige Kombination. Grün-Weiß dagegen hat hier nicht nur ästhetische Qualitäten, sondern auch symbolische Bedeutung. In islamischen Ländern gilt Weiß als die Farbe des Paradieses und somit als eine äußerst positive Farbe. Grün ist die Farbe des Banners des Propheten Mohammed und wird als Ausdruck der Verbundenheit mit den Lehren des Islam verwendet. Grün repräsentiert aber auch Wachstum und Erneuerung, und so schließt sich der Kreis zwischen dem Dâr Tamsna und den umliegenden grünen Gärten, die in Marrakeschs gepflegter Palmeraie gedeihen. Die Einheit von Bauwerk und Garten ist jedoch nicht nur das Ergebnis irgendeiner Symbolik oder Koordination spezifischer Farben und auch nicht der Namen, die man den Häusern gegeben hat: Nakhil bedeutet übersetzt Rose, Ouardaia Palme. Vielmehr haben die Loum-Martins, von dem marokkanischen Architekten Charles Boccara inspiriert, Terrassen und Veranden angelegt, die die Häuser in die Gärten hinein erweitern und so die Grenzen zwischen innen und außen fließend gestalten.

OBEN Sechseckige Sterne und Blütenköpfe sind Motive vieler nordafrikanischer Mosaiken. Bei diesem alten Bodenmosaik des Dâr Tamsna sind Komplementärfarben ausgewogen gesetzt.

Die marokkanische Farbpalette

Weiß und gebrochenes Weiß sowie warme Sand- und Erdfarben wie Gold, Ockergelb, Sandstein, Beige, Rosarot und Umbra sind die verbreitetsten marokkanischen Dekorations- und vor allem Wandfarben. Dazu kommen zahlreiche Grüntöne, die traditionelle Farbe islamischer Länder, und Blau in allen Schattierungen von hell bis dunkel, von gedeckt bis leuchtend. Neben Schwarz erfreuen sich außerdem strahlende Gelb- und Rosa- sowie satte Rot- und Purpurtöne großer Beliebtheit. Diese haben, wie die Grüntöne, Vorbilder in marokkanischen Parks und Gärten und tauchen vornehmlich in den Mustern von Fliesen, bemalten Möbeln und Stoffen auf.

LINKS Hellere Blautöne und gedecktere, weniger reflektierende Schattierungen ergänzen die Blauskala, an deren anderem Ende die farbintensiveren, dunkleren Majorelle-Töne stehen.

UNTEN Grün in den verschiedensten Tönen gehört zur marokkanischen Dekorationspalette. Ein helleres Grün ist zum Beispiel Mandelgrün; zu den dunkleren Tönen gehören Blau- und Olivgrüntöne, die an Schwarz grenzen.

OBEN Die Marokkaner lieben intensive, leuchtende Blautöne, insbesondere bei Türen, Fensterläden und Keramiken. Der französische Künstler und Designer Louis Majorelle machte Blau in den 1920er-Jahren mit der Ausgestaltung seiner Villa in Marrakesch populär.

RECHTS Kühles Weiß wird gern in Kontrast zu den Erdfarben von Steinen und Ziegeln, aber auch den Farben heimischer Holzarten gesetzt.

LINKS Blau und Gelb existieren in Marokko oft eng nebeneinander. Wie hier Fensterläden in Majorelle-Blau und eine steinerne Fensterumrahmung in Ockergelb – das Ganze von einer weißen Wand umgeben – beweisen, vereinen sie sich zu einer spannenden Komposition, die auffällt, aber nicht unangenehm ins Auge sticht.

LINKS Die Unterscheidung architektonischer Elemente durch verschiedene Farben wird optisch noch markanter, wenn dies mit Komplementärfarben geschieht. Hier heben sich die aus Sandstein gemauerten Einfassungen der Bogenfenster und Tür deutlich vom Majorelle-Blau der Fenster- und Türrahmen ab. Das Weiß der Fenstersprossen bildet darin wiederum einen eigenen Kontrast, stellt aber gleichzeitig auch eine Verbindung zum Weiß der Fassade her.

UNTEN Die traditionellen Farben der Märkte von Marrakesch bestimmen die Atmosphäre dieses Salons im La Maison Arabe. Kalt und warm halten sich die Waage. Zu den kalten Farben gehören das Weiß der Decke sowie das Blau der Polsterbezüge, der Keramiken und des Gemäldes. Warm wirken dagegen die in Schwammtechnik bearbeiteten gelben Wände, der Terrakottafußboden und der rot-rosa-gelbe Kelim.

DULUX COLOUR SELECTOR
Biscuit

CROWN EXPRESSIONS
Mustard Spice · MS–4

DULUX COLOUR SELECTOR
Golden Dazzle

RALPH LAUREN PAINT
SANTA FE COLLECTION
Mesa Sunrise · SF12B

RALPH LAUREN PAINT
SANTA FE COLLECTION
Rodeo Red · SF18A

PAINT MAGIC/
JOCASTA INNES
Rue Green

DULUX COLOUR SELECTOR
Azure Oasis

CROWN EXPRESSIONS
Blue Mosel · BM–10

ACE
ILLUMINATIONS
Ocean Park · 25–A

Der Shaker-Stil

LINKS Anders als die Amish lehnten die Shaker die Annehmlichkeiten technischer Neuerungen nicht ab. Praktisch, wie sie waren, beschränkten sie sich auch nicht auf die Verarbeitung natürlicher Materialien. In den Versammlungs- und meisten Wohnräumen steht so ein gusseiserner Ofen, dessen Abzugsrohr direkt durch die Wand nach draußen führt. Auf diese Weise ersparte man sich den Deckendurchbruch. Von den Holzfarben der mit Öl behandelten Möbel abgesehen, bringen nur die blau gestrichenen Wandleisten, Tür- und Fensterrahmen, die sich scharf von den weiß getünchten Wänden und der Decke abheben, Farbe in den Raum.

OBEN Die Sprossenstühle mit Webgurtsitzfläche waren leicht und konnten an die Wand gehängt werden, wenn sie im Wege waren. Doch das war nicht das einzige Ungewöhnliche: In die Hinterbeine waren Holzkugellager eingesetzt, sodass man sich bequem weit nach hinten lehnen konnte und der Stuhl dennoch immer einen festen Stand hatte. Der Sekretär trägt ebenfalls die typische Handschrift der Shaker, die schmückende Furnierhölzer ablehnten.

Das Einzigartige am Stil der Shaker ist, dass er einer asketischen Weltsicht entsprang, die sich nicht mit zeitraubenden Stilfragen belastete. Charakteristisch für den Shaker-Stil war vielmehr das Fehlen eines Stils – wenn man den Begriff auf Form und Ausschmückung bezieht und nicht auf Substanz. Die Shaker glaubten – noch konsequenter als die Vertreter der Moderne (siehe Seite 130 – 135), die erst ein gutes Jahrhundert später an der Reihe waren –, dass Form der Funktion zu folgen habe und Gestaltungsentwürfe sich zwanglos aus den entsprechenden Herstellungstechniken ergeben. Anders als die Anhänger der Moderne, deren Auffassung von Architektur und Gesellschaft als solcher zum Teil auch durch Arroganz geprägt war, behandelten die Shaker die Aufgabe, Lebensräume und Gerätschaften zu gestalten, als Nebenprodukt – als natürliche Folge ihrer frei gewählten Lebensweise – und betrachteten den Schaffungsprozess als eine Form des Gebets.

Dass Lebensweise und Ästhetik der Shaker einmal Anerkennung finden sollten, war zunächst nicht abzusehen. Mitte des 18. Jahrhunderts begann eine Splittergruppe der radikalen englischen Quäker, während des Gottesdienstes die Körper zu rütteln (englisch shake), zu schreien, zu tanzen, sich zu drehen und zu zittern – daher der Ausdruck „Shaking Quakers“ oder Shakers. Eine des Lesens unkundige Textilarbeiterin, Ann Lee, trat als Führerin und Verfasserin einer Shaker-Lehre hervor, die in den Vereinigten Staaten mit der Zeit immer mehr Anhänger gewann. Nachdem sie 1758 in die Shaker-Sekte eingetreten war, wurde sie zur Zelotin im wahrsten Sinne des Wortes. Sie wurde mehrfach der Teilnahme an geräuschvollen Gottesdiensten angeklagt und zu Gefängnis verurteilt. Später behauptete sie, in mehreren Erleuchtungen erfahren zu haben, dass sie die weibliche Seite der dualen Natur Gottes und die zweite Inkarnation Christi sei. In einer Geste, die in Bezug auf das Wachstum der Sekte besonders kurzsichtig erschien, machte sie Keuschheit zu

OBEN Shaker-Einrichtungen wirken allein durch die schnörkellose Klarheit. In diesen in neutralem Weiß gehaltenen Wohnräumen der Mittel-Familie in Pleasant Hill (Kentucky) gibt es nur drei Farben: das dunkle Braun des Holzfußbodens, das Dunkelblau der gestrichenen Türen und Rahmen und als einzigen exotischen Farbtupfer die rostrot gestrichene Fußleiste im hinteren Raum.

LINKS Diese Wendeltreppe im Verwaltungsgebäude von Pleasant Hill (Kentucky) zeichnet sich durch die Klarheit der Linien und symmetrischen Proportionen aus, die die Shaker-Architektur insgesamt kennzeichnen. Die fließende, elegante Form ist ein Ergebnis der spezifischen baulichen Anforderungen, während die Dekoration – Trittstufen und Geländerhandlauf aus geöltem Holz, Wangen, Setzstufen und Geländerstäbe grün gestrichen – ausschließlich dazu dient, die geschwungenen Linien zu betonen und die Konstruktion harmonisch mit dem Holzfußboden und dem Holz des Treppenaufgangs zu verbinden.

OBEN Fenster und Fußleiste in dieser Ecke eines Shaker-Schlafzimmers sind senfgelb gestrichen, passend zum Honigton der Kommode und des Fußbodens. Das in sechs über sechs Scheiben unterteilte Hebefenster hat traditionsgemäß keine Vorhänge.

einem der obersten Gebote der Shaker. 1774 überquerte sie den Atlantik, um weiteren Anklagen zu entgehen. Zu dieser Zeit gab es in den USA mehrere Sekten, die Seite an Seite florierten und mehr oder minder geduldet wurden. Die Vorzeichen waren nicht die besten – das Ergebnis fast ein Wunder.

Ann Lee, die anfangs auch in den USA nicht unbehelligt blieb, schaffte es, sich mit ihrer kleinen Gefolgschaft in Niskeyuna (heute Watervliet, New York) niederzulassen, einer Region, die mit der Erweckungsbewegung sympathisierte. Innerhalb von fünf Jahren zählten die Shaker einige Tausend Konvertiten. Mutter Ann starb 1784, und ein neuer Anführer folgte, dieser sollte die Gemeinschaftsethik einführen, die später das Wertesystem der Shaker bestimmte, und so indirekt den Vereinigten Staaten eine eigene Stilrichtung schenken, die von Europa und anderswo völlig unbeeinflusst war.

Unter der Führung von Elder Joseph Meacham und Eldress Lucy Wright wurde 1787 in New Lebanon, New York, die erste Shaker-Gemeinde gegründet. Diese Kerngemeinde führte eine Bewegung, die sich durch Neuengland und in westlicher Richtung bis nach Kentucky, Ohio und Indiana ausbreitete. 1826 existierten 18 Shaker-Dörfer in acht Staaten; es waren erfolgreiche Gemeinden, die vorbildliche Farmen führten und mit Außenstehenden in beispielhafter Weise Handel trieben.

Wenn es stimmt, dass jede Gesellschaft die Architektur bekommt, die sie verdient, dann gilt dies auch für das übersichtliche Gesellschaftsnetz der Shaker-Gemeinde. Bauwerke und handwerkliche Produkte, die aus ihrer Lebensweise hervorgingen, waren schlicht, von einer natürlichen Schönheit und nicht selten genial. Der „Stil" der Shaker entspricht vielleicht dem „Stil" perfekt funktionierender Maschinen oder Spezialwerkzeuge. Es ist eine Art unbewusster Stil, bei dem physikalische Kräfte, Zweckmäßigkeit und die genaue Kenntnis des Materials in einen Entwurf münden, der keiner äußerlichen Verschönerung mehr bedarf. Alles, was die Shaker-Gesellschaft geschaffen hat, vom Versammlungshaus bis zum einfachen Stuhl, war rein zweckmäßig – und nichts sonst. Jedes Ornament, ob Intarsie oder Zierleiste, war entbehrlich.

Die Anfertigung solcher Gegenstände war mit einer gewissen Feierlichkeit und sogar Freude verbunden, handelte es sich bei der Arbeit doch nach Ansicht der Shaker um einen Gottesdienst. Andererseits kann ein Gefühl der Befriedigung, das sich aus der reinen Genialität mancher Erfindungen speiste, nicht gefehlt haben. Vom Propeller über das Laufrad einer Wasserturbine bis hin zur Wäscheklammer – die Entwürfe der Shaker waren in hohem Maße innovativ, auch wenn sie nichts anderes im Sinn hatten, als etwas herzustellen, das ihre Lebensgemeinschaft brauchte.

Hin und wieder scheinen die Shaker jedoch die reizvollen Möglichkeiten der Farbe über ihre asketischen Grundsätze gestellt zu haben. Auch wenn ihre Farbpalette in aller Regel auf die Materialien beschränkt blieb, die sie verwendeten – die Farben der Natur wie Holz, Leder, Stroh, Stein und vielleicht handgefertigte Bauziegel –, so kamen mit der Zeit doch auch lebhaftere Farben zur Anwendung. Der gereifte Shaker-Stil der ersten Hälfte des 19. Jahrhunderts brachte gedämpfte Rot-, Blau-, Gelb- und Grüntöne bei Möbeln,

OBEN Die Shaker verzichteten weitestgehend oder ganz auf gemusterte Flächen. Die Zeichnung der Marmorplatte unter dem Ofen hat die Natur geschaffen, und die rechtlinige Gliederung der Wände, Türen und Böden ergab sich zwangsläufig aus der Bauweise – auch wenn sie hier durch das kühle Blau-Weiß-Farbschema betont wird.

LINKS In Reaktion auf die andauernde Popularität des Shaker-Stils wurde in Sagaponack, Long Island, ein „modernes" Shaker-Dorf gebaut. Dabei ist es den Architekten Deamer-Phillips und den Innenarchitekten Carlson Chase gelungen, die Schlichtheit des Stils einzufangen. Dieser Wohnraum mit eingebauten Schränken lebt von den Farben und Texturen natürlicher Materialien.

UNTEN Leicht und hell, wie es die Shaker-Tradition verlangt, präsentiert sich dieses Schlafzimmer in Sagaponack. Der Sessel mit dickem Sitzpolster und das große Doppelbett hingegen wären wohl kaum auf Zustimmung gestoßen.

Fensterläden und anderen Elementen der Raumarchitektur. Vorratsdosen wurden in Primärfarben gestrichen, die einen Stich ins Graue hatten, Fasern gefärbt, ohne dass dies einem Zweck gedient hätte; Scheune und Haus, bis dahin aus Kostengründen tannenbraun gestrichen, präsentierten sich immer öfter in dem teuren Weiß, das zuvor allein Gemeinschaftshäusern vorbehalten war. Die Shaker lebten in Wohlstand und machten Konzessionen, doch die hielten sich immer in den Grenzen der gedeckteren Farben aus der amerikanischen Palette der Kolonialzeit (siehe Seite 36–53).

Die Welt der Shaker ist heute nur noch in Museumsdörfern wie Hancock in Massachusetts oder Museen wie Fruitlands in Harvard zu besichtigen. Ihr Stil jedoch lebt in Einrichtungen des späten 20. Jahrhunderts, etwa dem nachgebauten Shaker-Dorf Sagaponack, Long Island, weiter – und in Kopien von Stücken, die diesseits und jenseits des Atlantiks wieder modern sind. Mehr noch: Anders als die Sekte, die ihn schuf, wird der Shaker-Stil zweifellos Bestand haben. Die Harmonie des Schlichten scheint so etwas wie ein Garant für bleibende Popularität zu sein.

Die Shaker-Renaissance ist demnach weniger ein erneuter Rückgriff auf eine historische Stilrichtung als vielmehr die dauernde, lebendige Verbindung mit etwas Zeitlosem. Natürlich kann etwas, das im Geiste naiver Schlichtheit hervorgebracht wurde, auf den heutigen Betrachter wie kalkulierter Minimalismus wirken. Aber das trifft nicht zu. Der Shaker-Stil war unschuldig, niemals auf Wirkung bedacht. In einer postmodernen Welt, die historische Zitate und sogar Parodien liebt, ist es vielleicht diese fundamentale Eigenschaft, die ihn so anziehend macht.

UNTEN Dieser Ess-Saal mit integrierter Küche ist für den Shaker-Geschmack innenarchitektonisch vielleicht schon zu ausgeklügelt, zu gewollt minimalistisch, doch die Weitläufigkeit des Raums und das einheitliche Farbschema – Weiß und Naturholztöne – entsprechen dem ursprünglichen Zweckmäßigkeitsanspruch der Shaker.

Die Farbpalette der Shaker

Die Palette der Shaker-Farben beschränkte sich anfangs auf neutrale Weißtöne und Cremefarben sowie die natürlichen Farben ihrer grundlegenden Bau- und Einrichtungsmaterialien – nämlich Holz, Stein, Leder, Eisen und Ziegel. Im Lauf der Zeit kamen Farben dazu, mit denen Holzarbeiten geschmückt wurden. Dabei handelte es sich in der Regel um getrübtes Rot, Gelb, Blau und Grün, die schon zur amerikanischen Kolonialzeit Favoriten gewesen waren (siehe Seite 36–53). Insgesamt blieb der Umgang mit Farben sparsam: Es kommt ganz selten vor, dass in einem Raum mehr als zwei oder drei Farben zur Anwendung kamen.

LINKS Im späten 19. und frühen 20. Jahrhundert tendierten die Shaker, vor allem in Maine und New Hampshire, zu helleren Farben und überstrichen viele ehemals dunkelgrüne oder blaue Holzarbeiten. So entstand auch dieses eher untypische Eisgrün im Arbeitsraum und der angrenzenden Spülküche der Schwestern im Gebäude der Geistlichkeit von Sabbathday Lake (Maine). Die neue helle Farbe deckt die alte nicht vollständig ab. Die nicht mitgestrichenen Griffe und Haken bilden einen reizvollen Kontrast.

OBEN Die Gestaltung dieses Treppenaufgangs unterstreicht die Linienführung der Bauschreinerarbeit. Vor weißem Wandhintergrund präsentieren sich zwei harmonische Farben: ein dunkles Pflanzengrün und die Rotbraunschattierungen eines Hartholzes.

RECHTS Wie in dem Treppenaufgang dient Farbe in dieser Dachkammer dazu, grundlegende Strukturelemente zu unterscheiden: weiße Tünche für die verputzten Wände und ein Shaker-Mittelblau für das Holz.

OBEN Natürlich gemasertes Holz und seine warmen, gelbbraunen Farben sind Grundkomponenten des Shaker-Designs. Ebenso unverzichtbar sind die erstklassige Verarbeitung, die Klarheit der Linien und die Zweckmäßigkeit, von der das Bild oben einen Eindruck vermittelt.

LINKS Einrichtungen im Shaker-Stil von heute bieten wesentlich mehr Komfort, als es die Shaker jemals zugelassen hätten. Design und Farben sind hingegen authentisch.

OBEN Die Farben an der Tür und Türumrahmung waren ursprünglich gleichmäßig deckend; die Streifen entstanden durch Lichtunbeständigkeit der Pigmente. Der Effekt kann künstlich nachgemacht werden, indem man Farbe in feuchtem Zustand wischt und noch zusätzlich mit Schmirgelpapier darüber geht, wenn sie getrocknet ist.

OBEN RECHTS, RECHTS UND GANZ RECHTS Weiß getünchte Wände mit harten Kontrasten in Blau oder Ockergelb bringen die Rechtlinigkeit der Shaker-Architektur zur Geltung.

LINKS Nicht einmal die Shaker konnten der Versuchung widerstehen, schöne Gegenstände anzufertigen, wenn einfachere vielleicht denselben Zweck erfüllt hätten – könnte man beim Anblick der eleganten Schwalbenschwanzverbindungen dieser Holzdosen meinen. Sie sind aber nicht nur perfekt in ihrer Form, durch die Zwischenräume kann sich das Holz bei Schwund oder Ausdehnung nicht so verwerfen – ein von den Shakern perfektioniertes Detail und symbolhaft für ihre gesamte Arbeit.

SHAKER LTD
Cabinetmaker's Blue

SHAKER LTD
Wild Bayberry

J. W. BOLLOM & CO. LTD
NATURAL COLOR SYSTEM
S 6030–B70G

SHAKER LTD
Soldier Blue

SHAKER LTD
Antique Yellow

J. W. BOLLOM & CO. LTD
NATURAL COLOR SYSTEM
S 3040–Y30R

DULUX COLOUR SELECTOR
Natural Terracotta

J. W. BOLLOM & CO. LTD
NATURAL COLOR SYSTEM
S 4040–Y40R

SHAKER LTD
British Red

Morgan's Paint
Z LACK
THE
KILNER
JAR
IMPROVED

4

Die wichtigsten Farben

OBEN Ein „blaues“ Zimmer im schwedischen Herrenhaus Regnaholm aus der Gustavianischen Epoche um 1760. Eine hellere blaue Leimfarbe und eine dunklere vereinen sich zu perfekter Harmonie.

LINKS Mit roter Flüssigkeit gefüllte Glasflaschen zwischen rotblütigen Geranien in Terrakottatöpfen. Kaskadenartiges Arrangement im Haus des mexikanischen Architekten José de Yturbe in Valle de Bravo.

GANZ LINKS Ein Blick auf den „Vorratsschrank“ im Atelier des italienischen Malers Guigi Maria Sesti in Argiano mit zum Teil selbst gemischten Pigmenten. Sozusagen das Eingemachte eines Künstlers.

Kleine Farbkunde

Unsere Farbwahrnehmung ist subjektiv. Das bedeutet, dass wir alle unterschiedlich und meist sehr emotional auf Farbe reagieren. Wie Farbe erlebt wird, hat eine ästhetische und eine psychologische Komponente, sodass sich der Vorgang zwar beschreiben, aber nicht unbedingt analysieren lässt. Das Farbspektrum als solches hat dagegen Eigenschaften, die relativ leicht dargestellt werden können. Die folgende Erläuterung bezieht sich auf die subtraktive Farbmischung, den Vorgang des Mischens von Körperfarben (Farbsubstanzen). Die additive Farbmischung, also die Kombination von farbigem Licht, verhält sich grundlegend anders.

Die Relation der Farben zueinander lässt sich anhand eines Farbkreismodells darstellen. Es gibt drei **Primärfarben:** Rot, Blau und Gelb. **Sekundärfarben** sind aus zwei Primärfarben zusammengesetzt, **Tertiärfarben** aus einer Primär- und einer Sekundärfarbe. Theoretisch lassen sich aus den drei Primärfarben alle anderen Farben mischen. In der Praxis erhält man oft ein unbefriedigendes Ergebnis, je nach gewähltem Rot, Blau oder Gelb. Unter **Farbton** versteht man die verschiedenen Buntfarben: Rot, Gelb, Blau und so fort. Die **Intensität** definiert den **Sättigungsgrad** eines Farbtons, das heißt die Abmischung einer bunten Farbe mit Schwarz (Schattierung), Weiß (Nuancierung) oder ihrer Komplementärfarbe (Bunttrübung). Der **Farb- oder Tonwert** beschreibt das Reflexionsvermögen einer Farbe und gibt den Grad ihrer Helligkeit beziehungsweise Dunkelheit an. Farbwert und Intensität stehen in enger Beziehung, denn es trifft nicht immer zu, dass die gesättigtste Stufe auch die intensivste Wirkung hat. Farben mit geringer Eigenhelligkeit gewinnen durch Weißabmischung. Ebenso hängt die Intensität stark von der Umgebungsfarbe ab. Helle Farben wirken kräftiger vor einem dunklen Hintergrund und umgekehrt. Die Farbwirkung ist immer durch die Nachbarschaft einer Farbe beeinflusst. Grundsätzlich gilt, dass **Komplementärfarben** sich gegenseitig intensivieren und starke Kontraste bilden. Kontrastierende Farben, ob komplementär oder in der Farbwertigkeit, werden oft als unharmonisch empfunden, besonders wenn beide Farben großflächig direkt nebeneinander liegen. Als harmonisch stuft das menschliche Auge meist Farbkombinationen mit gleicher Farbwertigkeit ein; man spricht dann auch von einer Farbfamilie.

Primärfarben

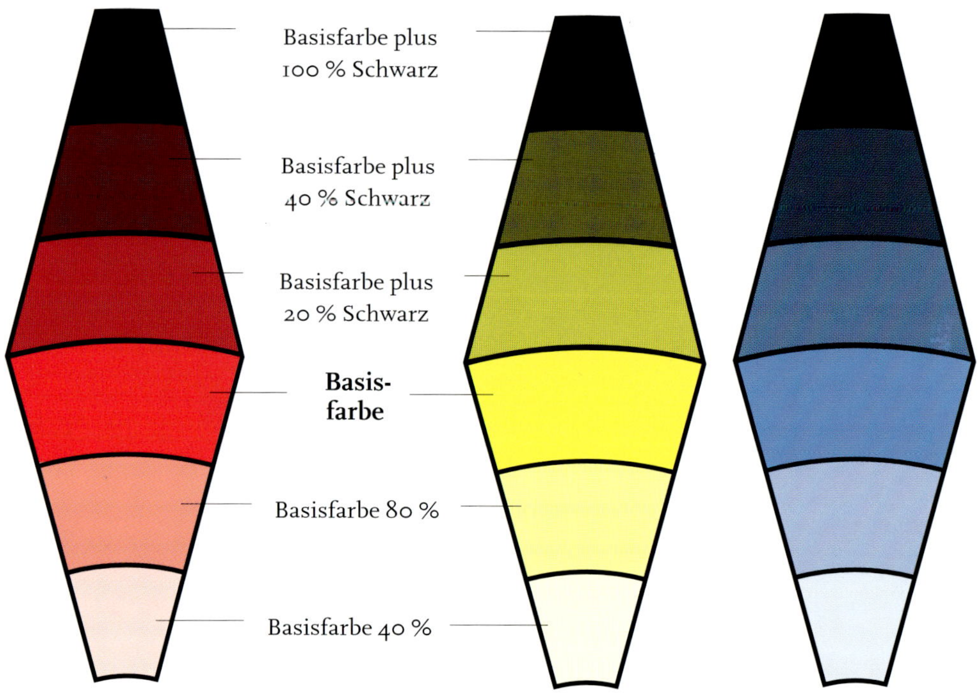

OBEN **Nuancen und Schattierungen.** Diese Ausschnitte des Farbkreises illustrieren, wie die Abtönung mit Weiß eine zunehmend hellere Nuance ergibt, während die Abtönung mit Schwarz zu einer immer dunkleren Schattierung der Grundfarbe führt.

Sekundärfarben

UNTEN Einige Sekundärfarben, die durch Mischen der Primärfarben Blau und Gelb entstehen.

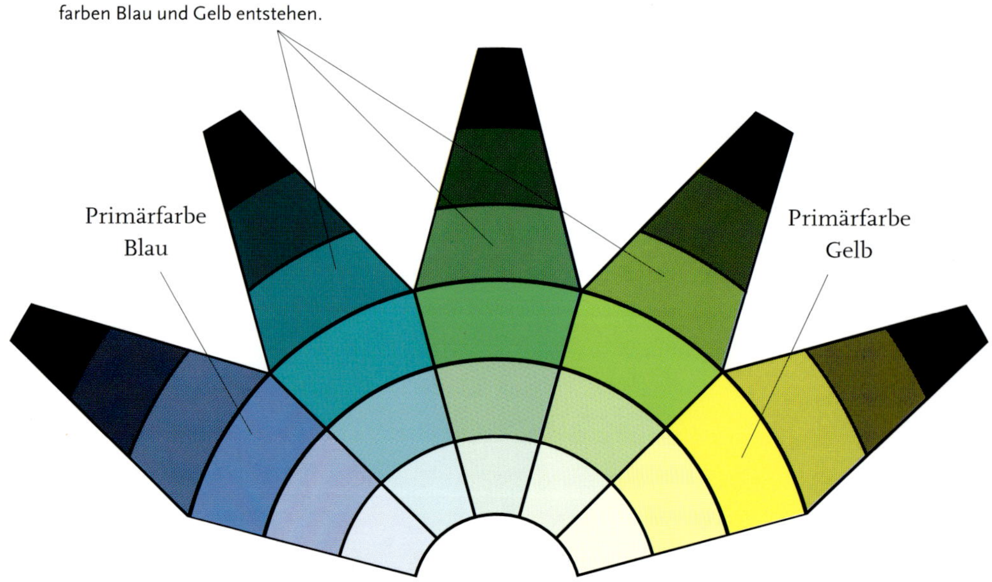

Farbstern mit zwölf Basisfarben

RECHTS Ein Farbkreismodell (nach Johannes Itten) aus den drei Primärfarben Rot, Gelb und Blau und eine Reihe von Sekundärfarben, die durch Mischen von jeweils zwei Primärfarben entstehen. Komplementärfarben stehen sich diametral gegenüber. Der Verlauf von der hellsten Weißnuance zur maximalen Schattierung eines Farbtons mit Schwarz geht von innen nach außen.

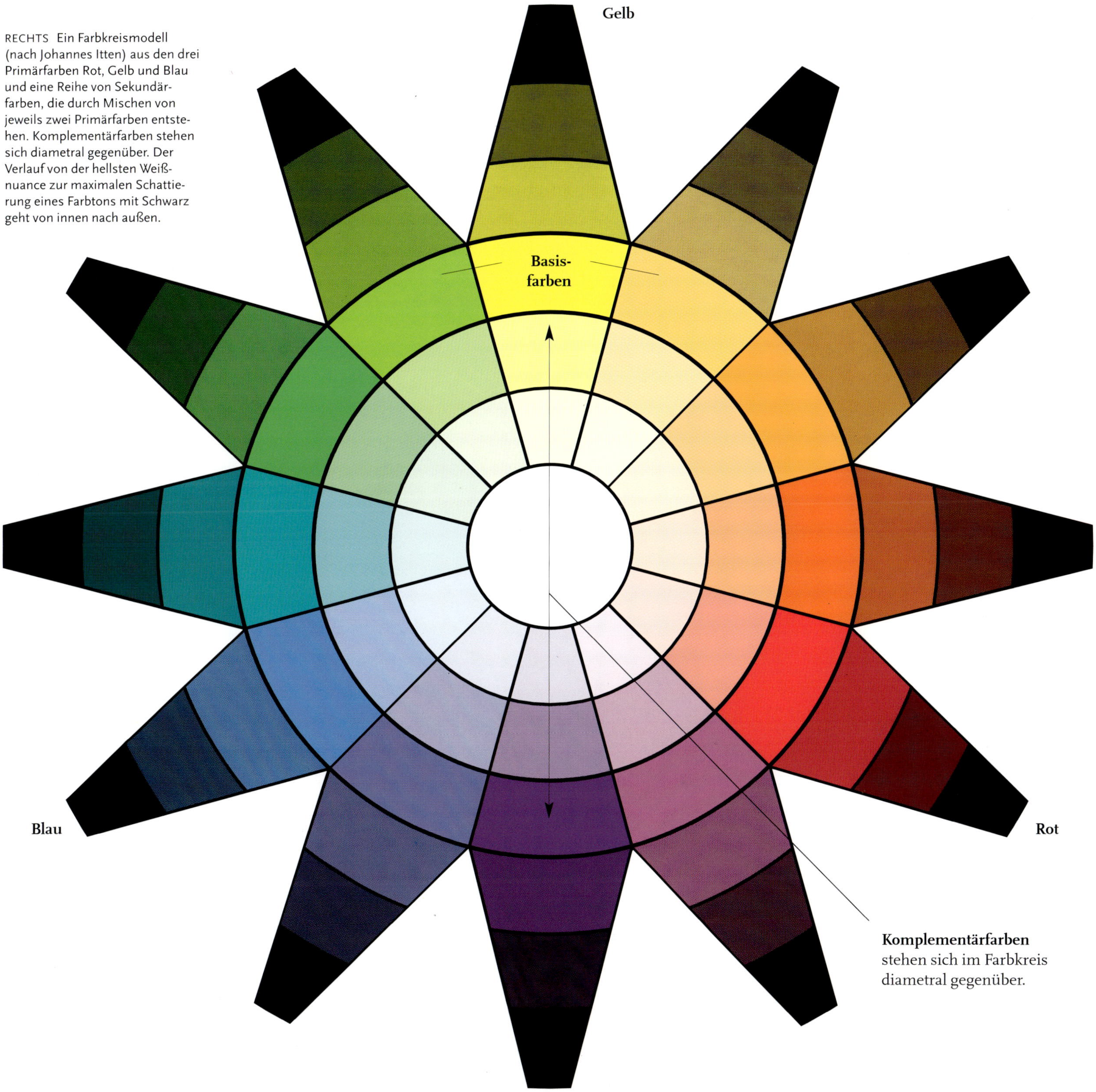

Rot

Farben rufen bei jedem eine emotionale Sofortreaktion hervor; wie diese ausfällt, hängt auch vom kulturellen Hintergrund des Einzelnen ab, denn Farben werden in verschiedenen Ländern auch unterschiedlich verstanden, und wir können nicht davon ausgehen, dass andere Kulturen die gleichen Farbassoziationen haben wie wir. In manchen Sprachen gibt es nicht einmal Wörter für Grün, Blau, Gelb oder Orange. Das Wort Rot hingegen, die verbreitetste Farbe nach den unbunten Farben Schwarz und Weiß, existiert in allen Sprachen. Rot signalisiert Leben(sblut) und Erregung und scheint die vitalste, anregendste Farbe überhaupt zu sein. Auch wenn oder vielleicht weil wir Wut und Gefahr damit assoziieren, gilt Rot als kraftvolle, lebensbejahende Farbe. Rot muss nicht unbedingt rein vorkommen, um eine positive Reaktion hervorzurufen. Kräftige Rosa- und volle Brauntöne übernehmen die Lebendigkeit ihrer roten Basisfarbe, während dramatische Kombinationen von Rot und Weiß oft intensiver wirken, wenn das Rot nicht allzu kräftig ist – vielleicht weil der Kontrast dann nicht ganz so hart und erregend ist.

OBEN Nische, Tür- und Fensterrahmen, Blumen und Bezugsstoffe in Mexikanischrosa als Kontrast zu weiß verputzten Wänden.

LINKS Originalvertäfelung in gebrochenem Weiß und moderne, pinkfarbene Vorhänge in einem französischen Salon aus dem 18. Jahrhundert.

RECHTS Fassade eines Hauses im spanischen Kolonialstil des 19. Jahrhunderts in Terrakottarot.

GANZ RECHTS Ein Steinbrunnen vor rosa „aztekischen" Stufen. Mexikanische Wohnhausanlage von José de Yturbe.

DULUX COLOUR SELECTOR
Sexy Pink

RALPH LAUREN PAINT SANTA FE COLLECTION
Arroyo Pink · SF02C

ACE ILLUMINATIONS
Carlyle · 53–E

RALPH LAUREN PAINT SANTA FE COLLECTION
Sedona Pink · SF13D

SANDERSON SPECTRUM
Cerise Pink · 18–12D

CROWN EXPRESSIONS
Brasserie · BR–8

ACE ILLUMINATIONS
Tulip Time · 53–A

J. W. BOLLOM & CO. LTD NATURAL COLOR SYSTEM
S 2050–R30B

DULUX HERITAGE COLOURS GEORGIAN (1714–1837)
DH Blossom

ACE
ILLUMINATIONS
Luscious Lips · 12–A

FIRED EARTH/
PAINT PORTFOLIO
(CONTEMPORARY
COLOURS)
Strawberry Fields

J. W. BOLLOM & CO. LTD
NATURAL COLOR SYSTEM
S 1030–R10B

CROWN EXPRESSIONS
Flame Red · FR–8

PAINT MAGIC/
JOCASTA INNES
Burnt Orange

DULUX HERITAGE COLOURS
VICTORIAN (1837–1901)
DH Salmon

PAINT LIBRARY
Elizabethan Red

JANE CHURCHILL
Minara Red

LIZ INDUNI
TRADITIONAL PAINTS
Pale Pink

RALPH LAUREN PAINT
SPORT COLLECTION
Catamaran · SPo8D

CROWN COLOUR PLANNER
Solstice

DULUX COLOUR
SELECTOR
Vanilla Cream

PAINT LIBRARY
Chinese Paper

CROWN COLOUR
PLANNER
Gold Sands

DULUX COLOUR
SELECTOR
Buttersilk

CROWN COLOUR
COLLECTION
Phoenix Yellow

CROWN COLOUR
COLLECTION
Indian Dust

LIZ INDUNI
TRADITIONAL PAINTS
Yellow Ochre

Gelb

Gelb ruft weniger übereinstimmende Assoziationen hervor als Rot, doch aus nahe liegenden Gründen denken wir bei Gelb an die Sonne – fast auf jedem Kinderbild kann man eine stilisierte gelbe Sonne mit Strahlenkranz sehen. Van Goghs unzählige Male reproduzierte Sonnenblumen gaben dem 20. Jahrhundert ein aussagekräftiges Symbol für die überlegene Kraft der Natur, und unsere ersten Gefühle beim Betrachten des Bildes sind die von Sonnenlicht, Wärme und Wohlbefinden. Vom dekorativen Standpunkt her hat Gelb starke Aussagekraft. Viele Menschen empfinden ein Goldgelb als ebenso anregend wie ein tiefes Rot, und allgemein werden die Farbtöne des Gelb-Rot-Bereichs als warme und angenehme Farben eingestuft. Dies hat praktische Auswirkungen, wenn es um die Dekoration von Räumen geht. Sie werden häufig feststellen, dass ein blasses Blau bei gleicher Raumtemperatur ein geringeres Wärmegefühl hervorruft als ein Gelb oder Orange. Der Unterschied zwischen farblich „kalten" und „warmen" Räumen schlägt sich unmittelbar in den Heizkosten nieder. Unsere Erwartungen können unsere anderen Sinneswahrnehmungen beeinflussen und rufen eine ebenso reale Reaktion hervor, auch wenn sie durch eine optische Täuschung provoziert wurde. Bestimmte Gelbtöne, die einen Stich ins Blaue haben, verursachen daher eine Art Sinnverwirrung, da die Vorgabe gelb = warm, blau = kalt nicht erfüllt wird. Wir empfinden diese Töne als störend und in großen Flächen sogar als ungesund. Akzentuierend setzt aber jedes leuchtende Gelb belebende Frischpunkte. Flächig angewendet bedarf es immer einer sorgfältigen Auswahl, da diese dominante Farbe einen Raum – besonders kleinere – leicht überfordern kann.

OBEN Das Gelb der Seidendamasttapete setzt sich in den Goldornamenten und dem Goldbraun des Walnusstisches fort.

RECHTS Das Gelb der Wand taucht im Kaminsims wieder auf, und auch die Brauntöne des Bildes und der Skulpturen sind stimmig.

GANZ RECHTS Das „Ministero del Gusto" in Marrakesch. Der leuchtend gelbe Anstrich wird durch das Braun der Balustrade und Stäbe in der Flächenwirkung etwas abgeschwächt und so für das Auge angenehmer. Diese Harmonisierung hebt die violette Fensterumrahmung wieder auf.

J. W. BOLLOM & CO. LTD
EMULSION STAINERS
Yellow Chrome

PAINT LIBRARY
Orlando

CROWN COLOUR
COLLECTION
Cream Silk

DULUX HERITAGE
COLOURS
Lemon Colour

J. W. BOLLOM & CO. LTD
NATURAL COLOR SYSTEM
S 1050–Y10R

ROSE OF JERICHO
Yellow

DULUX COLOUR
SELECTOR
Apricot Crush

SANDERSON SPECTRUM
Sun Buff Lt · 8–20M

ACE
ILLUMINATIONS
Sahara · 86–E

CROWN EXPRESSIONS
Bahama Blue · BB–8

CROWN EXPRESSIONS
Winter Lake · WL–4

CROWN EXPRESSIONS
Oxford Blue · OB–3

ACE
ILLUMINATIONS
New River Gorge 26–B

CROWN COLOUR
COLLECTION
Blue Mosel

SANDERSON SPECTRUM
Blue Day LT · 24–14P

DULUX COLOUR
SELECTOR
Blue Lagoon

ROSE OF JERICHO
Ultramarine Blue

CROWN COLOUR
COLLECTION
Dewberry Frost

Blau

Blau ist nicht nur in der Farbtheorie als Primärfarbe elementar. Bei Blau denken wir als Erstes an den Himmel und das Wasser. So erhält Blau auch in unserer Vorstellung etwas „Elementares". Wir verbinden mit dieser Farbe die Frische eines Quells, die Ruhe eines stillen Bergsees, das Freiheitsgefühl unter einem wolkenlosen Sommerhimmel und die (sehr unterschiedliche) Erregung, die uns beim Betrachten des nächtlichen Firmaments ergreift. Demgemäß verwenden wir die Farbe Blau auch in unserem Wohnumfeld. Hellere Blautöne, um eine ruhige, kühle Atmosphäre zu schaffen – weshalb Blau gerne bei Schlafzimmergestaltungen eingesetzt wird – oder um den belebenden Frischeeffekt zu nutzen – Baderäume und auch Küchen sind häufig in Blau gehalten. In höchster Sättigung kann Blau aber auch extrem hart und geradezu beängstigend sein (vielleicht eine Form der Tiefenangst). Mit Blau-Rot-Variationen wie Purpur- und Malvenblau assoziiert man oft Förmlichkeit und sakrale Steifheit. Die Farbe Lila war aber ebenso Symbolfarbe der Frauenemanzipationsbewegung in der zweiten Hälfte des 20. Jahrhunderts und gilt als kreative, inspirierende Farbe. Als Mischfarbe von Rot und Blau ist sie ambivalent und verbindet Assoziationseigenschaften beider Farben: anregend, aktiv, hitzig – beruhigend, gelassen, kühl. Das macht den Einsatz dieser Mischtöne besonders interessant und spannungsvoll.

OBEN Frisches Weiß und leuchtende Blautöne in einem postmodernen Ambiente in London.

RECHTS Blumentapete mit ruhigem graublauem Grund im Morris-Jumel Mansion, New York.

GANZ RECHTS Eine stark glänzende Lackfarbe macht das Blau und die Goldmotive noch dramatischer.

UNTEN Sanftes Veilchen- und Lavendelblau in einem Schlafraum.

J. W. BOLLOM & CO. LTD
NATURAL COLOR SYSTEM
S 4050–R50B

ACE
ILLUMINATIONS
Ruth's Best · 16–A

SANDERSON SPECTRUM
Elegance · 21–11M

DULUX COLOUR
SELECTOR
Real Indigo

SANDERSON SPECTRUM
Rajah · 23–6D

SANDERSON SPECTRUM
Purple Petal · 23–10M

ACE
ILLUMINATIONS
Viking King · 58–A

RALPH LAUREN PAINT
SANTA FE COLLECTION
Canyon Iris · SF11D

DULUX HERITAGE
COLOURS
DH Lilac

SANDERSON SPECTRUM
Emerald · 55–15U

DULUX COLOUR SELECTOR
Terrific Turquoise

PAINT LIBRARY
Constantia Blue

DULUX HERITAGE COLOURS
VICTORIAN (1837–1901)
Victorian 21

DULUX COLOUR SELECTOR
Soft Willow

CROWN COLOUR COLLECTION
Swiss Chalet

CROWN EXPRESSIONS
Castaway · CA–6

RALPH LAUREN PAINT
CANYON ROAD COLLECTION
Summer Sod · CRO3C

J. W. BOLLOM & CO. LTD
NATURAL COLOR SYSTEM
S 1010–B90G

Grün

Für Grün gibt es eine weltweit gültige Assoziation, und das ist die von Grün mit Wachstum und Pflanzen – saftig grünen Wiesen, Wäldern – und Natur allgemein. Sie trat besonders deutlich durch das Aufkommen „grüner“ Parteien und Öko-Bewegungen hervor, die sich im letzten Quartal des vorigen Jahrhunderts für die bedrohte Natur einsetzten und den Umweltgedanken moralisch, politisch und sozial in den Vordergrund stellten. Keine Frage: Das grüne Blatt – vom Akanthusblatt am korinthischen Kapitell über Botticelli bis zum Jugendstil – hat schon immer den Bezug zur Natur hergestellt. Aber die Assoziation mit Erneuerung, Wachstum und Vegetation hat stärkeren Nachdruck erfahren, seit das moderne Leben ein Umdenken in unserer Beziehung zu Natur und Umwelt erforderlich macht.

Grüntöne, vor allem die helleren, wirken beruhigend und harmonisch, besonders in einer Welt synthetischer Oberflächen und Industriefarben. Deshalb werden sie auch gerne für Büros und private Arbeitszimmer verwendet. Auf die Augen hat Grün eine entspannende Wirkung. Wer von seinem Arbeitsplatz aus nicht in grüne Außenbereiche blicken kann und seine Augen durch Bildschirmarbeit stark ermüdet, sollte diesen Grün-Effekt bei der Innendekoration nutzen. Ein kräftiges Grün, das zu Blau tendiert, kann aber auch spritzig und verwegen wirken oder kühl und distanziert, ähnlich wie bei den ambivalenten Rot-Blau-Tönen. Ein sehr helles Grün ist oft eine besonders ruhige Alternative zu reinem Weiß. Aber Vorsicht ist geboten, damit diese Ruhe nicht langweilig wirkt, und auch bei Abmischungen mit viel Weiß: Dabei kann anstelle eines zarten Pistaziengrüntones ein fades Schimmelgrün die Wände zieren und Ihnen und Ihren Gästen den Teint einer Wasserleiche verleihen.

OBEN Täfelwerk im Speisesalon eines restaurierten französischen Schlosses aus der Mitte des 18. Jahrhunderts, von dem Architekturhistoriker und Designer Andrew Allfree smaragdgrün gestrichen. Tropfen und Girlanden des französischen Kristallkandelabers schließen sich der Farbe an.

LINKS Kassettentüren einer Schrankwand aus dem 18. Jahrhundert in einem französischen Herrenhaus aus dem 17. Jahrhundert im Departement Loire et Garonne. Weiches Mittelgrün war als Holzfarbe im ländlichen Frankreich des 18. Jahrhunderts sehr beliebt.

GANZ LINKS Vital und kräftig wirkt diese grüne Kaminwand der Rancho La Peña in Mexiko. Architekt Manuel Mestre ließ sich dazu durch die Pflanzen seiner Heimat inspirieren und kombinierte sie mit den natürlichen Erd- und Holzfarben mexikanischer Bauziegel, Terrakottafliesen, Keramiken und Flechtmöbel.

ACE ILLUMINATIONS
Apple Green · 37–A

BRATS LTD MEDITERRANEAN PALETTE
Emerald · 300

MARSTON & LANGINGER
Pistachio

J. W. BOLLOM & CO. LTD NATURAL COLOR SYSTEM
S 2060–G10Y

SANDERSON SPECTRUM
Irish Green · 36–18D

ACE ILLUMINATIONS
Peppermint Patty · 116–E

PAINT MAGIC/ JOCASTA INNES
Racing Green

PAINT MAGIC/ JOCASTA INNES
Conifer

FARROW & BALL
Sutcliffe Green · U/C32

5

Traditionelle Pigmentgewinnung

OBEN Die Außenwände eines kleinen Schuppens in Argiano bekamen einen satten Kalkanstrich mit vor Ort gewonnenen Erdpigmenten namens *terra rossa di Argiano*.

LINKS Fensterrahmen und Holzläden dieses französischen Bauernhauses trotzen der Witterung mit einem Schutzanstrich, der das Blaupigment des Waids enthält.

GANZ LINKS Ein Feld mit blühendem Färberwaid *(Isatis tinctoria)* im Südwesten Frankreichs. Aus den gelbgrünen Blättern wird seit Jahrhunderten ein Blaupigment gewonnen, das im 17. Jahrhundert als Königsblau beschrieben wurde.

Erdpigmente – *terra rossa*

OBEN UND RECHTS Guigi Maria Sesti schlägt Erde ab, die das Pigment *terra rossa di Argiano* enthält. Reich an Mineralien (vor allem Eisenoxiden), ist Italien eines der Hauptursprungsländer von Erdpigmenten für den Künstler- und Dekorationsbedarf. Bevor das Pigment einem Farbträger zugegeben werden kann, muss es von anderen Mineralien und pflanzlichen Anteilen in der Erde getrennt werden (siehe gegenüber).

Neben den vielen organisch-pflanzlichen Pigmenten (siehe Seite 226–229) gehören die anorganischen Pigmente, die aus eisenoxidreicher Erde gewonnen werden, zu den ältesten Farbquellen für Künstler und Farbgestalter. Ihr Gebrauch lässt sich bis in prähistorische Zeit zurückverfolgen. Aufgrund ihrer Kalkbeständigkeit eignen sich diese Pigmente für die Technik der echten Freskenmalerei (*fresco buono*), der haltbarsten Art der Wandbemalung, bei der auf die noch feuchte Kalkputzschicht gemalt wird. Nach dem Trocknen sind die Pigmente (durch das Abbinden des Kalks mit dem Kohlendioxid der Luft) unlöslich mit der Putzschicht verbunden. Solche Freskenmalereien bewundern wir noch heute an Villen aus dem ersten Jahrhundert in der ausgegrabenen Stadt Pompeji, in altchinesischen Gräbern in der Mandschurei und in den Höhlen von Ajanta in Indien, die im 6. Jahrhundert ausgemalt wurden. Einige der schönsten Freskenmalereien entstanden während der Renaissance in Italien, ausgeführt von Michelangelo in der Sixtinischen Kapelle und Raffael in der Stanza della Segnatura des Vatikans in Rom.

Von diesen überaus dekorativen Beispielen abgesehen, stellten Erdpigmente zudem eine reichlich verfügbare und relativ preiswerte Art der Farbe für die verschiedenen Malmittel auf Wasser- und Ölbasis dar, die zur Dekoration von Putz- und Holzflächen im Innen- und Außenbereich verwendet wurden.

Die drei – sowohl dem Vorkommen als auch der Verwendung nach – verbreitetsten Erdpigmente werden wie folgt unterschieden: Ocker, dessen Färbung allein auf dem Gehalt von Eisenoxid beruht und das den gelben Bereich des Spektrums abdeckt; Siena mit einem Gehalt von 30–70 Prozent Eisenoxid und einer Färbung von Gelbbraun bis Rotorange; und Umbra mit einem hohen Gehalt an Mangandioxid und gewöhnlich brauner Färbung. Alle diese Pigmente können zusätzlich auf hohe Temperaturen erhitzt (gebrannt) werden, wodurch sie einen volleren, dunkleren Ton erhalten; man spricht dann von Ocker gebrannt, Siena gebrannt und Umbra gebrannt.

Wichtige Erdfarben sind zudem verschiedene Rottöne, die aus dem Eisenerz Hämatit beispielsweise in Spanien und am Persischen Golf gewonnen – und manchmal auch Ockerrot genannt – werden; Schwarz aus (dem Eisenerz) Magnetit; Gelb aus Limonit; Braun aus Siderit; und Dunkelbraun aus Pyrit. Zusätzlich zu diesen natürlichen gibt es eine Reihe von künstlichen Eisenoxidpigmenten. Zu ihnen gehören Eisenoxidrot – vom hellen Türkischrot bis

DIESE SEITE Die Herstellung des Pigments in reiner Handarbeit ist natürlich etwas mühsam, aber dafür sehr einfach und auch mit der Ausrüstung eines Hobbygärtners oder Heimwerkers zu schaffen. Die trockene Erde wird in einem Eimer mit Wasser getränkt. Nach drei bis vier Tagen haben sich die Erdklumpen, die das Mineral enthalten, mit Wasser voll gesogen. Die Erde wird auf ein weitmaschiges Kastensieb gegeben und mit einem Stößel zerkleinert. Während größere Steine und pflanzliche Verunreinigungen auf dem Sieb zurückbleiben, fallen die kleineren Erdklümpchen in eine Tonschale (ein anderer flacher und ausreichend großer Auffangbehälter ginge natürlich auch). Der Vorgang des Zerkleinerns und Siebens erfolgt mehrfach mit verschiedenartigen Stößeln und Hämmern und auch immer feineren Siebgrößen. Die am Ende feuchte und körnige Erde wird in einem Eimer erneut mit Wasser geschlämmt, sodass eine leicht klumpige, cremeartige Masse entsteht. Diese wird mit einem Spatel durch ein feinmaschiges Kastensieb gestrichen und in einem anderen Behälter aufgefangen.

Pflanzliche Farbstoffe – Waid

GANZ LINKS Auf einem Feld bei Toulouse in Südfrankreich wächst *Isatis tinctoria*, der Färberwaid. Die gelben Blüten signalisieren die erste Phase eines farblichen Wandlungsprozesses, der über Gelbgrün und Grünblau schließlich zu dem typischen Blau des gewonnenen Farbstoffs führt.

LINKS Nach der Ernte werden die Blätter in einem Bottich mit Wasser etwa vier Stunden lang gerührt, bis es einen dunkelgrünen Farbton angenommen hat.

Bis zur Mitte des 19. Jahrhunderts, als die synthetischen Anilinfarben aufkamen, wurden Pigmente zum Tönen von Farben und Stoffen nicht nur aus Mineralien, sondern auch aus Pflanzen gewonnen. Krapp zum Beispiel, ein roter Farbstoff aus der Wurzel der Färberröte *Rubia tinctorum*, wurde schon 2500 v. Chr. in Indien verwendet und hatte weit reichende Bedeutung; ebenso das Quercitron aus der Innenrinde der Färbereiche, welches verschiedene Gelbtöne ergab; Indigo, ein blauer Farbstoff aus den Blättern des Indigostrauchs *(Indigofera)* und schließlich Waid, der mit zu den ältesten Pflanzenfarbstoffen gehört. Wie Indigo ein blauer Farbstoff, ist Waid seit Menschengedenken bekannt und hat sich als einer der vielseitigsten und lichtbeständigsten Farbstoffe erwiesen.

Das Waidpigment wird aus den Blättern von *Isatis tinctoria* gewonnen, einer zweijährigen, in Südeuropa heimischen Pflanze, der nicht nur färbende, sondern auch heilende Eigenschaften nachgesagt werden, zum Beispiel bei der Wundbehandlung. Die größte Wertschätzung genoss Waid jedoch als Färberpflanze. Die mit Waid gefärbten blauen Anteile des Teppichs von Bayeux haben in fast einem Jahrtausend praktisch nichts von ihrer Intensität verloren – ein eindrucksvoller Beweis für die Qualität und Farbechtheit des Pigments. Im Europa der Renaissance kam Waid als *bleu de Roi* (Königsblau) zu hohen Ehren, und im 17. Jahrhundert benutzte man es weit verbreitet als Malerpigment und Textilfärbemittel. Zu dieser Zeit wurden jährlich zwischen 30 000 und 40 000 Tonnen von Toulouse nach London, Antwerpen und Hamburg exportiert – ein Handel, der der südfranzösischen Stadt und ihrem Umland beträchtlichen Reichtum eintrug. Kein Wunder, dass das Pigment auch „blaues Gold" hieß.

Das traditionelle Herstellungsverfahren war sehr langwierig. Die von Hand gepflückten Blätter wurden in einer Steinmühle zerquetscht und dann zu Kugeln geformt, so genannten *cocagnes* (die Gegend der Waidproduktion heißt heute noch Le Pays de Cocagne – Schlaraffenland). Diese Kugeln legte man auf abgedeckten Tabletts zum Trocknen aus, um sie danach zu Pulver zu vermahlen. Dieses wurde in einem Malzhaus ausgelegt, mit Wasser angefeuchtet und der Gärung überlassen. Die Masse musste täglich gewendet und befeuchtet werden, etwa neun Wochen lang. Die Verarbeitung setzte hohes Können voraus, da der Farbstoff verdarb, wenn während der Fermentierung zu viel Hitze entstand. Der fertige Farbstoff ging dann in Fässern zu den Textilherstellern.

RECHTS Die Flüssigkeit wird abgelassen und kommt in einen Oxidationsbottich, in den Luft gepumpt wird. In Reaktion mit dem Sauerstoff wird das Pigment immer dunkler.

GANZ RECHTS, OBEN Das Pigment nimmt zunächst eine gelbliche, dann eine grüne und später eine blasse blaugrüne Farbe an, wie der Baumwoll-Teststoff zeigt.

GANZ RECHTS, UNTEN Ein erneutes Testbad: Die letzte Phase des Farbwandels, von Blaugrün zu Blau, ist fast abgeschlossen.

Die Rückstände in den Färberbottichen können genutzt werden, um Malerfarben anzumischen; zum Beispiel Ölfarben mit Terpentin und Leinöl, Farben auf Wasserbasis wie Leim- und Kaseinemulsionen oder Kalktünche.

Vom ausgehenden 17. Jahrhundert an wurde Waid aus Kostengründen allmählich durch Indigo ersetzt, an dessen Stelle um die Mitte des 19. Jahrhunderts synthetisches Indigo trat. Seit einiger Zeit jedoch erlebt Waid (ebenso wie die alten Pigmentträger in der Dekorationsmaltechnik) eine neue Blüte, zu der Firmen wie Bleu de Pastel de Lectoure in Frankreich mit Verbesserungen der traditionellen Herstellungsmethoden beigetragen haben (dort entstanden auch die Fotos auf diesen Seiten). Außerdem schätzt man wieder die ästhetischen Eigenschaften des Farbstoffs. Mit einer Skala, die vom zarten Hellblau bis zum satten Indigoblau reicht, dabei aber immer einen leichten, edlen Grauschimmer aufweist, ist Waid treffend als das einzige Blau beschrieben worden, das während des Alterns nur noch schöner wird.

GANZ LINKS Nach der Oxidation wird die Flüssigkeit in einen Ruhetank umgefüllt, in dem sich über Nacht der Farbstoff am Boden absetzt. Das Pigment wird ausgefiltert, verfeinert, noch einmal gefiltert und getrocknet. Am Ende dieser langen Prozedur erhält man das als „blaues Gold" bezeichnete Pulver.

UNTEN Waid ist als Färbemittel für Stoff und Fasern wie Baumwolle, Seide, Leinen und, wie hier, Kaschmir heute wieder sehr gefragt. Durch Verdünnung des sehr lichtbeständigen Farbstoffs kann jedes beliebige Blau von hell bis dunkel erzeugt werden.

OBEN UND RECHTS Mit Öl und Terpentin gemischt, ergibt Waid eine hochbeständige Holzölfarbe; in Farbmitteln auf Wasserbasis ist der Blauton durchscheinender. Die hier abgebildeten Fensterläden und die Tür (als Ausschnitt) befinden sich auf dem Firmengelände von Bleu de Pastel de Lectoure und sind typisch für die Bauernhäuser im so genannten Le Pays de Cocagne, auf Deutsch Schlaraffenland, der Gegend im Südwesten Frankreichs, die ihren Namen der Herstellung des „blauen Golds" – Waid zu verdanken hat.

Glossar

A

Abtönen Anmischen eines Farbmittels mit Pigmenten oder Volltonpasten, um einen bestimmten Farbton zu erreichen.
Adamstil Nach dem schottischen Baumeister Robert Adam benannter klassizistischer Stil des späten 18. Jahrhunderts – siehe Seite 70–73.
Adobe Ein luftgetrockneter – nicht gebrannter – Baustein aus Lehm; in Mexiko und Südwestamerika gebräuchlich.
Aesthetic Movement Eine Bewegung des ausgehenden 19. Jahrhunderts in England und den USA, die sich gegen Eklektizismus und überladene Interieurs des hochviktorianischen Stils richtete. Vorläuferbewegung des Jugendstils und stark japanisch beeinflusst, überschnitt sich zeitlich mit der bekannteren Arts-and-Crafts-Bewegung, die in der Ornamentik eher an der angelsächsischen Gotik orientiert war.
Akanthus Eine im Mittelmeerraum heimische Pflanze mit großen gefiederten Blättern (lat. *Acanthus mollis*), die seit der Antike (korinthische Kapitelle, Spiralranken) als Ornament nachgebildet wurden.
Arabeske Rankenornament aus stilisiertem Blattwerk aus dem Nahen Osten. Seit Mitte des 16. Jahrhunderts in der europäischen Architektur und Innendekoration verbreitet.
Architrav Teil des Gebälks. Waagerecht auf den Säulen aufliegender Balken in der antiken Baukunst und den von ihr abhängigen Baustilen.
Arkade Eine fortlaufende Reihe von Bogenstellungen, die auf Pfeilern oder Säulen ruhen; frei stehend oder als mit der Wand verbundene Blendarkade.
Art déco Ein Innendekorations- und Ornamentstil der 1920er- und 1930er-Jahre. Typisch sind geometrische und abstrakte Formen wie Stufenmuster, Sonnen und Embleme, die Bewegung und Dynamik symbolisieren.
Arts-and-Crafts-Bewegung In den 1860er-Jahren im Künstlerkreis der Präraffaeliten in Großbritannien entstandene und bis in die 1930er-Jahre auf beiden Seiten des Atlantiks einflussreiche Bewegung, die gegen die mangelhafte Qualität massenproduzierter Waren zu Felde zog und für die Rückkehr zu den traditionellen Methoden des Kunsthandwerks eintrat.
Aufhellung Durch Mischen mit Weiß, Verdünnung des Malmittels oder durch einen dünneren Farbauftrag herbeigeführter Maleffekt.
Auripigment Mineralpigment, ein gelbes Arsensulfid. Gehört zu den seit frühester Zeit bekannten Pigmenten. Giftig. Im 19. Jahrhundert in großen Mengen als Chinesischgelb aus China importiert.
Azteken Eine der großen Zivilisationen in Mexiko vor der spanischen Eroberung.

B

Bakelit Pressmasse aus Phenolharz, einer der ersten Kunststoffe mit hoher chemischer und elektrischer Resistenz.
Baluster Kleine gedrungene, oft stark profilierte Säulen oder Pfosten, die in Reihung einen Handlauf oder eine Brüstung tragen. Baluster und Brüstung bilden eine Balustrade (z. B. Treppen- oder Terrassenbalustrade).
Barchent Weißer Baumwollstoff mit eingewebtem Streifenmuster.
Barock Architekturstil des 17. Jahrhunderts in Europa. An antiken Vorbildern orientiert und durch kunstvolle Skulpturen und Motive wie geschwungenes stilisiertes Blattwerk, Putti und Engel charakterisiert.
Basrelief Eine plastische Darstellung, bei der die Figuren oder Szenen nur leicht aus dem Grund hervortreten. Gewöhnlich aus Stein, Metall oder Gips. Auch Flachrelief genannt.
Bauhaus 1919 in Deutschland gegründete Architekturschule, die sich um Einheit von Form und Funktion bemühte. Die Schule wurde 1933 auf Betreiben der Nationalsozialisten geschlossen.
Berber Nordafrikanischer, nicht semitischer Stamm. Reste der Urbevölkerung des Landes, die sich trotz der Überflutung des Landes durch die Araber ihr Volkstum bewahrt haben.
Bergère Ein gepolsterter Armlehnstuhl mit gerundeter Rückenlehne, breitem Sitz und geflochtenen oder gepolsterten Seitenlehnen. Erstmals im frühen 18. Jahrhundert in Frankreich gefertigt.
Biedermeier Ein in Österreich und Deutschland zwischen 1818 und 1860 populärer Dekorations- und Möbelstil, der klassizistische Formen mit edlen Hartholzfurnieren verband. Beeinflusst durch das Empire und den Regency-Stil.
Bindemittel Meist mit einem Lösungsmittel kombinierte Substanz, die den Pigmentteilchen als Träger dient und getrocknet einen festen Film entstehen lässt. Dazu eignen sich tierische und pflanzliche Proteine in Leinöl, Kasein, Gummiarabikum, Gelatine usw.
Bleiglasur Dicke, transparente Keramikglasur, die Bleioxid enthält. Kann mit Metalloxiden gefärbt werden.
Bleiweiß Bis Mitte des 19. Jahrhunderts das einzige Weiß, das sich für Ölfarbe eignete. Giftig.
Boiserien Aus dem Französischen übernommene Bezeichnung für Vertäfelung.
Brennen einer Farbe Siehe Kalzinieren.
Brokat Schwerer Seidenstoff mit erhabenem Muster, das in der Regel mit Gold- oder Silberfäden konturiert ist.

C

Calciumcarbonat Hauptbestandteil von Kalk, Kreide und Gips.
Capodimonte Italienische Keramikmanufaktur in der Nähe von Neapel (1743–1749). Bekannt für ihr Porzellan.
Casita Spanische Bezeichnung für ein kleines Landhaus.
Chesterfield Klassisches englisches Sofa mit dicker Knopfpolsterung.
Chinoiserien Chinesische Möbel, Kunstobjekte und Ornamente aus westlicher Fertigung, zum Teil adaptiert.
Chintz Bedruckter Baumwollstoff mit glänzender Oberfläche.
Chromgelb Auf Blei basierendes Gelbpigment, das Ende des 18. Jahrhunderts entdeckt wurde und sehr beliebt war. Gibt mit Preußischblau gemischt ein schönes Grün.
Chrysokoll Mineral, Oxidationsprodukt von Kupfererzen, grün bis blaugrün, das als Pigment dient.
Clapboard Typisch neuenglische Holzverschalung, bei der die Bretter waagerecht und wie Schindeln überlappend angebracht werden. Die einzelnen Bretter sind außerdem an einer Längsseite dicker gearbeitet.
Colonial Revival Amerikanischer Neokolonialstil. Siehe Seite 48–51.
Colonial Style Amerikanischer Kolonialstil. Siehe Seite 36–39.

D

Damast Einfarbiger Stoff mit einem Muster, das optisch glänzend aus dem matten Grund hervortritt. Damast kam aus Damaskus, wo er seit dem 4. Jahrhundert gewebt wurde, und wird seit dem 15. Jahrhundert auch in Europa angefertigt.
Deckenfries Eine schlichte oder ornamentierte Profilleiste zur Abdeckung des Übergangs von Wand zur Decke.
Delfter Kacheln/Porzellan Holländische und englische Fayencen mit weißer Zinnglasur und in der Regel blauem Dekor. Benannt nach der Ursprungsstadt Delft in Holland.
Die Elemente Erde, Wind, Feuer und Wasser, Motiv aus der griechisch-römischen Mythologie und Wissenschaft.
Directoire Die Epoche nach dem Tod Ludwigs XVI., als Frankreich vom Revolutionsdirektorium regiert wurde (1795–1799). Auch die gleichzeitige Spätphase des Louis-seize in Frankreich, die durch größere Formenstrenge und Sachlichkeit gekennzeichnet war.
Dispersionsfarben Verkürzte Form für Kunststoffdispersionsfarben, sind heute die gängigsten, industriell hergestellten Anstrichfarben der Petrochemie aus Wasser, Kunststoffbindemitteln, Pigmenten und Hilfsstoffen. Sie sind leicht zu verarbeiten und haften auf fast jeder Oberfläche.
Duchesse Andere französische Bezeichnung für eine Chaiselongue.

E

Églomisé Französische Bezeichnung für mit Gold hinterlegtes Glas.
Eierschalenfarbe Bezeichnung für eine Anstrichfarbe, die ein Finish zwischen matt und seidenglänzend ergibt, aber auch für einen naturweißen, gebrochenen Weißton.

Eierstab Ornamentband aus abwechselnd angeordneten, plastisch ausgearbeiteten Ovalformen und Pfeilspitzen.
Eitempera Sehr beständige Künstlerfarbe aus Pigment, Leinöl, Wasser und Eigelb.
Empire In den 1790er-Jahren von Frankreich ausgehender Stil, der ägyptische, etruskische und militärische Motive verwendet, als kaiserlich-römische Variante des Klassizismus von Napoleon gefördert. Siehe Seite 60–69.
Emulsionsfarben basieren auf trocknenden Ölen oder Alkydharzen. Der Begriff ist in Deutschland wenig gebräuchlich.
En suite Ton in Ton. Französische Bezeichnung für die Gestaltung eines Raums mit einheitlichen oder aufeinander abgestimmten Farben und Mustern.
Erdpigmente Pigmente aus Mineralerden. Siehe Seite 222–225.
Eselsrücken oder Kielbogen Ein Spitzbogen mit zwei leicht S-förmigen Schenkeln.
Etruskischer Stil Stil der Innendekoration, Möbel, Keramiken und anderer Kunstobjekte im späten 18. Jahrhundert, der sich vermeintlich an der Kultur der Etrusker orientiert. Die Etrusker lebten vom 7. bis 2. Jahrhundert v. Chr. in der italienischen Landschaft Etrurien, die die Toskana und einen Teil Umbriens umfasste. Der etruskische Stil zeichnet sich durch die Grundfarben Terrakottarot, Schwarz und Weiß aus, die Farben der griechischen Vasenmalerei, die man für etruskisch hielt. Beliebte Motive waren Löwen, Vögel, Sphingen, Harpyien und Greife.

F

Farbenkreis Anordnung der Buntfarben, bestehend aus den Primärfarben und den jeweils dazwischenliegenden abgestuften Sekundärfarben. Die Abstufungen können geometrisch ermittelt oder empfindungsgemäß gesetzt werden, wodurch sich unterschiedliche Zwischenstufen ergeben. Üblich sind Farbenkreise mit 12 oder 24 Farben. Häufig verwendet wird auch der Farbstern nach Johannes Itten mit 12 Farben und deren Abstufungen von Weiß nach Schwarz.
Farbfamilie Farbzusammenstellungen mit mindestens einer gemeinsamen Komponente: entweder gleichem Sättigungsgrad oder gleicher Trübungsstufe.
Farbintensität Grad der Sättigung oder Reinheit einer Farbe bzw. ihrer Abtönung mit Weiß, Schwarz oder einer anderen Farbe.
Farbmischung umfasst zwei verschiedene Vorgänge: die additive (optische) Farbmischung – die Kombination von Farben zu einer neuen Farbwahrnehmung durch Überlagerung – und die subtraktive oder auch multiplikative Mischung mit Farbsubstanzen, bei der die Kombination der spektralen Transmissions- und Remissionsgrade der Komponenten den neuen Farbeindruck bestimmt.
Farbstich Schwach merkliche Neigung einer Farbe zu einer Nachbarfarbe.
Farbton Bezeichnung einer Farbe, die dadurch von anderen Farben unterschieden wird.
Farbtünchen Heute eine dekorative Anstrichtechnik, die ihren Namen von der früher gebräuchlichen Kalktünche ableitet.
Farbwert Festlegung einer Farbe durch die drei Bestimmungsgrößen Farbton, Sättigung und Helligkeit.
Federal Style Der von der Mitte der 1770er-Jahre an bis ins frühe 19. Jahrhundert vorherrschende Architektur- und Dekorationsstil in Amerika, der vom englischen Adamstil ausging und klassizistische Elemente, vor allem später aus dem französischen Empire, übernahm. Siehe Seite 94–105.
Feston In der römischen Ornamentik eine aus Früchten und Blüten bestehende Girlande, die gern mit Widderköpfen als Aufhängemotive versehen war. In der Renaissance oft ersetzt durch Rosetten, Löwenmasken und Putti.
Fiale Schlankes, spitzes Türmchen oder türmchenartiges Schmuckelement der gotischen Architektur.
Freitragende Treppe Treppe, deren Stufen an einem Ende in das Mauerwerk des Treppenhauses eingemauert sind.
Fresko Eine Maltechnik auf feuchtem Putz, die sich bis in altägyptische Zeit zurückverfolgen lässt.
Fries Der Wandabschnitt zwischen Decke und Oberkante des Wandfelds. Oft mit Ornamenten geschmückt.

G

Gaube Stehendes Dachfenster in einer geneigten Dachfläche, oft mit eigenem Giebel.
Gebrochene Farben Bezeichnung für Trübungsfarben. Bunte Farben werden mit Schwarz, Grau oder der jeweiligen Komplementärfarbe gebrochen bzw. getrübt.
Gerader Stoß Eine Art der Verlegung von Dielen, die seitlich gegeneinander gedrückt werden.
Gesättigte Farben haben den höchstmöglichen Buntcharakter. Sie sind weder getrübt noch aufgehellt. Man sagt auch reinbunt, voll gesättigt, intensiv, farbklar.
Gesprengter Giebel Oben offener Giebel, häufig mit einer Urne oder einem anderen Schmuckelement in der Mitte.
Gesso Extrem feste, aber spröde Beschichtung zum Bemalen und Vergolden von Möbeln u. Ä. Besteht aus Gelatine und pulverisierter Kreide (oder Stuckgips), wird in Schichten aufgebaut und sehr fein poliert.
Gips Wasserhaltiges Calciumsulfat, Rohstoff für Putzmörtel oder Stuck.
Gobelin Eine Färberfamilie in Paris, in deren Haus 1662 eine Bildwirkereimanufaktur eingerichtet wurde. Die Bezeichnung Gobelin ging später allgemein auf Wandteppiche über.
Gotik Architekturstil der Mittelalters mit der Formbetonung der senkrechten Linien, der sich durch Spitzbogen, Rippengewölbe, Arkaden, Galerien, Maßwerk und naturalistische Darstellungen auszeichnete.
Greif Fabelwesen mit Kopf, Flügeln und Klauen eines Adlers und dem Körper eines Löwen.
Griechisch-römisch Zusammenfassende Bezeichnung für die Architektur, Ornamentik und Dekoration der griechischen und römischen Antike.
Grisaille Monochrome Maltechnik, oft mit Trompe-l'Œil-Effekt.
Groteske Ornament römischer Wandgemälde aus Tieren, Medaillons und zartem Rankenwerk.
Grotte In der Renaissance eine künstlich errichtete Höhle, deren Wände mit Muscheln und dergleichen geschmückt wurden.
Grünspan Blaugrünes Pigment, durch Abschaben der Patina von Kupfer gewonnen, das man Essigdämpfen aussetzt (Kupferacetat).
Gummiarabikum Wasserlösliches Harz tropischer Akazien. Dient als Bindemittel in verschiedenen Farben.
Gustavianischer Stil Ein klassizistischer Stil des ausgehenden 18. Jahrhunderts in Schweden. Siehe Seite 106–113.

H

Hacienda Spanische Bezeichnung für Landgut oder Ranch.
Hämatit Eisenerz, das ein rotes Pigment liefert.
Hasenholz Weißlich gelbes Hartholz des Feigenbaumes mit dunkelgrauen Flecken. War im 18. Jahrhundert für Einlegearbeiten sehr beliebt.
Heraldische Motive Mittelalterliche Motive, die Rang und Status in der feudalen Gesellschaft symbolisierten. Zu ihnen gehörten Monogramme, Wappen, Schilde, Löwen und Greife.
Hochviktorianischer Stil Ein in England von etwa 1850 bis 1880 populärer Stil mit Interieurs, deren Charakteristiken kräftige Farben, überladene Möblierung, üppige Draperien und viele Kunstobjekte waren.
Hugenotten Bezeichnung der französischen Protestanten (seit etwa 1560).

I

Imari-Porzellan Japanisches Porzellan des 17. und 18. Jahrhunderts mit reicher brokatartiger Musterung in den Farben Blau, Rot und Gold.
Indigo Ein blaues Pigment, das aus der Pflanze *Isatis tinctoria* (Waid) und den asiatischen *Indigofera*-Arten gewonnen werden kann. Wird seit 1880 auch synthetisch hergestellt.
Ionisch Eine der antiken Säulenordnungen mit kannelierten Säulen und Volutenkapitell.
Iroko Ein afrikanisches Hartholz.
Italienisierend Architekturstil des mittleren 19. Jahrhunderts, der Gliederungselemente norditalienischer Villen und italienischer Renaissancepaläste übernahm.

J

Jakobäisch Zusammenfassender Begriff für die Architektur und Dekoration des Elisabethanischen Zeitalters im 16. und die Zeit Jakobs I. im frühen 17. Jahrhundert.
Jugendstil Ein Dekorationsstil der ausgehenden 1880er-Jahre mit geschwungenen Linien, Asymmetrie und Blüten- und Blattmotiven als Hauptkennzeichen. War bis 1914 vor allem in Europa verbreitet.

K

Kaliko Ein billiger, grob gewebter, leichter Baumwollstoff.
Kalk bezeichnet (mineralische) chemische Verbindungen, die hauptsächlich Calcium enthalten. Meist ist Baukalk gemeint, den es als Stuckkalk, Feinkalk, Kalkhydrat und Kalkteig im Handel gibt. Gebrauchsfertiger Kalk ist Lösch- oder Sumpfkalk, für den gebrannter Kalk (Calciumoxid) monate- oder jahrelang in Wasser eingeweicht wird.
Kalktünche Stark wasserverdünnter Anstrich von Holz oder Mauerwerk mit gelöschtem Kalk. Traditioneller Außen- und Innenanstrich, der auch als Insektenschutz und Desinfizierungsmaßnahme meist jährlich aufgefrischt wurde. Wird ohne zugesetzte Pigmente nach dem Trocknen mattgrauweiß.
Kalte Farben Gefühlsmäßige Zuordnung von Farben, besonders aus dem kurzwelligen Blaubereich. Als kälteste Farbe wird Türkis empfunden.
Kalzinieren Brennen (Glühen) eines Pigments, das unter Wasserabgabe seine Farbe ändert. Üblich bei vielen Erdfarben, z. B. wird gelber Ocker durch Brennen zu rotem Ocker.
Kannelüren Senkrecht laufende Hohlkehlen in Säulenschäften oder anderen Oberflächen.
Kapitell Der obere Teil einer Säule oder eines Pilasters.
Kartusche Runder, ovaler oder geschweifter Rahmen mit einem schlichten oder ornamentierten Innenfeld.
Kaseinfarbe Traditionelle, seit einigen Jahren wieder stärker eingesetzte wischfeste Farbe mit Milcheiweiß. Das Kasein wirkt als Binde- und Klebe-mittel. Mit seiner langen Molekülstruktur trocknet es zu einem harten Eiweißfilm ab.
Kassettierung Aufteilung von Decken, Wänden oder Türen in vertiefte Felder.
Kelim Webteppichart aus dem Mittleren Osten.
Klassizismus Oberbegriff für verschiedene antikenorientierte Stilepochen des 18. und 19. Jahrhunderts. Siehe Seite 60–63.
Kobalt Aus den Oxiden des Metalls werden zahlreiche Pigmente gewonnen: Kobaltblau (Thenards Blau), Kobaltgrün (Rinmanns Grün), Kobaltbraun, Kobaltviolett, Kobaltrot, Kobaltgelb, Smalte, Königsblau, Coelinblau.
Kohlenstoff Nichtmetallisches Element in Form von Graphit oder Diamant.
Komplementärfarben erzeugen nebeneinander angeordnet starke visuelle Reaktionen und verstärken gegenseitig ihre Farbintensität. Rot und Grün, Blau und Gelb, Orange und Purpurviolett sind komplementär.
Köper Gewebe mit ausgeprägtem Diagonal- oder Fischgratmuster (Twill).
Korinthisch Die dritte der antiken Säulenordnungen. Ihre Merkmale sind eine hohe Säulenbasis, sehr schlanke Säulenschäfte, deren Kannelüren durch Stege getrennt sind, und ein aus Akanthusblattornamenten gebildetes Kapitell.
Krabbe Ein in der gotischen Architektur verbreitetes blattförmiges Ornament.
Krapprot Roter Farbstoff, der aus *Rubia*-Gewächsen (Krapp) gewonnen wird.
Kreide Calciumcarbonat: weicher, lockerer Kalkstein. Füllstoff moderner Anstrichfarben und weißes Pigment in traditionellen wässrigen Anstrichen (Schlämmkreide).
Kreuzblume Ein kreuzförmig ausladendes, bekrönendes Blattornament von Türmchen, Fialen, aber auch an Möbeln im gotischen Baustil.
Kupferacetat Chemische Bezeichnung für Grünspan.

L

Lambris Unterer Teil einer Wandvertäfelung bzw. horizontalen Wandgliederung, die vom Boden bis etwa in Hüfthöhe reicht. Oben oft mit einer Profilleiste aus Holz oder Stuck abgeschlossen.
Lampenschwarz Ein schwarzes Pigment aus Kohlenstoff in Form von Ruß.
Lanzettfenster Ein schmales Spitzbogenfenster in der gotischen Architektur.
Lapislazuli Ein ultramarinblauer Schmuckstein; auch Bezeichnung für das Blaupigment, das aus dem Mineral Lasurit gewonnen wird, welches in dem Stein ebenfalls enthalten ist.
Lasurfarben Transparente Anstriche. Ihre lasierende Wirkung ist abhängig vom Grad der Verdünnung.
Latexdispersionsfarbe Moderne Kunststofffarbe auf Wasserbasis mit Latex als Bindemittel.
Leimfarbe Traditionelle einfache, nicht abriebfeste Innenanstrichfarbe aus pulverisierter Kreide und Gelatineleim als Bindemittel, einem Pigment und Wasser. Mit Leinölanteil erhält man eine ölgebundene Leimfarbe, die wischfest ist, aber nicht mehr ganz so wasserdampfdurchlässig.
Leinöl Ein Ölextrakt aus den Leinsamen des Flachses, der als Bindemittel für Ölfarben verwendet wird.
Limonit Brauneisenerz, das ein braunes Pigment liefert.
Lincrusta Eine 1877 erfundene abwaschbare Prägetapete auf Linoleumbasis. Mit starkem Reliefschmuck waren diese Tapeten ein preiswerter Ersatz für Holz- und Stuckprofile. Ihren rasanten Siegeszug (es gibt sie noch heute) zum Ende des 19. Jahrhunderts durch alle Schichten verdankt sie aber sicherlich dem praktischen Gesichtspunkt der Abwaschbarkeit.
Linoleum 1860 patentierter, widerstandsfähiger Boden- und Tischplattenbelag aus Leinöl, Harz und Leim auf Leinwand. Oft mit Dekor, das andere Materialien wie Marmor und Holz imitiert.
Lösungsmittel Flüssigkeit, die Bindemittel in Farben verdünnt und sie dadurch löst. Wasser ist ein Lösungsmittel für Gummiarabikum, Terpentin für Leinöl.

M

Magnetit Eisenerz, das ein schwarzes Pigment liefert.
Malachit Grünes Kupfercarbonatpigment.
Marmorieren Gestaltung einer Oberfläche mit Farben, um einen Marmoreffekt zu erzielen.
Maßwerk Filigrane Ornamente zur Ausschmückung der oberen Teile von Fenstern in der gotischen Architektur.
Medaillons Runde oder ovale Felder zum Schmuck von Stuck, Silber, Porzellan und Textilien.
Mesoamerika Bezeichnung für das Gebiet der präkolumbischen Hochkulturen in Mittelamerika.
Mezzotinto Ein Verfahren der Kupferstichher-stellung.
Mittelalter Die Zeit vom Untergang des Weströmischen Reichs im 5. Jahrhundert bis zur Renaissance in Europa.
Moderne Siehe Seite 130–135.
Moiré Ein ripsbindiges Gewebe, oft aus schwerer Seide, mit Wasserlinienmusterung (hervorgerufen durch Lichtreflexe).
Mosaik Ein Muster aus kleinen Keramik-, Stein- oder Glasstücken.

N

Neugotik Der Rückgriff auf Architekturformen und Ornamente im 19. Jahrhundert. Siehe Gotik.
Neugriechischer Stil Ein von der Architektur der griechischen Antike inspirierter klassizistischer Stil.
Nuance Hellerer Ton einer Farbe, entstanden durch Abtönung mit Weiß.

O

Onyx Ein farbiger, geäderter Halbedelstein.
Opak/Opazität Deckende Eigenschaft einer Farbe.
Ornamentenstecher Künstler und Designer, die sich auf die Gravur von Schmuckornamenten spezialisiert haben.

P

Paisley Muster in Form stilisierter Pinienzapfen. Ursprünglich aus dem Orient stammend, wurde es im 19. Jahrhundert in Paisley, Schottland, entwickelt.
Palladianismus Nach dem italienischen Bau-meister Andrea Palladio benannter Architekturstil. Siehe frühgeorgianischer Stil, Seite 30–35.
Palladianische Fenster Siehe venezianisches Fenster.
Pegasus Geflügeltes Pferd aus der antiken Mythologie.
Pfeilerspiegel Schmaler Spiegel, der traditionell zwischen zwei Fenstern aufgehängt wird.
Pflanzenfarben Siehe Seite 226–229.
Piano nobile Hauptgeschoss eines größeren Gebäudes, auch Beletage genannt.
Pilaster Wandpfeiler. Flacher, in der Regel rechteckiger Pfeiler, oft kanneliert oder geriefelt.
Pompadourrosa Farbbezeichnung nach der Fondfarbe eines berühmten Sèvresporzellans, zu dessen Entstehung die Mätresse von Ludwig XV. maßgeblich beigetragen haben soll.
Portikus Eine gewöhnlich von Säulen getragene Vorhalle.
Postmoderne Siehe Seite 136–157.
Preußischblau Blaues Pigment – Niederschlag einer eisenzyanidhaltigen Lösung – mit leichtem Grünstich, das 1704 in Berlin entdeckt wurde.

Primärfarben Die Farben Rot, Gelb und Blau. Siehe Seite 210–211.
Pueblo Nordamerikanisches Indianervolk.
Putti Darstellungen von kleinen pausbäckigen Kindern in der bildenden Kunst, die oft als Repräsentanten des griechischen bzw. römischen Liebesgottes Eros bzw. Amor auftreten und daher auch Eroten oder Amoretten genannt werden.
Pyrit Ein eisensulfidhaltiges Mineral, das ein gelbes Pigment liefert.

Q

Quaderstein Bestandteil eines Rustikamauerwerks.

R

Regency Klassizistische Stilrichtung in England. Siehe Seite 78–81.
Renaissance Die Wiederbelebung des griechisch-römischen Formenschatzes in der europäischen Kunst, Architektur und Ornamentik, die im 15. Jahrhundert begann und bis ins 16. Jahrhundert andauerte.
Replik Exakte Kopie eines historischen Möbels oder Musters auf Stoffen und Tapeten.
Riefelung Parallel geführte, vertikale Rillen oder Kerben.
Rokoko Stilepoche des 18. Jahrhunderts. Siehe Seite 54–59.
Romanik Der in Europa im 11. und 12. Jahrhundert vorherrschende Architekturstil, der römische Bauelemente (wie Rundbogen, Pfeiler, Säulen und Gewölbe), aber auch andere Formen und Motive übernahm.
Rosette Rundes, stilisiertes Blütenornament.
Rustikamauerwerk Steinmauerwerk aus grob behauenen Buckelquadern.

S

Samttapete Tapete mit textilem Charakter, der durch erhabene Muster aus feinen aufgeklebten Woll- oder anderen Fasern hervorgerufen wird (Velourstapete).
Saturiert Begriff zur Beschreibung des Sättigungsgrades oder der Intensität einer Farbe.
Säulenordnungen Die Elemente der klassischen griechischen und römischen Architektur. Zu jeder Ordnung gehört eine bestimmte Gestaltung von Säulenschaft, Basis (zum Teil mit Plinthe darunter), Kapitell und abschließendem Abakus, auf dem das Gebälk aufliegt. Man unterscheidet die dorische, ionische, korinthische Ordnung, die Kompositordnung und die tuskische Ordnung.
Schäferszenen Darstellungen romantischer Szenen und Motive aus dem ländlichen Leben, die sich im 18. Jahrhundert besonderer Beliebtheit erfreuten.
Schattierung Dunklerer Ton einer Farbe, entstanden durch Abtönung mit Schwarz.
Schiebefenster/Hebefenster Ein Fenster, das in senkrechten Rillen nach oben und unten gleitet und durch Gegengewichte gehalten wird.
Schlammfarbe Bräunlich grauer oder graugrüner Farbton, der in der ersten Hälfte des 18. Jahrhunderts besonders beliebt war.
Schweifwerk Eine Dekorationsform aus einzelnen, am Ende meist eingerollten stilisierten Blättern und Ranken in C- und S-Schwüngen.
Sekundärfarbe Aus zwei Primärfarben entstandene Farbe.
Sella curulis Ein lehnenloser Stuhl mit geschwungenen Beinen, der ursprünglich römischen Magistraten vorbehalten war.
Sepia Feines braunes Pigment, aus dem Beutel des Tintenfischs gewonnen oder synthetisch hergestellt.
Setzstufe Der zwischen zwei Trittstufen einer Treppe eingesetzte senkrechte Teil.
Shaker Zölibatäre Sekte in Amerika. Siehe Seite 202–207.
Siderit Eisenerz, aus dem ein braunes Pigment gewonnen wird.
Sphinx Altägyptisches Fabelwesen mit dem Kopf einer Frau und dem Körper einer Löwin.
Stick work Eine Holzbauweise des ausgehenden 19. Jahrhunderts in den USA, bei der meist ungeschälte oder unbegradigte Balken und Äste für Verandastützwerk, Geländer, Balkone oder Fassadengestaltungen verwendet wurden. Das gab den Häusern den romantischen Touch eines urwüchsigen Alpenchalets.
Stuck Das Wort stammt vom italienischen *stucco* und bezeichnet ein Putzgemisch aus Gips, Kalk, Sand und Wasser. Er wird als Flächenputz für Wände und Decken und für plastische Ornamentgestaltungen (Reliefs, Gesimse) verwendet.
Sturz Tragbalken über einer Wandöffnung, z. B. Tür, Fenster oder Kamin.

T

Tadelakt Traditioneller polierter Kalkputz in Marokko, vergleichbar der italienischen Freskotechnik Stuccolustro.
Tagguebbast Marokkanische Stuckarbeiten, die aus dem noch feuchten Untergrund an Ort und Stelle ausgeschnitten werden.
Tempera Heute Allgemeinbezeichnung für Künstlermalfarben. Siehe Eitempera.
Terpentin Pinienbalsam, aus dem Terpentinöl als Lösungsmittel für Ölfarben hergestellt wird.
Terrakotta Unglasierte Keramik aus Tonerde und Sand; bräunlich rote Farbe.
Terra verde oder Grünerde. Ein Erdpigment, das aus grünem Ton, der Eisen und Mangan enthält, gewonnen wird.
Terrazzo Ein Kunststeinguss aus Zement und farbigen Natursteinsplittern und Steinmehlen, der als Fußbodenestrich glänzend geschliffen wird.
Tertiärfarbe Eine Farbe aus einer Primär- und einer Sekundärfarbe.
Toile de Jouy Bedruckte Baumwollstoffe oder „toiles" von Jouy in Frankreich. Monochrom mit narrativen Darstellungen gemustert, meist chinoisen Darstellungen und romantischen Szenen aus dem ländlichen Leben.
Tolteken Alte mittelamerikanische Kultur.
Tonnengewölbe Ein Gewölbe oder eine Decke in Tonnenform, z. B. mit halbkreis- oder segmentbogenförmigem Querschnitt.
Traufe Die untere waagerechte Begrenzung einer Dachfläche.
Trompe-l'Œil Französisch für optische Täuschung. Eine Maltechnik, die täuschend echt Dreidimensionalität bzw. Räumlichkeit vorspiegelt.
Trübung Mischen einer Buntfarbe mit Schwarz ergibt eine Schwarztrübung, das Mischen einer Buntfarbe mit einer Komplementärfarbe eine Bunttrübung.
Tünche Eine traditionelle Anstrichfarbe für verputzte und Steinwände aus Kalk, Wasser und Pigment. Wird heute auch als Begriff für Lasur-techniken auf Wasserbasis verwendet.

U

Umbra Eine braune Erdfarbe, entstanden durch Verwitterung manganhaltiger Eisenerze.

V

Venezianisches Fenster Auch Palladiomotiv oder Serliana. Eine auf Säulen oder Pfeilern stehende Bogenöffnung, flankiert von zwei schmal-rechteckigen Öffnungen.
Veronesergrün Ein Smaragdgrün auf Chrombasis, das nach dem italienischen Maler Paolo Veronese benannt ist.
Viktorianischer Stil Englische Stilepoche während der Regentschaft Königin Viktorias. Siehe Seite 116–129.
Vollton Gesättigter Farbton im flächigen Auftrag.
Volute Zu einer Spirale oder Schnecke eingerolltes Ornament.

W

Waid Ein blaues Pflanzenpigment – siehe Seite 226–229.
Wandfeld Teil der Wand zwischen Gesims oder Fries und der Oberkante des Lambris.
Warme Farben Gefühlsmäßige Zuordnung von Farben, besonders aus dem langwelligen Rotbereich. Als wärmste Farbe wird Rotorange empfunden.
Waugelb Ein aus der Resedapflanze *(Reseda luteola)* gewonnener Farbstoff.

Z

Zahnschnitt Ornamentband mit einer zahnartig aussehenden Klötzchenreihe. Ursprünglich ein Ornament am Gebälk antiker Bauten; seit dem 17. Jahrhundert auch zur Dekoration von Mobiliar verwendet.
Zelliges Marokkanische Mosaiken aus glasierten Fliesen.
Zikkurat Ein pyramidenartiger Tempelturm mit mehreren Ebenen, die nach oben zu immer kleiner werden.
Zinnoberrot Ein intensiv rotes (giftiges) Pigment, das vor der Zeit um 1785 aus Zinnober (Cinnabarit – einem natürlich vorkommenden quecksilberhaltigen Stahlerz) gewonnen wurde. Später stellte man es durch Erhitzen von Quecksilber und Schwefel her.
Zouak Traditionelle polychrome Holzbemalungstechnik in Marokko.

Adressen

Farbenlieferanten

Brats Ltd
281 Kings Road
London
SW3 5EW
Tel. 020 7351 7674
Fax 020 7349 8644
E-Mail info@brats.co.uk
www.brats.co.uk

Casa Paint über Relics of Witney
35 Bridge Street
Witney, Oxon
OX8 6DA
Tel./Fax 01993 704611
E-Mail sales@relics.demon.co.uk
www.relics.demon.co.uk

Colonial Williamsburg Foundation
P.O. Box 1776
Williamsburg
Virginia, 23187 USA
Tel. 757 229 1000
www.history.org

Colourman Paints
Coton Clanford
Stafford, Staffs
ST18 9PB
Tel. 01785 282799
Fax 01785 282292

Crown Paints über Akzo Nobel Decorative Coatings Limited
P.O. Box 37, Crown House
Hollins Road
Darwen, Lancs
BB3 OBG
Tel. 01254 704951
www.akzo.nobel.com

Cy-Près
14 Bells Close
Brigstock
Kettering, Northants
NN14 3JG
Tel./Fax 01536 373431

Dulux
Wexham Road
Slough, Berks SL2 5DS
Tel. 01753 550555
www.dulux.co.uk

Dulux-Farben Deutschland
Postfach 940
40709 Hilden
Tel. 02103 771
Fax 0180 5240022
www.dulux.de

Farrow & Ball
Uddens Trading Estate
Wimborne
Dorset BH21 7NL
Tel. 01202 876141
Fax 01202 873793
E-Mail farrow-ball@farrow-ball.com
www.farrow-ball.com

Fired Earth plc
Twyford Mill
Oxford Road, Adderbury
Oxon OX17 3HP
Tel. 01295 812088
Fax 01295 810832
E-Mail enquiries@firedearth.com
www.firedearth.com

Ace Hardware Paint Division
21901 South Central Avenue
Matteson
Illinois 60443
USA
Tel. 708 720 0600
Fax 708 720 1347

Jane-Churchill-Farben über Farrow & Ball
(wie oben)

John Oliver Ltd
33 Pembridge Road
London W11 3HG
Tel. 020 7221 6466/020 7727 3735
Fax 020 7727 5555

Liz Induni
11 Park Road
Swanage
Dorset BH19 2AA
Tel. 01929 423776
E-Mail induni@tesco.net

Marston & Langinger
192 Ebury Street
London SW1W 8UP
Tel. 020 7824 8818
Fax 020 7824 8757
E-Mail sales@marston-and-langinger.com
www.marston-and-langinger.com

für Deutschland:
Milchstr. 28A, 20148 Hamburg
Tel. 040 4500533

Natural Color System über J.W. Bollom & Co. Ltd
P.O. Box 78, Croydon Road
Beckenham, Kent BR3 4BL
Tel. 020 8658 2299
Fax 020 8658 8672
www.bollom.com

The Old Fashioned Milk Paint Co. Inc.
436 Main Street
P.O. Box 222
Groton, MA 01450–0222
USA
Tel. 978 448 6336
Fax 978 448 2754
E-Mail sales@milkpaint.com
www.milkpaint.com

Old Village Paints über Lawrence T. Bridgeman Ltd
No. 1 Church Road
Roberttown
Liversedge
West Yorkshire WF15 7LS
Tel. 01924 413813
Fax 01924 413801

Paint Library
5 Elystan Street
London SW3 3NT
Tel. 020 7823 7755
Fax 020 7823 7766
E-Mail
davidoliver@paintlibrary.co.uk

Paint Magic Ltd
48 Golborne Road
London W10 5PR
Tel. 020 8960 9960
Fax 020 8960 9655
E-Mail paintmagic.ltd@virgin.net
www.paint-magic.com

Ralph Lauren Paint über Janovic
30–35 Thomson Avenue
Long Island City
NY 11101
USA
Tel. 718 786 4444
Außerhalb des Staates 1 800 772 4381
Fax 718 361 7288
E-Mail info@janovic.com
www.janovic.com

Rose of Jericho
Westhill Barn
Evershot, Dorchester
Dorset DT2 0LD
Tel. 01935 83676/83662
Fax 01935 83017
E-Mail info@rose-of-jericho.demon.co.uk
www.rose-of-jericho.demon.co.uk

Sanderson
100 Acres, Sanderson Road
Uxbridge
Middlesex UB8 1DH
Tel. 01895 238244
Fax 01895 231450
E-Mail cvc@a-sanderson.co.uk
www.sanderson-uk.com

Shaker Ltd
72–73 Marylebone High Street
London, WIM 3AR
Tel. 020 7935 9461
Fax 020 7935 4157
E-Mail shaker@shaker.co.uk
www.shaker.co.uk

Sehenswertes

Frankreich

Bleu de Pastel de Lectoure
Ancienne Tannerie
Pont de Pile
32700 Lectoure
E-Mail bleupastel@aol.com
www.bleu-de-lectoure.com

Großbritannien

Osterley Park
Jersey Road
Isleworth, Middlesex
TW7 4RB
E-Mail tosgen@smtp.ntrust.org.uk
www.nationaltrust.org.uk

Italien

Familie Bianchi Bandinelli
Villa di Geggiano
Via Geggiano, 1
53010 Pianella
Siena
E-Mail villadigeggiano@tin.it

Marokko

Ministero del Gusto
Design-Galerie
22 Derb Azouz, El Mouassine
Marrakesh-Medina 40000
E-Mail mingusto@cybernet.net.ma

Mexiko

Malinalco Golf Club
Carretera Joquicingo-Malinalco s/n
San Sebastián Amola
Malinalco, Estado de México, 52440
E-Mail golfmalinalco@mail.dsinet.com.mx

Schweden

Julita
Sveriges Lantbruksmuseum
Julita 64025
www.nordm.se/slott/julita.html

Spanien

Patrimonio Nacional
Palacio Real de Aranjuez
Calle Bailén, S/N, 28071 Madrid
E-Mail gab.cultural@patrimonionacional.es
www.patrimonionacional.es

USA

The Austin House
www.wadsworthatheneum.org

Bernd Goeckler Antiques Inc.
30 East 10th Street
New York, NY 10003
E-Mail BGoeckler@aol.com
www.BGoecklerAntiques.com

Boscobel Restoration, Inc.
1601 Route 9D
Garrison, NY 10516
E-Mail info@boscobel.org
www.boscobel.org

Bowen House, Roseland Cottage
556 Route 169
Woodstock, CT 06281–2344
www.spnea.org

Colonial Williamsburg Foundation
Williamsburg
23185 Virginia
www.history.org

Hancock Shaker Village
P.O. Box 927
Pittsfield, MA 01202
E-Mail
info@hancockshakervillage.org
www.hancockshakervillage.org

The Mark Twain House
351 Farmington Avenue
Hartford, CT 06105
E-Mail desk@hartnet.org
www.hartnet.org/twain

The Morris-Jumel Mansion
65 Jumel Terrace
New York, NY 10032–5360

Old Merchant's House Museum
29 East 4th Street
New York, NY 10003–7003
E-Mail nyc1832@merchantshouse.com
www.merchantshouse.com

The Wadsworth Atheneum
600 Main Street
Hartford, CT 06103–2911
www.wadsworthatheneum.org

Webb-Deane-Stevens Museum
211 Main Street
Wethersfield, CT 06248
E-Mail wdsmuseum@freewwweb.com
www.webb-deane-stevens.org

Hotels und Übernachtungsmöglichkeiten

Frankreich

Château du Champ de Bataille
27110 Le Neubourg
Tel. 02 32 35 03 72
Fax 02 32 35 83 10
www.golf-en-normandie.com/html/ChampGB/chambre.htm

Großbritannien

Lena Proudlock
Drews House
Leighterton
Gloucestershire
GL8 8UN
E-Mail lenaproudlock@aol.com

Italien

Hotel Torre di Bellosguardo
Via Roti Michelozzi n. 2
50124 Firenze
E-Mail torredibellosguardo@dada.it
http://members.aol.com/PuterBugzz/tbellos.html

Sarah e Guigi Maria Sesti
Castello di Argiano
53020 S. Angelo in Colle
Montalcino, Siena

Marokko

Dâr Tamsna
Route de Fès
La Palmeraie, Marrakesh-Medina
Postanschrift:
B.P. 262 Marrakesh-Medina
Marrakesh
E-Mail dartamsna@cybernet.net.ma

Dâr Zellij
102 Rue Dar El Bacha
Marrakesh-Medina 40000
E-Mail rak.medina@cybernet.net.ma
www.marrakech-medina.com

La Maison Arabe
1 Derb Assehbe
Bab Doukkala
Marrakesh

Villa Maroc
10 Rue Abdellah Ben Yassine
Essaouira 44000
E-Mail hotel@villa-maroc.com
www.villa-maroc.com

Mexiko

Las Alamandas
Quemaro, Costalegre
Jalisco 48980
E-Mail alamanda@zonavirtual.com.mx
www.las-alamandas.com

Hacienda de San Antonio
San Antonio
Comala, Colima 28450
E-Mail lahacienda@compuserve.com
www.haciendasanantonio.com

Architekten und Designer

Frankreich

Jacques Garcia (Designer)
212 Rue de Rivoli
75001 Paris

Großbritannien

Timothy Everest (Modeschneider/Designer)
Studio/Workshop
32 Elder Street
Spitalfields
London E1 6BT
E-Mail timothyeverest@dial.pipex.com

Christophe Gollut (Designer)
116 Fulham Road
London SW3 6HU
E-Mail Nfbruce@cs.com

Italien

Piero Castellini Baldissera (Designer)
Via Morozzo della Rocca 5
Milano 2010023

Mexiko

Javier Sordo Madaleno (Architekt)
Paseo de la Reforma 2076A
Lomas de Chapueltepec
Mexico City 11000
E-Mail sma@data.net.mx

Manuel Mestre (Architekt)
Parque Via Reforma 2009
Lomas de Chapueltepec
Mexico City 11000
E-Mail mmestre@mail.internet.com.mx

de Yturbe Architects
de Yturbe Golf Design
Sierra Mojada 626–2
Lomas de Barrilaco
Mexico City 11010
E-Mail deyturbe@infosel.net.mx
www.deyturbe.com

Register

Kursive Seitenangaben sind Bildtextverweise.

G

H

I

J

K

L

Danksagung und Bildnachweis

Der Verlag dankt folgenden Fotografen und Agenturen für die freundliche Genehmigung, ihre Fotos in diesem Buch zu verwenden:

10 AKG, London; 11 James Morris/Axiom; 12 Archäologisches Nationalmuseum, Griechenland/ Bridgeman Art Library; 13 Erich Lessing/AKG, London; 14 Château de Pierrefonds, Frankreich/ Peter Willi/Bridgeman Art Library; 15 Angelo Hornak (mit freundlicher Genehmigung Leeds Castle, Kent); 16 Richard Bryant/Arcaid; 17 E.T. Archive; 18 English Heritage Photographic Library; 19 Colonial Williamsburg Foundation; 20 Erich Lessing/AKG, London; 21 English Heritage Photographic Library; 22 Richard Bryant/Arcaid; 23 Angelo Hornak (mit freundlicher Genehmigung Royal Pavilion, Brighton); 25 Erich Lessing/AKG, London; 38–43 Colonial Williamsburg Foundation; 52–53 Colonial Williamsburg Foundation; **54 oben** Erich Lessing/AKG, London; **56 links** AKG, London; **58 oben Mitte** Schloss Schönbrunn, Österreich/Bridgeman Art Library; **58 unten links** Erich Lessing/AKG, London; **59 oben** Joseph Martin/ AKG, London; **59 Mitte** Erich Lessing/AKG, London; **78 oben** Simon Upton/Interior Archive; **78 unten rechts** Fritz von der Schulenburg/ Interior Archive; **79 links und 80 unten rechts** V&A Picture Library; **81 oben** Simon Upton/ Interior Archive; 131 Paul Raftery/Arcaid © FLC/ ADAGP, Paris & DACS, London, 2000; 172–175 Hacienda de San Antonio, S.A. de C.V. – **Fotos:** Armando Mendoza; 186–187 Hacienda de San Antonio, S.A. de C.V. – **Fotos:** Armando Mendoza; **202 oben und unten links** Hancock Shaker Village, Pittsfield, MA. – **Foto:** M. Fredericks; **202 unten rechts** Paul Rocheleau; **203 links** Paul Rocheleau; **203 rechts** Hancock Shaker Village, Pittsfield, MA. – **Foto:** Paul Rocheleau; 204 Herbert Ypma/Interior Archive; 205 Herbert Ypma/Interior Archive; **206 oben links und Mitte** Paul Rocheleau; **206 oben rechts** Hancock Shaker Village, Pittsfield, MA. – **Foto:** Paul Rocheleau; **206 unten links** Hancock Shaker Village, Pittsfield, MA. – **Foto:** M. Fredericks; **206 unten rechts** Herbert Ypma/ Interior Archive; **207 oben links** Paul Rocheleau; **207 oben rechts** Herbert Ypma/Interior Archive; **207 Mitte links** Hancock Shaker Village, Pittsfield, MA. – **Foto:** Paul Rocheleau; **207 Mitte rechts** Paul Rocheleau; **207 unten** Shaker Ltd

Es wurde jede Anstrengung unternommen, Copyright-Inhaber ausfindig zu machen. Wir entschuldigen uns im Voraus für eventuelle Auslassungen und werden fehlende Nachweise in späteren Auflagen gern nachtragen.

Der Verlag und ich sind folgenden Personen für ihre Unterstützung bei diesem Projekt und die freundliche Genehmigung, in ihrem privaten, geschäftlichen und Arbeitsumfeld fotografieren zu dürfen, zu Dank verpflichtet.

FRANKREICH
Andrew Allfree; Lillian Williams; Jacques Garcia; Roberto Bergero und Philippe Safavi; Amélie Dillemann; Denise und Henri Lambert; Gloria und Eric Stewart; Yves und Raphaelle de Montvert

GROSSBRITANNIEN
Hew Stevenson und Leslie Geddes-Brown; Keren Manley, Osterley Park; John und Annie Nethercott; Lena Proudlock; Timothy Everest; dem verstorbenen Michael Gillingham; Paula Pryke und Peter Romanuik; Mary und Etienne Millner; Christophe Gollut

ITALIEN
Piero Castellini Baldissera; Amerigo Franchetti, Hotel Torre di Bellosguardo; Andrea Boscu Bianchi Bandinelli, Villa di Geggiano; Sarah und Guigi Maria Sesti

MAROKKO
Villa Maroc; La Maison Arabe; Dâr Zellij; Alessandra Lippini und Fabrizio Bizzarri; Meryanne und Gary Loum-Martin

MEXIKO
Javier Sordo Madaleno; José de Yturbe und Enrique Martin-Moreno; Manuel Mestre; Isabel Goldsmith

SCHWEDEN
Patricia Lindstrom; Lars Sjöberg

SPANIEN
María del Prado Dégano Alejo, Patrimonio Nacional, Madrid

USA
Jane Nylander und Catherine Mageau, Bowen House, Roseland Cottage (SPNEA); Carol Stoliar, Old Merchant's House Museum; Joanna Pessa, The Morris-Jumel Mansion; Fred Hughes; Charles T. Lyle und Karen Dunn, Boscobel Restoration, Inc.; Donna Baron, Webb-Deane-Stevens Museum; Stephen Rice, The Mark Twain House, Hartford, CT; Alexander und Megan Julian; Eric und Nannette Brill; Bernd Goeckler; Fayal Greene

Ich persönlich schulde Tim Clinch für seine wunderbaren Fotografien und Graham Vickers für seine Beiträge zum Text besonderen Dank. Mein Dank gilt außerdem den Mitarbeitern von Marshall Editions, die mir mit großer Einsatzfreude und all ihrer Kompetenz geholfen haben: Jess Walton für Location- und Bildrecherche; Anne-Marie Bulat für die Erstellung des Design-Konzepts; Dave Goodman für seine Arbeit als Artdirector und Nigel Soper sowie Flora Awolaja für das Design; Ellen Dupont für die Projektleitung und Liz Stubbs für die Projektdurchführung; Christine Davis und Charles Phillips für die Textredaktion und Victoria Cookson für die Redaktionsassistenz; Hilary Bird für das Register; und Nikki Ingram für die Produktionskontrolle.

Aus dem Englischen übersetzt von Alžbeta Lettowsky
Redaktion: Petra Tröger
Korrektur: Dr. Michael Schenkel
Umschlaggestaltung: Horst Bätz
Herstellung: Dieter Lidl
Satz: Studio Fink, Krailling

Die Originalausgabe mit dem Titel *Colour* wurde erstmals 2000 im Verlag Marshall Editions, London, veröffentlicht.

Design: Nigel Soper
Fotos: Tim Clinch

Lithographie: Chroma Graphics, Singapore
Druck und Bindung:
Star Standard Industries (PTE) Ltd., Singapore
Printed in Singapore

ISBN 3-88472-693-5

HINWEIS

Alle Informationen und Hinweise, die in diesem Buch enthalten sind, wurden von der Autorin nach bestem Wissen erarbeitet und von ihr und dem Verlag mit größtmöglicher Sorgfalt überprüft. Unter Berücksichtigung des Produkthaftungsrechts müssen wir allerdings darauf hinweisen, dass inhaltliche Fehler oder Auslassungen nicht völlig auszuschließen sind. Für etwaige fehlerhafte Angaben können Autor, Verlag und Verlagsmitarbeiter keinerlei Verpflichtung und Haftung übernehmen.

Korrekturhinweise sind jederzeit willkommen und werden gerne berücksichtigt.